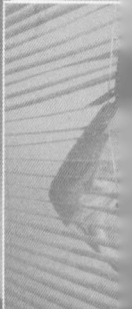

他们将如何倒下

木萱子●主编

文化艺术出版社
Culture and Art Publishing House

>> 目 录

史玉柱——身患"软骨病"与"巨人症"?／93
(魏雅华)

张朝阳——你的表定在几点钟？ / 283

（魏雅华）

>> 前 言

每一个企业都是要死亡的

一

　　几乎每个人都想着长生不老，几乎每个组织都想着生生不息。"永垂不朽"、"再活五百年"……我们看到的只是一个人类无法企及的梦想与浩叹。

　　世界上没有任何东西可以永恒。如果它流动，它就流走；如果它存在，它便干枯；如果它生长，它就会慢慢凋零……

　　世界就是一个周期性的死亡与出生的交替。每一个人都是要死亡的，每一个组织都是要消殆的。

　　世界上唯一不变的就是变化本身。

　　而企业，死亡更是如影随形：中国民营企业的寿命平均不到六年；日本，90％的新成立企业在三年内死亡……

　　这只是以前，而现在，大企业，包括上市公司，也快速进入了短寿的行列，自2004年以来，你闭眼稍加思索，就会数出一连串的名字：德隆、健力宝、科龙……

　　生与死，在这个时代背景下，往往是一转身的距离。

　　虽如此，可是人们还是忌讳谈论死亡。面对企业，人们谈论更多的是，如何做强做大。涉及死亡的，往往是那些已经轰然倒地的企业，各路神仙专家在面对死亡的躯体，发表着种种精辟或者不精辟的看法与分析。

我们往往缺乏直面现实的勇气，缺乏直面处于鼎盛时期强悍组织的心态。

二

2000年的时候，我在一家都市报担任经济部主任的时候，曾经想采访那些已经败走的企业负责人，与他们探讨曾经的得失，以及这里面的过程与教训。但最后我是两手空空，在将近两年的时间里面这个设想都是空留纸上。

时隔六年，我担任一家财经杂志的社长兼主编的时候，专门开辟栏目，依旧想完成这个"数年未能完成的"设想。尽管我们安排了大量的、精干的编辑记者，尽管我们高悬高稿酬，但是，这个栏目依旧是"闹饥荒"，你不得不长叹。

痛快的时候可以大碗喝酒、众人簇拥，失意的时候闭门思过、独舔伤口。我们太多的企业负责人如此精辟地阐述着中国人的一些处世哲学。

俗话说，幸福总是相似的，而不幸总各有各的不同。而中国企业界，恰恰需要这些不同，才能有前车之鉴的成效。

三

此次，我们关注的是十个在中国绝对属于"金字塔"顶端的企业掌门人，我们在他们处于鼎盛时期之时探讨他们企业的"死亡"，这似乎有点残忍，有点不合常理。

但是，良药苦口利于病，这是古训。我们以旁观者的角度，以记录者的身份，来把握一个企业组织在鼎盛时期潜伏的种种隐患，我们发现的这些隐患，也许你不以为然，但是你不能不思考；你可以不思考，但是你不能漠视这种隐患的来龙去脉……

看完此书，你可以愤怒，你可以冒火，你可以咒骂，你可以抱怨，但是请你记住：

　　说你、骂你，是因为我爱你。

　　我与你无关，便不会再牵挂你。

　　你的辉煌与黯淡，重生与崛起，都将牵动我们关切的目光。

　　我们出版此书的主旨，正是如此。

我看陈天桥

陈天桥说

2007 年上演"生死时速"？

谁又能不死呢？

在谈论陈天桥的《生死时速》之前，我想先讲一个鲁迅先生曾讲过的故事：

一位膝下无子又年近古稀的老富翁，多年吃斋念佛，积德行善，终于在耄耋之年，喜得贵子，老头儿的喜悦可想而知。儿子满月之日，老富翁大摆宴席，满城的官绅名流，认识的不认识的，都跑来贺喜。

人们用尽了汉语中最吉祥、最喜庆的词儿，来讨老富翁的欢喜，说这孩子将来一定会大富大贵，一定会光宗耀祖，一定会出将入相；说这孩子将来一定会有经天纬地之才，天将降大任于斯人也。哄得老富翁眉开眼笑，心花怒放。

可偏偏有一位来客说：这孩子将来一定会死。老富翁悖然色变，怒从中来，命家人将此乌鸦嘴痛打一顿，赶出门去。

其实，所有的来客谁都不知道这孩子将来会如何，不过说些哄主人欢喜的话，讨个好吃好喝，他们所说的，全是些俗得不能再俗的假话，假得不能假的套话。在所有的来客中，只有那个被打出门去的人，说的是真话。

是啊，谁又能不死呢？

还是让我们说真话吧，哪怕被打出门去。

陈天桥成为中国新首富告诉了我们些什么？

在谈论陈天桥的"生死时速"这件事之前，让我们先来认识一下陈天桥。

陈天桥，生于 1973 年，屈指算算，今年也才 35 岁。浙江人，1993 年毕业于上海复旦大学，1999 年的冬天，自筹资金 50 万元，创办了盛大网络公司，开始了他的网络淘金之旅。

中国人知道陈天桥的名字，是在 2004 年，此前，对于中国人，陈天桥是个很陌生很陌生的名字。

那一年，胡润版的《中国百富榜》上，胡润为新一年的中国首富黄光裕估计的身价是 105 亿元，为陈天桥的估价为 88 亿元。于是，陈天桥位居《中国百富榜》次席位置。

不过，胡润计算《中国百富榜》的时候，"盛大网络"当时在美国纳斯达克（NASDAQ）的股价为 24 美元，可就在胡润版的《中国百富榜》公布的翌日，"盛大网络"在纳斯达克的最新股价，已经涨到了 28.53 美元，这样，陈天桥所拥有的股票市值，已经超过 120 亿元。超过了黄光裕的身价，而成为新的又一个中国首富。

一个陌生的、不为人知的名字，居然会成为中国首富，这样的故事只会在独具特色的时代发生。

陈天桥就是以这样的方式，以焰火般腾空而起的财富巨星的方式，让国人眼睛一亮的。

陈天桥在《中国百富榜》荣登榜首的意义是，他让国人重新开始认识和评价网络游戏。

不要把网络游戏说得一无是处，对网络游戏这样的评价，是何等的无知和浅薄。对于刚刚来到的 21 世纪，网络游戏不但是个生机勃勃的朝阳产业，还是个超级大产业。是个不以大量消耗自然资源和牺牲生存环境为代价的无烟工业。

2004 年，中国虚拟游戏装备的年交易量，应该不小于年游戏点卡销售额的 2 倍，也就是 40 亿元，而在韩国、我国台湾省等网络游戏发达的地区，虚拟财产年交易额已达数十亿美元。

仅仅这个数字，就足以让我们反省我们对网络游戏的观念和政策。也许网络游戏会变成像足球那样，不仅会成为第一热门运动，还会创造出神话般的网游产业和网游经济。

网络电子游戏不同于任何一种别的游戏，它的魅力在于它无比强大的互动性，它要求玩家有很高的智商、非凡的快速反应和应变能力。能不断打爆刚刚出版的新款游戏的主儿，其智商一定超常。就凭这点儿本事，便能拥有月薪数万元的身价，还能客大欺店。

网络电子游戏让人们再次聚焦中国软件业，它是中国软件业赢利能力最强的一个方面军，而且使陈天桥成为了排在丁磊之前的财富英雄。

2004 年对于中国互联网经济来说，并非风调雨顺。那一年，中国互联网经济的日子并不好过，"新浪"、"搜狐"和"网易"，中国三大门户网站在美国纳斯达克的市值，跌了将近一半。公众股股东损失惨重。

但陈天桥的"盛大网络"却逆市上扬。"盛大网络"上市不到半年，股价涨幅超过 150%，市值接近 24 亿美元，差不多超过"新浪"一倍，成为名副其实的"第一中国概念股"。

当中国将网络游戏视为"电子海洛因"的时候，并据此制定相关的产业政策，在中国的软件业步入冬天的时候，全球的投资人却视游戏软件业为振兴新经济的发动机。

我们又该如何看待，如何评价这件事？我们要不要为网络游戏改善它的生态环境？

盛大网络离死神有多远？

我们像是不该有这样的发问，来开始讨论关于陈天桥的财富"神话"。

　　如果我是与陈天桥这样地面对面地对话，如果我不了解陈天桥，如果我这样贸然地提问，弄不好会让我的采访对象悖然色变，拂袖而去，使我的采访瞬间终止，让我下不了台。

　　可让人惊诧不已的是，陈天桥从不忌讳谈论生与死的话题，甚至非常偏爱就生与死展开讨论，只有一个有超常心理承受能力的人，才会如此。

　　说到盛大网络的生与死，陈天桥有一段非常精辟的表述，我们不妨先听听陈天桥是怎么说的。

　　陈天桥说：在 2001 年之前，"盛大"几乎每天都有可能死去，在 2002 年，"盛大"每个月都有可能死去，进入到 2003 年的"盛大"，每个季度都有可能死去。

　　这话陈天桥说于 2004 年，所以，我们不知道陈天桥如何自我评价 2005 和 2006 年的盛大网络的"生死时速"。在"陈天桥语录"中，我们未能找到"后记"。

　　如果让我为盛大网络的"生死时速"狗尾续貂，我会说，2006 年"盛大"，每个季度都有可能死去。2007 年"盛大"，每个月都有可能死去。2008 年"盛大"，每个礼拜都有可能死去。

　　不要以为我在诅咒陈天桥和他的盛大网络，我跟陈天桥无冤无仇，我跟陈天桥没有任何债权债务可言，我没给陈天桥和他的盛大网络打过工，所以他不拖欠我的工资，自然他也不可能炒我的鱿鱼，我犯不着跟他过不去。我给陈天桥和他的盛大网络如此评价，已经很高很高了。

　　比尔·盖茨也说过一句关于"生死时速"的话，他说，"微软"离死亡也只有 14 天。

　　如果以比尔·盖茨和他的"微软"为参照物，您说，我给陈天桥和他的盛大网络如此评价，是不是已经很高很高的了？

那一次，死神与"盛大"如何擦肩而过？

　　陈天桥 1999 年创办"盛大网络"，2000 年，得到了中华网 300 万美元的投资。"盛大网络"获得了前所未有的发展机遇。可没过多久，中华网发觉他们投资"盛大网络"很可能是一个很大的错误，"盛大网络"很可能是一个投资陷阱。"盛大网络"并没有在他们预想的轨道上运行。

在陈天桥的记忆中，离死神最近的日子，是"中华网"决定从"盛大网络"撤资的那天。

那一刹那，陈天桥感受到了死神呼在他脸上的阴森森、冷冰冰的气息。

对那一刻，陈天桥至今历历在目。

陈天桥追忆说：我自己回过头看，我不知道为什么，在当时并不是像现在这样的觉得非常可怕。很多人在晚上走夜路或者走山路，回过头看自己走过的路，会吓出一身冷汗。

陈天桥记得非常清楚，为了拯救企业，陈天桥决定裁员，首先把五十个员工裁减到二十个人。还只拿八折的工资。陈天桥那时候实际上已经沦为打工仔了，因为那时候"中华网"已经控股"盛大网络"，陈天桥已不再是"盛大网络"的老板。

为了"盛大网络"不会猝然倒毙，陈天桥说，第一，"我一分钱都不拿"，白干。把我们原来做的，有感情没收益的项目全部砍掉。第二，裁员，裁员后把仅剩的资源进行统一的规划，再拿出去孤注一掷。

陈天桥拍着胸脯说，如果作出这样的调整，到年底不但能赚钱，而且能赚大钱。可投资方却觉得，陈天桥在讲一个"神话"，他说，你可以一个人走，但是我们不陪你走。

一瓢冷水从陈天桥的头上浇到了脚底。

陈天桥摸摸自己的口袋，大概还有个一二十万人民币，二三十万美金。陈天桥的口袋里就这点儿钱了。这点儿钱顶多可以再撑两三个月。也就是说，当时陈天桥和他的"盛大网络"的生存日历，只剩下六七十页可撕了。

女人的力量有多大？

　　一个坐拥亿万财富的人，会常常回忆一文不名的日子，这种回忆的感觉，一定是很甜蜜、很温馨，很有成就感的。其实，当财富达到亿万之后，财富已经变成了一种数字游戏，它给人所带来的，更多的是一种精神上的愉悦和快感。

　　陈天桥也是如此。

　　而且我们也喜欢听听，一位立下赫赫战功的将军，是怎样被敌人杀得片甲不留，又怎样满身是血地从死人堆里爬出来的。那故事一定很刺激、很传奇、很受用。如果这个故事里还出现一个红粉佳人，再爱得死去活来，那故事一定跟好莱坞的大片一样，充满悬念，让人欲罢不能。

　　陈天桥说，那一天，简直就是世界的末日。天上出的太阳都是黑太阳。那一夜，那简直就是既没有月亮又没有星星，伸手不见五指的黑夜，他像是在地狱里游走的孤魂野鬼。

　　那天，盛大的服务器被一个到现在陈天桥都不知道是谁的黑客攻破，他把所有的用户资料全部盗走。而且，他为了能够让盛大被一剑穿心，焚尸扬灰，断子绝孙，还恶毒到家地把盛大所有的用户资料全部公布在网上，让大家随意阅读下载。

　　他是在宣布说，你看，"盛大"已经玩完了。彻底没戏了。

　　陈天桥回忆，那个晚上，自己的眼前一片漆黑。他几乎完全绝望了，他知道，他死定了。谁都救不了他。这个打击对陈天桥，那真是下油锅哪。

　　那天晚上，全世界都背叛了他。

　　可回到家里，一见太太，陈天桥对她说，我还有你。只要自己还有她，全世界都背叛了他，也对他毫发无损。一看见她那天使般的、蒙娜丽莎般的微笑，一看见她那一脸的阳光，即使天上出的太阳是黑太阳，自己的眼前也明亮如昼。

世界就是如此奇妙。

陈天桥说，我是 1999 年 7 月跟太太开始恋爱的，9 月我们就结了婚。先是一见钟情，后是闪电式结婚。从我看到她的第一眼到成为夫妻，也不过半年左右的时间。从国营单位出来，我去过一家证券公司，当时她也在那里工作，就是这么认识的。我常常说，在证券公司我最大的收益，就是"骗"到手一个老婆。

一见我的太太，我立即从地狱回到了天堂。

我的心情立即好了，我跟我太太说，今天，我大彻大悟了，我总算知道张瑞敏、柳传志他们伟大在什么地方了。

实际上中国比他们聪明的人很多，但是很多人在他走到一年两年的时候，他觉得自己已经很成功了，或者自己要去享受家庭的快乐了，或者自己的人生应该有一个舒适的生活，但是像张瑞敏、柳传志这样的人，他可以在面对困难的时候，还能坚持下来，一步步往前走，这是他和别人不一样的地方。

陈天桥真的大彻大悟了，其实战胜死神很简单，那就是两个字：进攻。

进攻，进攻，进攻！除了进攻，还是进攻！

陈天桥，你究竟有几个好妹妹？

那支歌儿是怎么唱的？"你究竟有几个好妹妹？为何每个妹妹都含着眼泪？"也许，陈天桥很喜欢这首歌。还有一首歌儿是这么唱的："你对我说'你爱我'，可连我的名字你都说错。"陈天桥一定也很喜欢这支歌。

不然，陈天桥怎么会如此管理自己的企业？

陈天桥在管理自己的企业有个八字方针，叫："一点突破，全面繁荣。"

陈天桥在总结自己的成功之道时说：什么都能做，实际上就是什么都

9

不能做。

陈天桥说，我们又做游戏又做动画，又做漫画又做周边产品，这是我们失败的最主要的原因。但是我们后来把三个部门全砍掉，就留一根独苗。

他记得盛大最早做的一个虚拟社区叫硅谷。陈天桥下了一个命令，把这个关掉。两年以后，"盛大"已经有一年一亿的利润。一个员工说，陈总，回过头看，你这几年的决定都是正确的，唯一不理解的，就是你为什么要关掉如此宝贵的虚拟社区。

陈天桥对他们的忠告是，当你认准一个方向的时候，全力以赴，只有专注的企业才能成功，多元化的企业可以存活，但是很难成功。

也许，陈天桥说得是对的。那是因为历史向来都是一本胜利者的功劳簿。一场球打赢了，怎么打都有理，怎么打怎么有理。

可如果此时反过来问一句：陈总，你怎么会犯下"把所有的鸡蛋都装在一个篮子里"的错误？你怎么会犯下曹操在赤壁之战中所犯下的，将战船连在一起的错误？陈天桥又该如何答对？陈天桥会不会有一天顿足捶胸，仰天大呼：成也萧何，败也萧何！

爱一个女人是对的，可如果以为全世界只有一个可爱的女人是错的。

大赌才能大赢？

读一读陈天桥的财富传奇，你就会明白一个游戏有多么神奇。陈天桥的命运紧紧地与一部游戏连在一起。那是韩国产的一个名叫《传奇》的网络游戏。

与"中华网"分手后，两眼发黑的陈天桥真不知路在何方，可就在此时，《传奇》2001 年鬼使神差地找到了奄奄待毙的盛大网络，陈天桥灵光闪现，说时迟，那时快，飞起一脚，将皮球铲进了大门。

陈天桥在购买这款游戏时，把能押的全押上了。陈天桥倾其所有，把口袋翻了个个儿，连钢镚儿都凑上了，总算凑够了 30 万美金，作为"保底的预定金"，再加上总收入的 25％的"分成费"。"盛大网络"代理运营了《传奇》这款网络游戏。

现在看来，这款游戏买得实在太便宜太便宜了。现在再也找不到如此便宜又如此迷人的游戏了，没有百万美元级的保底，谈都别谈。可对于当时的陈天桥来说，付过此款，陈天桥已经身无分文了。如果经营失败，陈天桥哭都找不着坟在哪儿。

陈天桥拿下了代理权，可是他还不知道，为了让这个游戏能够运营起来，买服务器，建立网络，招聘营运所需要的人员，铺路修桥所需要的钱在哪里？他自己也不清楚，《传奇》究竟是馅饼还是陷阱。

在这场豪赌中，陈天桥大获全胜。喜鹊下蛋下到了陈天桥的嘴里头。

《传奇》拯救了陈天桥，随着《传奇》的运营，滚滚而来的财富像一场倾盆大雨，像山上冲下来的泥石流，淹没了陈天桥。

《传奇》究竟给陈天桥带来了多少财富？陈天桥自己恐怕都说不清。这款已经运行了 6 年的游戏，至今仍像百年繁茂的银杏树一样，年年硕果累累。就像赤水河里的水，年年流进贵州茅台的酒窖。

《传奇》之后，"盛大网络"又引进了《新英雄门》、《疯狂坦克》等多款网络游戏。"盛大网络"成了中国最大的网络游戏运营商。从此，"盛大网络"如同离弦之箭，一发不可收拾。

2003 年，"盛大网络"在纳斯达克上市。

陈天桥迎来了一场黄金雨，那雨真的是说来就来，挡都挡不住。回顾这段历史，我们真该好好研究研究中国财富的"陈天桥现象"。

21 世纪，中国的年轻人无疑是全球最狂热的游戏迷之一。在上海、北京、广州无数不夜城的网吧里，到处都是二十来岁的年轻人，没黑没明地在玩网络游戏，不禁还好，越禁越狂，越禁越热，家家网吧座无虚席，有人在这里沉沦，有人在这里腾飞。谁都拿他们没办法，不独中国，全世界都是如此。

这些网虫们自成一族，在这个新新人类的部落里，在这支游戏玩家的大军中，还有军衔军价，从列兵、下士、中士、上士，再到少尉、中尉、大尉，再到少校、中校、大校，再到少将中将、大将，以战功授衔，严着哪。

让他们玩儿吧。沉沦的多，腾飞的少。一个腾飞，一百个沉沦，什么都别怪，那就是"命"。大浪淘沙哟。

总不能因为有人在这里沉沦，便取缔网吧，取缔网络游戏吧。就像汽车，中国哪年葬身车祸的人都超过了十万，美国在伊拉克打了三年，不才死了 0.2 万人吗。我们能因此而诅咒汽车吗？

时至今日，《传奇》还在最热门的游戏排行榜上存在。

根据 IDC 公布的数据，中国网络游戏市场 2005 年总产值为 4.6 亿美元，比 2004 年增长了 54%，这叫爆炸性增长。预计 2010 年，将达到 21 亿美元。中国有望于明年超越韩国，成为亚洲最大的游戏市场。到目前为止，中国共有 1.2 亿名互联网用户，在全球仅次于美国，而且未来还有巨大的增长空间。

您说，这是不是"大赌才能大赢"？

可谁又能保证不会偏偏是"大赌才能大输"？而且什么时候都是输家多于赢家。赢一百次，输一次就够了。

上市后的"盛大网络"是一只"不死鸟"吗？

"盛大网络"在纳斯达克上市，对于"盛大网络"来说，是一块里程碑。上市对于哪一个企业都是如此，对于中国的公司，那更是点石成金。有人问陈天桥，上市后的"盛大网络"是一只"不死鸟"吗？

我不知道陈天桥会如何回答，我猜想，陈天桥会说，也许是，也许不是。

陈天桥说：上市以后，死的定义已经发生了改变。上市以前，你想死就可以死，无非是公司解散，员工走人。可上市以后，你连想死都不是可以自己决定的。陈天桥的原话是："不死不活比死更痛苦。"

他连结束自己事业的权利都没有！

是"拐点"还是"灭点"?

对于陈天桥来说，很可能，"盛大网络"的战车，已经行进到了历史的拐点。也许这话对于日正中天的陈天桥来说，有点儿危言耸听。可对于日正中天的"盛大网络"来说，它时时都要思索，什么叫"盛极而衰"，什么叫"太阳上山又下山"。

如果，"盛大网络"的战车能够顺利地翻过这一个又一个的拐点，也许，"盛大网络"会成为 IT 业无坚不摧的铁骑兵。可如果，"盛大网络"的战车不能平安地翻过这一个比一个险恶的拐点，那么，说不准哪一个"拐点"就会成为"盛大网络"的"灭点"。

而现在，一个可怕的"灭点"，已如同古埃及神话中狮身人面的斯芬克斯般地张着血盆大口，在前面十字路口，守株待兔地等着陈天桥和他的"盛大网络"的到来。斯芬克斯为陈天桥准备了一个问题，如果陈天桥答不上来，陈天桥就难保不会成为斯芬克斯的一道甜点。

全线游戏"免费"是谁的"兴奋剂"?

2006 年，陈天桥改变网络游戏的运营模式，突然宣布全线游戏"免费"。陈天桥将此比喻为，先将烂泥塘掏干了晒，再引入新的活水源头，谋求长远发展。说直白些，这叫"竭泽而渔"。可如果不是形势所迫，谁会这么干？

这一退，"盛大网络"游戏收入大减，经过了 3 个季度的努力，才逐渐恢复到原有的水平。

究竟出了什么事，迫使陈天桥出此下策？

尽管这几年中国网络游戏市场在高速增长，但这一行业的公司们却一直在为应当采用什么样的营运模式而争论不休。是继续采用现有的收费模式，还是转向免费模式，以吸引更多用户？每家公司都有自己的选择。

目前看来，网络游戏运营商通过销售虚拟物品：音乐和网络电影，获得的营业收入，还无法弥补转向免费模式所损失的营业收入，因此，这场争论还没有结果，争论将会继续下去。

过去一段时间，最直观的是："盛大"和"网易"在纳斯达克的股价均持续下跌。自2005年11月达到52周最高点以来，"盛大"的股价下跌了26%。与此同时，"网易"股价自2005年3月底以来，下跌了近40%。投资人损失惨重，公众股股东怨气冲天，这是一个让人忧心如焚的跌势。

2005年底，为了挽救这一颓势，"盛大"被迫铤而走险，宣布将开始采用"免费游戏模式"。但到目前为止，"盛大"的转型之路并不平坦。

2006年第三季度，"盛大"的净利润为1810万美元，同比下滑了43%。当然，"盛大"的财务报表也有一些利好消息。例如，"盛大"第三季度网络游戏营运收入为5170万美元，比上一季度增长了9.4%。

这样看来，"盛大"的净利润实际上是亏的，而且亏损严重。是"盛大"第三季度网络游戏营运收入弥补了净利润严重亏损。

如果这样的财务报表真实可信，应当说，"免费"之举拯救了已处在水深火热之中的陈天桥和他"盛大网络"。可我们在阅读这样的财务报表时，我们的心境如何。我们会不会发出此问：全线游戏"免费"是谁的"兴奋剂"？

陈天桥坚称，盛大网络游戏业务的转型计划正在顺利实施。可我们依旧心存疑虑，果真如此吗？

"网易"、"盛大"谁是天下第一剑？

2006年，中国互联网同业间的竞争更加激烈。

与国外公司开展合作的同时，"盛大"和"网易"等中国网络游戏运营商，也在寻求提升自主开发游戏的数量和质量。

目前，韩国厂商开发的网络游戏，在中国市场占据了 45% 的份额。例如，韩国公司 Nexon 开发的网络游戏《泡泡堂》（CrazyArcadeBnB）目前已经吸引了 1.3 亿名注册用户。为了获得运营授权，中国网络游戏运营商必须向韩国公司支付数目惊人的高额费用。

于是，中国网络游戏运营商变成了韩国游戏公司的打工仔。巨额的营业收入滚滚流入了韩国游戏公司的口袋。

这两年，中国的游戏开发商也在迅速崛起。它们已经推出了多款深受用户喜爱的游戏大作。凭借自主开发的热门网络游戏《大话西游 II》和《梦幻西游》，"网易"已经超越了"盛大"，成为中国第一大网络游戏运营商。

到目前为止，《大话西游 II》已经吸引了 8300 万名注册用户。"网易"于 2007 年初发布《大话西游 III》，并陆续推出了多款新游戏。丁磊表示，"网易"计划未来几年投入 4 亿美元用于开发新游戏。

我们不知道在审阅这样的战场形势时，陈天桥心里该作何想？

短暂的辉煌后谁会要谁的命？

陈天桥与盛大面临的问题似乎不仅仅如此。

在外人看来，盛大手里似乎有花不完的钱。有一个版本说"陈天桥睡了一晚上，第二天早晨账上就进了 1000 万元现金"，还有一个版本说"陈天桥钱多了就开始尝试爬山，什么山，就是把钞票堆成山，然后在上面爬来爬去"。这只是笑话，但盛大确实创造了一个财富传奇。按照陈天桥自己的描述，盛大没有应收账款，没有银行贷款，每天的现金收入超百万，2004 年的营业收入达到 13.67 亿元人民币，较 2003 年度的 6.33 亿人民币增长 115.8%。不过，好景不常，2005 年底的最后一个季度盛大就亏掉了

15

5 个亿。

盛大可能在短暂的辉煌后猝死。

陈天桥的心里一直都认同比尔·盖茨的那句话："微软距离倒闭永远只有 14 天。"微软帝国尚且如此，何况他的盛大呢？陈天桥的忧患既不是空穴来风，更不是杞人忧天，他所担心的危机其实一直在伴随着盛大的成立与成长的。

2004 年 3 月 31 日下午 3 点，盛大公司来了一位不速之客，一名男青年冲进了客户服务部，一只手握着一瓶汽油，另一只手拿着打火机，怒吼着要自焚。后来，情绪激动的他就真的点燃了自己。幸亏盛大的员工眼疾手快，及时地扑灭了这名青年身上的火，这才没有闹出人命。

原来，这位男青年因为迷上了盛大的《传奇》游戏，他在游戏中购买了虚拟装备。但他购买的虚拟装备是不法分子利用网络游戏"外挂"产生的"赝品"，一旦"外挂"被封，那些装备自然也随之消失。该男青年在得知自己上当受骗后，极度气愤，便要求盛大公司让他继续使用那些虚拟装备，盛大自然不会为"盗版"提供服务，这位男青年的情绪随即失控，便以死相要挟。虽然事后盛大总裁唐骏建议玩家不要轻易私下进行虚拟设备的交易，但是他却回避了一个重要问题，那就是很多游戏玩家已经被《传奇》弄得走火入魔了。

还有一件事，2004 年 5 月 17 日，中央电视台《今日说法》栏目播放了一个 15 岁的孩子杀人的事情，节目中化名为龙龙的杀人犯因为在网吧迷恋《传奇》游戏而和另外一个男孩子对骂，结果龙龙就买了刀子将另外一个男孩杀死了。

类似这样的例子已经不是个案，不到 18 岁的孩子和学生整日沉迷网络游戏，24 小时泡在网吧不去上学，已经成为了一种令家长和社会都非常头痛的现象。在这样的土壤之下，家长老师们一谈到网络游戏，常是咬牙切齿，盛大在社会公众中的形象也多半因此为负数。所以，舆论的压力一旦过了临界点，舆论就很有可能影响到政策的制定，也许哪一天来自政府的一纸文告就能够让这家公司彻底消失。

"千树万树梨花开"，盛大在哪里？

除了政策风险，业务模式单一，竞争门槛过低，也是盛大天天面临的危机。陈天桥在短短几年时间里成为中国首富，他全部的利润都来自于网络游戏。网络游戏的门槛本来就不高，又有盛大这样可模仿的成功模式，各种网络游戏公司在中国网游市场上"千树万树梨花开"是指日可待的事情。所以，中国的网游市场上，盛大"一枝独秀"的日子不会太长久。陈天桥也说，他最担心的竞争对手不是市场上现有的这些追赶者，而是像5年前盛大创业者那样的一群人：坚定、执著，找到了正确的道路，充满激情，他们很可能颠覆一个行业。

自从在美国纳斯达克上市以来，盛大的市值一直高居中国互联网企业的头榜，但爬得越高摔得也越重，在政策危机、业务模式单一危机的双层危机之下，无论任何风吹草动，盛大的数亿市值很有可能在一夜之间蒸发。

快速扩张给陈氏带来了管理挑战，业务多元化又像一个个巨大的陷阱，这一切重重危机压在陈天桥的心上，陈天桥想要在晚上睡个好觉，的确比较难。

两个看不见的敌人是谁？

盛大不仅在面对政策的风险、业务单一的尴尬，还是两个看不见的敌人：黑客与私服。

自从2001年《传奇》稍微有些名气开始，《传奇》便频频遭受黑客攻击，最频繁的时候，每个月会有好几次。最严重的一次，盛大的整个销售系统几近瘫痪，陈天桥在家里接到电话心脏就急速地跳的毛病就是在那个时候落下的。

面对黑客的袭击，有人建议陈天桥妥协，适当地给黑客们一点好处。陈天桥坚决不愿意向黑客们低头。陈天桥一方面装新的服务器，另外一方面使用备用服务器，在不断遭受攻击的地方寻找自身的漏洞，然后及时补好。

黑客的危机对于盛大也并非都是坏事，陈天桥从危机当中积累了一套反黑客的经验。盛大重新完善了危机处理系统，为了应对各种黑客攻击，预先准备多种方案。经过近一年的折腾，攻击盛大的黑客开始偃旗息鼓，陈天桥在和黑客的战斗中占了上风。

一波未平，一波又起。黑客还未完全消停，私服又出现了。2002 年 9 月末，由于《传奇》游戏的韩国开发商管理不善，位于意大利的欧洲服务器上的早期英文版服务器端安装程序泄漏并流入中国，利用这个程序，可以轻易在网上架设服务器，可以非法运营《传奇》游戏。这样的游戏都是免费的，所以盛大的《传奇》人数的增长率显著降低，私服让盛大造成上千万的损失。

按照合约，韩国 Actoz 公司应该提供技术支持解决"私服"问题，但 Actoz 公司和 Wemade 公司却听之任之。盛大停止了和 Actoz 公司的合作，并延缓支付 Actoz 公司 1000 万美金。结果，韩国公司决定和盛大"火拼"，陈天桥和盛大处于内忧外患当中。

私服事件不仅直接影响了盛大的收入，而且其用户信誉度直线下跌，同时国内的竞争者们别有用心地利用这一事件大肆歪曲盛大。在内外交困、前后挤压之中，陈天桥在第一时间利用媒体向社会澄清了"私服"的真相，进一步加强了服务工作，然后配合各地的文化、工商、公安等执法部门开展打击私服的活动，并且聘请律师在各地进行维权活动。多管齐下，终于遏制了"私服"继续扩大的势头。

但是，直到今天陈天桥还天天为这两个潜在的敌人伤脑筋。

高处有怎样的寂寞与寒意？

由于"私服"事件，韩国《传奇》游戏的供应商 Actoz 公司开始和盛大打起了官司。在打官司的过程中，韩国公司态度强硬，并在 2003 年 1 月单方面通知盛大停止代理协议，此时距离合同到期还有 7 个月。盛大闻讯后立刻在媒体上公开谴责，并决定反击。陈天桥说："如果韩方不向我道歉，不降低分成比例，我陈天桥绝不向他们再支付一分钱！"

在这场利益纠纷中，"对方有很多把刀，不提供技术支持，盛大完蛋了；不提供新版本，也完蛋了。"但陈天桥有一条杀手锏——就是不付钱。韩国方面见"扳不倒"强硬的陈天桥，决定单方面毁约，将《传奇》改嫁他人。就在这时候，戏剧性的一面出现了，Wemade 公司单独将自己的《传奇 3》和国内的一家公司进行了合作，但 Actoz 公司并没有参与决策，Actoz 公司开始跳出来起诉 Wemade 公司，两家韩国公司的联盟开始瓦解，形势转而对盛大有利了。

2003 年 2 月 17 日，盛大宣布自主研发的新产品《新传奇》面世。这款游戏的设计、内容与韩国版《传奇》非常类似，而且玩家可把以前的资料、记录移到新游戏中，说到底是一款为了取代《传奇》而设计的游戏。同时，陈天桥继续和 Actoz 公司谈判，最终二者"相逢一笑泯恩仇"，2003年 8 月，两家公司再次续约。

2003 年 1 月，盛大在受到 Actoz 公司要挟的同时，却获得了软银 4000万美元的投资。有了软银 4000 万美元的投资和《传奇》带来的巨额收益，盛大开始强化自主研发能力。2003 年，盛大在日本就投资了一家游戏开发公司——BOTHTEC，2004 年，又收购了美国 ZONA 公司 100% 的股权。

虽然最终盛大在 2004 年 11 月 29 日以 9170 万美元现金收购韩国 Actoz公司，但盛大因为这场内部火拼已经丧失了 20% 的客源，原先罩在盛大头上的那圈灿烂的光环正在逐渐褪色，这对于一个以游戏起家的公众公司来说，这是致命的。

在经历政策的高风险性、业务单一、黑客与私服、内部火拼等事件后的盛大公司，实力大不如从前，加上盛大上市之后带来的成功效应，更多的投资进入了游戏领域，使得今天的盛大领略到了高处不胜寒的寂寞与寒意。或许某一天不小心，就会从云端里跌落下来，就会印证了陈天桥那句谶语：在辉煌中猝然死去。

盛大"盒子"将如何打开？

盛大也一直在寻求转型以及新的增长点。

盛大自提出家庭娱乐计划后，随后的时间里一直为这个计划不断进行战略布局，包括收购边锋、数位红、浩方、新浪等公司，包括内部建立SDG、SDS 和 SDO 三大部门，并围绕三大部门不断进行部门结构调整。然而随后出现的 IPTV 热潮，对盛大的战略布局产生了巨大影响。

这就是盛大的"盒子"问题。

2004 年，在华为、UT、中兴等大的 IPTV 设备厂家带领下，众多中小厂家纷纷投入其中。2004 年 10 月，IPTV 的概念和前景突然被媒体大肆炒作。在厂家和媒体舆论的推动下，电信运营商开始发力，快马加鞭地推动着 IPTV 产业的发展。

可以看到，尽管陈天桥后来一直用"电视网络化"和"网络电视化"来企图将盛大盒子与 IPTV 区别开，但从效果来看，IPTV 只是家庭娱乐梦想中的一部分，而 IPTV 发展的最终结果就是如同盛大所设想的那样。正是看到这一点，陈天桥在 2005 年初接受记者采访时，放出了卖了股票也要做 IPTV 的豪言。

但随后 IPTV 的发展超出了陈天桥的预想。从 2004 年到 2005 年，IPTV 的发展变成一个巨大的、不断投入的过程，同时也经历了由厂家推动最后变成运营商主导的过程，其中更掺杂了广电局和电信运营商的主导权之争。在如此变幻莫测、纷繁复杂的环境下，盛大不得不一次次调整自己的IPTV 战略，最后干脆直接宣布"盒子不是 IPTV"。

盛大提出家庭娱乐计划是在 2003 年，IPTV 的热潮是在 2004 年开始。可以说，盛大是超前于 IPTV 发展的。但正是这种超前，使得盛大的许多举动在当前变得不合时宜——盛大盒子本身就有着许多不合当前实际的因素。

（一）定价：由于盛大盒子集成了微软的操作系统和英特尔的芯片，使其成本过高，故而不可能在推广中免费赠送。2005 年 10 月 18 日，盛大在北京国际通信展中展示了盒子之后不久，便在浙江义乌以 6850 元的价格试售。目前电脑市场上，主流 PC 价格在 5000 元左右。功能不及 PC 强大，售价却更高，盛大盒子陷入了尴尬的市场定位中。

（二）技术：为了更多满足用户的内容体验，盛大将盒子做成易化的PC，这便带来了受病毒侵扰的隐患。另外，由于有芯片、硬盘的存在，盒子的散热也成为问题，因为盒子外形与 DVD 相似，但放置 DVD 的柜子一般被设计为半封闭空间。最大的问题在于，IPTV 在技术方面存在系统需要进行中间件、机顶盒和系统之间的复杂互操作测试问题，盒子复杂的操作系统无疑为这一难题雪上加霜。

（三）内容：盛大一直在致力于完善其内容，但内容的完善并不是唯一，更重要的用户的接受度和满意度，毕竟是收费项目。而在传播的过程中会不免受到硬件的限制，因此数量并不一定演化为优势。一个小小的遥控器也许并不能承载多样化的操作方式，终端的局限成为内容扩张瓶颈，而且当终端越来越像 PC 的时候，PC 的各种先天优势又会对盛大的盒子产生新的冲击。

（四）运营模式：盛大具备虚拟运营的基础，游戏为它积累了经验，点卡销售网络是其实施、售后的保证。但游戏的运营模式和 IPTV 的运营模式上还是有很大区别，不能简单地套用。盛大所操作的方式的唯一问题是盛大独占了这个蛋糕，使传统运营商只是处在利润的边缘，这就使其运营模式的可行性受到了极大的怀疑。盛大的运营策略能否受到运营商的认可是关键，单纯的企业化运营，置网络运营商于何处，这不是网络游戏运营，他们是不会愿意把运营权交给盛大的。这是盛大面对的一个很实际的问题。

归根到底，盛大当初提出家庭计划，规划出 3 亿电视机用户这块大蛋糕时，把自己定位成了蛋糕分配者。所以它一边花费大量资金进行内容的收购，一边四处为它的计划拉入各种战略合作者。盛大的举动如果成功，对电信与广电的业务发展是一个冲击。但在中国，宣传一直受政府的严格监管，像盛大这样的民营资本如果涉足这一领域且发展迅猛，万一尾大不掉，那在这方面就成为很严重的问题，万一通过你的视频网络传播出不该传播的东西怎么办？这个影响力如何控制？所以现在的 IPTV 市场上，电信与广电之争还是可控的，但盛大也进来争，那便很难被允许。在运营上，盛大只能是合作者的角色，不可能成为真正的操盘者。

而盛大盒子，作为盛大在操盘者向合作者转变过程中的产物，无疑注定了其不能作为进军全国 3 亿电视机家庭用户的产品。事实上，现在盛大给予了盒子很奇怪的市场定位：2.5% 的高收入家庭，有人质疑这个 2.5% 的数字从哪里来的。还有一个问题是，为什么这 2.5% 的人都会选择盛大呢？

当然，还有更关键的问题就是，盛大盒子还没有能力产生足够的经济效益来拯救盛大。

《2006 胡润 IT 富豪榜》告诉了我们些什么？

用《2006 胡润中国百富榜》来作为本文的结束语，真是再妙不过。用《2006 胡润中国百富榜》来作为陈天桥的"生死时速"一问的答案，真是再准确不过。

2006 年 10 月 18 日，《2006 胡润百富榜》在上海发布，向来以"新贵辈出"为特点的 IT 业，在本次《中国百富榜》排名中黯然失色，连续两年在"十强"之列的丁磊、陈天桥均跌出了前十。

这很可能是一个让人警觉的"拐点"（或许是灭点）。

2004 年位列《中国百富榜》第 1 名的陈天桥，2005 年跌到了第 3 名，2006 年居然下跌到了第 25 名，陈天桥的身家从 117 亿元跌至 60 亿元，几乎缩水一半。

除陈天桥、丁磊之外，其他不少 IT 富豪的排名，也同时呈现不同程度的下跌，前 300 名富豪，IT 业仅占 14 席，不到 5%。

其中，"百度"CEO 李彦宏由 2006 年的第 18 名跌至第 73 名，"阿里巴巴"创始人马云由 2006 的第 36 名跌至第 56 名，"搜狐"CEO 张朝阳跌得更惨，由去年的第 86 名跌至第 185 名。

读一读这张梁山英雄重排座的"封神榜"，你就会看到中国的 IT 业是如何天下大乱，又如何群雄纷争。

不要以为 2005 年中国互联经济不景气。

2006 年，《胡润中国 IT 富豪榜》上榜门槛从 2004 年的 4 亿元提高到了 7 亿元，提高的幅度接近 75%。2005 年 50 位 IT 富豪的总财富是 982 亿元，平均财富 19.6 亿元，比去年增长 31%。

这样看来，中国 IT 富豪榜财富的集中程度 2006 年在分散，而并非在更大程度地集中。它表明，中国 IT 业的竞争更加激烈，中国 IT 业的寡头经济的形成还需要更长的时间，中国 IT 业的"赢家通吃"之路尚远，谁吃谁还很难说。

至于此榜的可靠程度，胡润的评价是："由于受国际资本的影响最大，IT 富豪的财富是最透明的。"

对于陈天桥身价缩水近半，胡润评论说，这与"盛大"宣布其网络游戏免费后利润缩减有关。

此外，侨兴集团和晨讯科技集团位次快速上升。侨兴集团 CEO 吴瑞林身价从 2006 的 17 亿元攀升至 46 亿元，排名第 4；晨讯科技 CEO 杨文瑛家族则拥有41亿元身价，排名第5。胡润对此评论说，这显示了IT业中软硬件的竞争格局不会再保持前些年的稳定状态，IT硬件的发展势头被看好。

这对于陈天桥来说，当然不是什么好消息。

在互联网行业中，广告、网络游戏、搜索、电子商务等赢利模式，已经没有了昔日壮观的同时呈现井喷式的增长，开始出现分化迹象。

以即时通讯为主的"腾讯"，2006年上半年净利润就达到5.2亿元，成为中国最赚钱的互联网公司；新媒体行业的"分众传媒"成为美国股市表现最好的中国概念股，目前其市盈率高达84倍，远高于传统媒体。但其他互联网企业增长平缓。

这些都没有陈天桥的什么事儿。

陈天桥的"生死时速"越来越快？

读到此处，不知在经营企业上信奉"把所有的鸡蛋放进一个篮子里"的陈天桥，会不会看到"一篮子鸡蛋打翻在地"，黄儿也淌，白也流的惨状？

读了这张梁山英雄重排座的"封神榜"，不知陈天桥是不是会有一种"生死时速"越来越快的紧迫感？

我佛慈悲，阿弥陀佛。

（魏雅华　廖中华）

我看陈天桥

失去了方向的盛大

盛大失去了方向。他的 IPTV 根本就不是真正的 IPTV，盛大也不够专注。IPTV 是个很好的东西，但或许盛大没真正理解，只是炒作了这个概念。并且，现在 IPTV 还不成熟，不仅仅盛大，其他企业也不会太好过。大家不能光看美好的远景，如果不理性行为的话，IPTV 的泡沫会很快伤害到这些投入者。

——营销专家　王鹏越

经营出现困境只是时间问题

盛大进入了消费品领域，但是却依然沿用 IT 风险创业时代的经营模式，没有很好地总结消费品成熟的管理模式，经营出现困境只是时间问题。就盛大新发展的生意这块来说，我给他们几个内部经理在一年前预测过他们的经营模式的结果，可能只是不幸而言中，但是实际上是有必然性的。

另外，消费品管理已经是高度消费者民主的时代，而盛大依然奉行陈天桥式的英明领袖式的管理模式，内部管理过于维护个人独言的模式，非常值得反思。

——零点研究咨询集团董事长　袁　岳

四个拐点重在一起就是灭顶之灾

我担心的是陈先生的公司连续遇到四个拐点。如果这四个拐点恰恰重在一起了，对他来说可能就是灭顶之灾。第一个拐点是行业的拐点，行业不可能永远高速增长，由高速增长转成平速的时候怎么办，这是一个拐点。第二个，公司的产品也不可能永远地在运行，到产品的改革更换又是个拐点。第三，创业者的心态也是个拐点，跟你几年了，大家该享福了，创业者的心态过去是打天下，现在坐天下，这又是个拐点。再加上第四个社会环境的拐点，因为娱乐业、互动游戏业在中国传统文化中是不被接受的，叫勤有功戏无益嘛。我担心的是四个拐点的冲突。

——中科院研究生院管理学院副院长　吕本富

盛大亏损是必然结果

盛大亏损的出现，其实是其推行网游免费战略进军家庭娱乐占领客厅计划的必然结果。盛大的转型是国内的先行者，其瞄准的领地也恰恰是索尼、微软不惜重金强攻之所。相对于盛大，索尼、微软有更加雄厚的财力来支撑这项事业，而盛大，要完成其战略转型，在放弃网络游戏收费的金矿之后，需要有一个同样能快速实现强大现金流的新业务来完成一份能获得资本市场首肯的财务报表，以便安稳地度过过渡时期。

——腾讯财经中心总监　柯　斌

"新价值主义"遭遇挑战

不久前，我对像盛大这样的财富新宠用"新价值主义"来定义，认为这些财富的创造者是具有其不同寻常的新价值的。但不久前盛大发布了业绩报告，几项主要数据都出现了大幅的下滑。这说明我们所看好的所谓

"新价值主义"出现了不大不小的一些问题，现在遭到了挑战。

——管理传播学专家　尹传高

陈天桥有三个问题需要盛大解决

一、盛大所从事的游戏产业的特点就是，每一次新的产业大转移都有机会催生划时代的商业领袖，例如彩色电视机的普及推动了游戏机从街头游艺中心向"家庭化"的发展，在这个过程中，崛起了任天堂、索尼、世嘉、微软、雅达利和南梦宫等超级品牌。如今，消费者的游戏平台正进入电子游戏、网络服务和影音享受开始融合的时代，盛大正是看到了这样的一个趋势才取得良好的业绩。但这样的一个趋势只能是营销战略的一个层面，也就是说，仅仅是看到这样的一个趋势的话，还是不够的，戴尔发现了个人消费电脑的趋势，但戴尔更创新了这样的一个经营模式，所以才延续了成功。

二、盛大因为没有核心技术的支持，成功没有超越所谓"红海竞争"的层面。盛大只是在判断趋势上赢得先机，但这不能使之成为长久的领先者，和其他行业的竞争一样，盛大也是因为其不具备核心技术而沦为一个行业整合者的角色。目前，盛大必须说服国内其他有能力开发游戏的厂商（或内容开发供应商）以盛大系统为平台开发更多的游戏，而这样的整合者的角色如果没有核心的东西作为支撑，则不会长久。从技术层面上来看，盛大的系统依赖于微软和英特尔，这使得盛大的系统不可能是封闭的。也就是说，如果盛大成功了，从技术上没有门槛可以阻挡中国本地的效仿者也加入这样的竞争行业，而这样只会带来行业利润的下滑。而事实上现在盛大的问题也表现在这里。

三、从网络产品到互联网的电视产品，盛大的市场对象发生了很大的变化，消费类产品的特点要求投资者在管理上更加系统和精细，这是陈天桥这个从没有学过管理的管理者新课题，万物归本，如果没有一个基于商业思维的成熟管理模式，技术只会是技术，而不能转化为资本。

——经济学学者　艾　艾

豪赌式的战略转型

靠网游起家的盛大，正在弱化网游的成分，而开始拥抱数字家庭。自 2003 年中盛大就开始思考企业的战略转型，网游业务不再是盛大的主营业务，盛大考虑的是如何把丰富的互联网应用转移到以电视为核心的家庭应用上来，而去打造一个内容互动的平台。盛大转型的代表是三条产品线：EZPod——将 PC 平台升级为综合互动娱乐功能的娱乐平台；定位于电视与宽带平台的"宽带娱乐电脑"——EZStation，即"盛大盒子"；第三是掌上网络娱乐终端 EZMini。

在盛大的知情人士看来，盛大盒子只是一个幌子，陈天桥的目标是抢夺遥控器。在盛大内部，对于战略转型也有争议：如果此举成功，那么天桥和盛大将达到另一个高度；如果失败，那么盛大也就到此为止。

相较于盛大豪赌式的战略转型，另外两家网络游戏的热门公司网易和九城则采取了保守的做法。事实已经证明，网易正在取代盛大成为网络游戏的老大，面对未来丁磊正在试验一条不同于盛大的资本运营方式，而是采取企业孵化器模式。九城朱骏更为保守，不采取大的战略进攻，而发力产品项目的"冷战"。

一个成功的公司，除了要有清楚的公司战略，更要有清晰的组织能力。陈天桥的战略野心是想做网络传媒之王，对于一家缺乏互联网精神的转型公司而言，这一硬伤可能成为致命伤。

——网友　金错刀

2.75 亿美元的债券都需要真金白银去偿还

盛大宣布向花旗出售约 370 万股新浪普通股，获得 9910 万美元现金，似乎也支持了外界对"盛大缺钱"的判断，一个合理的推理是，盛大发行无利息可转换债券，2007 年 11 月就要到期，如果盛大的股价达不到 39 美元的高位，这高达 2.75 亿美元的债券都需要盛大拿出真金白银去偿还。以此前盛大股票不足 20 美元的价位，这似乎没有太大的悬念。

盛大并不承认是因为缺钱而出售股票，以及它的路演；出售新浪股票之前，盛大的现金是 1.7 亿美元，出售股票获得现金是 9910 万美元，两者相加盛大的现金储备有 2.6—2.7 亿美元，而且每个季度有 1500—2000 万美元的现金流，足以应付到期的偿债需要。

其实，无需对盛大的路演妄加猜测，回顾一下盛大走过的历史，展望一下盛大的战略蓝图，就可以发现盛大路演的真正目的所在。

——传播学专家　秦和舫

暴露弱点的盛大让人看得更加真实

盛大的问题和危机正是在快速扩张的过程中积累的，就像陈天桥自己所说的"盛大最大的敌人是 5 年前的盛大"。一个业务转型、暴露弱点的盛大让人看得更加真实，一个为了家庭战略撞南墙也不回头的盛大更让人又爱又恨，而从可转债麻烦中转身、游戏业务回升至巅峰状态、盛大易宝卖出 20 万套，一个懂得舍得之道、以退为进的盛大又让人平生几分敬畏。酝酿在表面的弱点下面的，恰恰是巨大的转机。现在的盛大不一定是最好的，但一定是最自知的，这是一笔财富。

2006 年的盛大确实"风云"变幻，抖了几个"包袱"，但把更多的悬念留在 2007 年甚至以后。陈天桥说"盛大永远是一家有故事的公司"，那么就让我们看看盛大的好戏是否还在后头？

——管理学专家　冯　禹

陈天桥说

盛大肯定要转型

游戏是否免费只是商业模式问题，现在游戏同质化严重，用户需要时间去了解游戏内涵。不要误会盛大不行了，我们上一季度网络游戏有亿元的利润呢，5 年来还在赚钱的游戏怎么会抛弃呢？

市场上没有 100% 的控制者，面对成熟的网络游戏市场，盛大肯定要转型。实际上盛大的第一个游戏是从韩国引进的，我们只是内容与客服的整合者，核心就是要满足消费者的需求。UPS 为什么要买飞机？它大可以把货运包给航空公司，但是它却自己买飞机，就是为了满足消费者需求。因此未来我们如果买飞机的话，你们也不要奇怪，如果为满足消费者的需求，需要我们走到这一步的话。

不可能谁都认可盛大

分析师都是坐在华尔街看中国（市场）的，认为盛大应该怎么样，不应该怎么样。实际上他们指导盛大的正是我两年前到那边推介盛大时教给他们的，那时他们甚至还不知道中国也可以有网络游戏。我们怎么会听从不了解中国市场的这些所谓分析师？否则我们都不用做了，企业都请分析师来当 CEO 好了。如果谁都认可盛大，谁都来吃这块蛋糕，那这个世界哪里还有钱赚？

盛大的风险

整合！游戏只是个软件，我们的目标是要做"网上迪斯尼"，如果说我们做网络游戏成功的话，那只是朝这个目标走出的一小步，企业都希望让金鸡下更多的蛋，我们要逐步推进盛大家庭战略，最大的风险是不断的整合，千万不要整合成四不像。我希望别人提起盛大时，绝不仅仅想到游戏。

盛大商业模式的转变

盛大已经不再受游戏寿命的困扰，因为游戏免费后已经不再是产品，而变成了虚拟社区，虚拟社区的寿命比游戏显然要长很多。此外，盛大的商业模式已经成了电子商务的模式，盛大在游戏里面建立了很多"虚拟商店"用以"满足需求"和"创造需求"，他认为因为需求可以被创造，所以盛大的 ARPU 值理论上是可以无限上涨的。

盛大在游戏运营的第一阶段主要是通过免费策略吸引用户进入游戏，第二阶段主要是引导用户进行付费，第三阶段是要不断提高 ARPU 值。盛大已经准备了足够多的版本在 Q3 和 Q4 刺激需求以提高 ARPU。

并不是胃口大的问题

那是他们不懂中国市场。（我们的）现金流是非常丰富的，不需要也没有必要动用这些钱，更别说出售股票。盛大推行的家庭战略，并不是（盛大）胃口大的问题，而是每一个做娱乐媒体的企业都在思考的问题。只不过要看你是不是在正确的时机做了正确的事情。盛大的用人标准：好人、明白人、能人。一些不符合要求的人难免会掉队。

挑战永远在增加

丝毫没有，永远不要指望一次合作就能令公司长治久安。环境每天都在变化，机遇随时都在产生。就说目前家庭数字娱乐市场吧，电信商、家电商、IT 公司，包括我们，大家都在抢，光这里就至少能诞生 10 个盛大。对我来说，挑战永远在增加，而不是减少。

战略上永远要大胆想像

战略与战术，本没有"东""西"之分，何谓"声东击西"？企业的战略是创业时就应确立的，而战术则是表象与手段，战略永远要大谈特谈，可具体到战术步骤，我不可能今天高呼"要做张三"，明天声明"要做李四"。因此，盛大一直反复念叨收购新浪股份是一次"战略性"投资。

"战略上蔑视敌人，战术上重视敌人。"这是毛泽东的名言，实际上也把公司治理上升到了哲学高度。如果我过去的战略目标是做一家"上海市张江区年收入 100 万元的公司"，那企业没前途可言，战略上永远要大胆想像，但战术则必须小心谨慎。

网游产业不是洪水猛兽

网络游戏产业一直得到新闻出版总署、信息产业部和文化部等国家政府部门的支持，它不是洪水猛兽。人们有对事件发表评论的自由，我尊重他们评论的权利。但我相信，历史能做出公正的判断。

我不是控制欲很强的人

如果我真是那种控制欲很强的人，就不会让盛大上市，发行可转债，也不会与新浪进行合作，因为这都会稀释我的股权，不能满足控制欲了。盛大收购的其中多数公司，我甚至都没去过他们的办公楼；盛大上市，软银给盛大投资 4000 万美元，当时我签署了那么多的文件，却几乎连看都没看，种种做法，恐怕都不是一个控制欲很强的人应有的行为吧？

网络游戏不会永远是盛大的支柱

网络游戏不会永远是盛大的支柱，我们一直在强调要做"互动娱乐"。目前与英特尔、微软、长虹乃至与新浪谋求的合作，都是基于盛大的长远战略考量，"向客厅转移"是方向性的决策问题，在盛大内部是不允许讨论的，至于转移的方式方法，你说是机顶盒也好，是网络电视也好，都没有关系。我只要一个结果：盛大未来是国内所有做数字娱乐的力量中，最大也是最具竞争力的内容服务提供商，这就够了。

我应该是企业的一个过客

我相信我应该是企业的一个过客，这个企业不应该跟你来结婚成为你的老婆，也不应该是像养一个宠物一样，说我到时候卖掉赚钱，应该像自己的孩子一样，他该读幼儿园，该读什么读什么，最后他会自己有伴侣，他自己会去发展，父母永远去默默地关心他，所以我们在做企业过程当中，我相信公司或者我希望他的理想是能够成为一个真正的中国的娱乐媒体，而且是领先的娱乐媒体，就是互动娱乐媒体，如果用老百姓大家都能听得明白的话，我一直在说叫网上迪斯尼。从个人的角度来说那是另外的一个理想，这个上面现在为止陈天桥和盛大是完全不能在一起，我有一些朦胧的感悟，但是还没有非常明确下一步的目标。

最后都是赌博

任何一个决策它都有赌博的成分，因为已经说了我们必须专注，但没有一个人知道这个方向就一定能成功，所以我想一个伟大的战略家或者说军事家，他实际上经过缜密的分析以后，最后都是赌博。

附：

盛大转型中的问题

陈天桥

战略执行中经常出现的问题有三类：沟通问题；授权和集权问题；战略布局和执行力的问题。目前盛大在家庭战略转型的具体执行中也遇到了类似的问题，并采取了各种积极的解决方案。

沟通问题

沟通不仅是一个创业企业的基本精神，更需要积累。如果缺乏积累，沟通只会像无法聚沙成塔的沙丘遇风则散，经不起风浪，也无法起到应有的作用。盛大起初创业的时候，整个公司的沟通是非常畅通的，但是到公司迅速壮大、人员迅速增长的时候，由于沟通的环节增加，导致沟通的效率也就不可避免地降低了。

然而盛大对于公司内部的沟通是非常重视的，通过很多努力逐步积累沉淀了良好的沟通平台，包括开设总裁接待日和专用邮箱，后备干部的选拔和培养，成立专门的培训部，建立行政副总和170个中层干部的沟通体系等，最终较好地维持了公司沟通体系的通畅。

由于盛大公司在纳斯达克上市的特殊性，也导致盛大公司的沟通体系有其独特性。例如，为了保证让投资者在第一时间知道公司经营的相关信息，实行了严格的相关保密原则，哪怕是公司内部员工也无法获知和其本职工作不相关的信息。这就使得当很多员工从外部知道公司相关信息时，人为地以为沟通出现障碍。这种沟通中存在的特殊问题也同样需要公司全员有所了解，并从初期开始积累沟通的平台以适应公司变化，从而保障日后沟通的顺畅。

集权与授权问题

集权和授权的实质是管理权力收与放的平衡，因此领导者对于下属既要充分信任，也要掌握权力配置的平衡关系。

众所周知，如何将职权在组织中进行合理而有效配置的授权问题历来是在战略的实际执行中经常困惑企业的难题。而在管理学中，早就公认集权和分权是两个彼此对立而又互相依存的概念，不存在绝对的集权，也没有绝对的分权。集权或者分权更不能简单地用"好"或"坏"来加以判断，也并不存在着普遍的标准。

所有的管理者必须自己把握平衡，判断在不同的战略时期应当分权到什么程度，或是应当集权到什么程度，而不同的战略时期也应该有不同的权力平衡原则，不能一概而论，这个源于实践的心得。再次指出了一个优秀的企业家和管理者应该在工作中动态中进行权力的平衡，而非教条地照搬管理原则。这可谓是最真实、最实用的企业管理原则。

在实行公司战略转型中遇到过有人不理解，有人泼冷水，这些都可以不在意，不予理睬，但最担心的就是盛大很多人还沉溺于过去的成绩和辉煌中，表面赞成转型，而实际不执行。这也是盛大目前所面临严峻的战略布局和执行力的问题，而解决这个问题的关键在于度的把握。

执行力问题

执行力实质是指通过一套有效的系统、体系、组织、文化或技术操作方法等把决策转化为结果的能力。目前，"执行不力"是我国企业界的通病，但同时执行力又是决定企业成败的一个重要因素，是企业核心竞争力形成的关键，因此如何提高执行力已成为众多企业思考的主题。

战略和执行相配合的程度，就像盛大的文化一样提倡"小步快跑"，只要战略决定了执行，哪怕战术的制定上没有完全确认，也要立即按已确认战略的方向去执行，否则必会出现公司头尾不一致甚至完全相反的情况，导致最终战略失败。

黄光裕——桀骜霸气背
后有一种痛？

我看黄光裕

黄光裕说

桀骜霸气背后有一种痛?

此类事情还会发生吗?

黄光裕的竞争对手——苏宁电器老总张近东被评为 "2006CCTV 中国经济年度人物"。

是张近东,而不是黄光裕,不知道这件事是否与黄光裕的 "贷款门" 事件有关?

应该说,2006 年的黄光裕是十分风光的。

先是在 7 月,国美宣布,将以 52.68 亿港元并购永乐电器。收购后,店数规模和销售规模已经是业内的绝对老大。此时,黄光裕似乎并不甘于在家电卖场的风光无限,开始打造 "多元化帝国"。他和全球第一大医药连锁店美国 Walgreens 共同出资成立国美医药股份有限公司,在全国打造国美医药门店。

又在同年 9 月,国美旗下的鹏泰还入主中关村,黄光裕整合旗下地产业务迈出了关键一步。不久后,他耗资 38 亿投资兴建的商业项目在北京丰台科技园揭幕,意味着开始进军服装时尚产业。

但是,黄光裕却在年底突然遭 "贷款门" 袭击,心情可想而知。而且,整合永乐能不能成功,是否会有 "后遗症";"多元化帝国" 到底是馅饼还是陷阱? 一切也还是未知数。

我们来看 "贷款门" 事件。

2006 年 10 月 30 日出版的某杂志发表了一篇重要的文章，一时间，黄光裕被推上了风口浪尖。

该杂志的报道称，去年国庆前，公安部对黄俊钦私人所有的"新恒基系"立案调查，银监会摸查目标，是"新恒基系"及黄光裕所控"鹏润系"的整体银行贷款和负债。初步调查结果显示，民营的"新恒基系"和"鹏润系"在创业阶段，涉嫌以违法或严重违规方式，获得北京中行的信贷支持。

调查表明，黄俊钦、黄光裕兄弟早年创业期间向北京中行的违规贷款和其后以租房形式向北京中行套取的逾亿元租金，以及之后的虚假房贷和车贷，总计达到 13 亿元。这些贷款在鹏润和新恒基之间密切流动，最终流向境外，形迹可疑。这些资金既构成了上世纪 90 年代黄俊钦兄弟创业期的"第一桶金"，也在 2000 年之后继续支撑其扩张。这些贷款也构成了如今北京中行案的核心案由，资金最终去向尚未调查清楚。

一石激起千层浪。

关于民营企业"原罪"的问题又一次引起了人们的热烈讨论。后来，连全国工商联第一副主席胡德平和统战部部长刘延东也先后发表对民营企业"第一桶金"的看法。

尽管在后来，公安机关发布公告，称黄光裕协助调查取消。

但问题是，此类事情还会发生吗？问题还有，此类事情为什么会缠绕这个强势的"国美帝国"？为什么一旦牵扯或者不牵扯都有如此大的波澜？

"福音"还是"祸患"？

2006 年零售领域的最大并购上演，主角就是黄光裕。2006 年 11 月 22 日，在 100 多位中外厂家、专家及 300 多位媒体记者的注目下，国美集团董事局主席黄光裕宣布，国美永乐正式合并成功，拥有 900 家门店的国内最大家电连锁集团——新国美集团正式成立。

国美收购永乐，创造了家电流通领域的一个"巨无霸"。这使得原本以国美、苏宁、大中、永乐四方为主体的竞争平衡遭到破坏。国美电器逐渐逼近一统天下的"野心"背后，是整合行业资源，还是谋求寡头垄断？带给业界的，到底是福音，还是祸患呢？

他的"吃厂家"的赢利模式遭到怀疑。

在业界颇受争议的"国美模式"，就是以尽可能低的价格实现快速销售，并最大化地占领市场份额。

媒体公开报道显示，国美电器的大部分利润，并不是来自于通常的销售环节，而是来自于上游供货厂商的销售"返利"。国美电器的报表也显示，向供货商收取的进场费、广告推广费等"其他收入"，占据了公司利润的很大比重。

名目繁多的费用、久拖不还的货款，在让顾客享受低价商品、商家坐收滚滚财源的同时，却让厂家叫苦不迭。国美以低于厂商定价的方式推动销售，产生的亏损甚至要厂商弥补。国美门店名目繁多的各种收费也令厂商怨声载道。

在全球家电论坛上，一些电器厂家直言不讳，矛头直指国美电器。除了长期与国美交恶的格力外，2007 年以来，美的、海尔、格兰仕等更多厂家开始转向，将销售渠道开始从单一的连锁卖场转向专卖店或传统渠道。

还有黄光裕的"吃独食"的老大心态也显露出来。

目前，国内家电流通领域内恶性竞争时有发生：黄光裕曾对媒体公开评论作为上市公司的竞争对手，称"苏宁股价虚高"，"国美收购苏宁只是时间问题"，"打到苏宁国美合并为止"。2006 年 8 月 8 日，国美电器广东茂名店与茂名明湖电器商场因互相打探对方价格引发暴力冲突。

正如中国是家电大国而不是家电强国一样，整个家电连锁销售行业"规模而不经济"的问题，在国美身上表现明显。

国美电器 2005 年的公开财务信息显示，随着门店数量的扩张，反映公司赢利能力和资产管理效率的一些关键指标并不乐观：其基础赢利能力指标从 2004 年的 12% 下降为 2005 年的 9%；总资产收益率从 11.35% 降为 8.30%；成本费用则呈现居高不下且略有上升的势头，成本费用率指标从 2004 年的 90.18% 升至 2005 年的 90.80%。同时，扩张后公司的资产经营管理效率也出现下滑，存货周转率从 8.8% 降至 6.6%，销售货款回收天数从 18 天延长至 26 天。

随着竞争的加剧，家电行业各环节的利润越来越薄。2007 年以来，许多企业开始修炼"内功"，而国美依然在规模扩张的道路上狂飙突进。有业内人士称，连锁行业发展"规模不经济"，表明外延型扩张模式已经走到了尽头。对零售渠道"通路利润"的依赖、人才和内部管理的薄弱是国美未来发展的最大瓶颈。

当年那个少年到底做了什么？

1986 年的早春，天气寒冷。年仅 17 岁的汕头少年黄光裕（又名黄俊烈）与哥哥黄俊钦一道，身揣 4000 元钱从家乡北上，到内蒙古一带做贸易。一年后进入北京，在做了半年生意后，最终选择在珠市口经营一家面积不足 100 平方米的电器店，1987 年 1 月 1 日，正式打出国美电器的招牌。

之所以选择家电这个行业，当时黄光裕是看中了家用电器作为"大件"在人们消费生活中的巨大发展潜力——市场需求远大于供应，尤其那些国外进口电器更是抢手。在当时的市场风气下，商家普遍采用的销售手法是以倒买倒卖抬高售价，以图在短时间内获得暴利。而黄光裕的国美电器却采用了一种截然不同的销售策略——以市场上最低的价格将商品卖给消费者，这也正是黄光裕的与众不同之处：坚持零售薄利多销，这一策略成为国美的立业之本。

这就是目前有关黄光裕唯一可循的发迹前传，依靠这家电器店，他在 18 年后逼近中国首富的虚位。与其他很多富豪类似，在白手起家的神话后面，传言一直相生相伴。

极少接受媒体采访的黄光裕并未直接反驳这些传言，只是声称其兄弟用于投资珠市口那家家电店的 10 多万元来自"在内蒙古做贸易"和"在北京最初半年做生意"的积累——至于为何是内蒙古，又具体是何种贸易和生意则不愿多讲。

如今回过头来总结，会发现黄光裕创业切入点极佳。虽然中国经济从上世纪 70 年代末开始进入新的发展时期，但物质条件仍然相当落后，流通领域商品奇缺。可以毫不夸张地讲，在几乎所有消费品市场上，都是卖方市场，家电市场尤其如此，80 年代中期仍是清一色的外国品牌。国美在经营之初便开创了很多业内先河，1990 年首创"包销"制，1991 年率先在《北京晚报》中缝登出商品报价广告，1993 年开始在北京地区开设多家店铺，1996 年由单纯经营进口商品开始转向以国产与合资品牌为主，1999 年开始向全国扩张。

1993 年，就在国美电器已在北京迈出连锁经营步伐并开始涉足房地产业时，黄氏两兄弟分家了。黄光裕称，他分得了"国美"品牌和几十万元现金，而包括房地产业务在内的资产归哥哥黄俊钦，后者创办了以房地产为主业的新恒基集团。

尽管国美在十余年的积累下，从 1999 年开始发力走向全国，但外界对其扩张之举看法迥异，而资金保证则是质疑中的重要一环。也就是从那时开始，国美的上市努力就成了业内外人士的谈资。而 2006 年的"贷款门"事件又使得国美以及黄光裕的"资金来源问题"成为人们揣测的题材之一，一如当年人们对这位首富发财途径的种种传言。

升升降降的游戏玩到什么时候?

从一个昔日为人轻视的小贩，到今天万人瞩目的富豪，黄光裕的任何行为应该都可以理解，关键是黄的性格是否会影响国美的未来?

2006 年 11 月 22 日下午，寒风如刀。

但是，位于北京海淀区的稻香湖景酒店，却是一片温暖如春的景象。这里正在举行一场名为"和谐·使命"的庆功大会。一方面庆祝国美与永乐合并成功，另一方面也是为了一扫前些时候关于"国美早期贷款"的是是非非。

然而，摆在黄光裕面前的不仅仅是美酒、鲜花，还有更艰难、更漫长的博弈之路正等着他去步量。

或许，这仅仅是一场开幕式。

在国美的人事安排中，一直都是根据国美"教父"——黄光裕的好恶来确定座次的。只有这一次陈晓的职位安排似乎有点例外，但仔细一想，也在情理之中。

新国美的董事局主席，当然是黄光裕无疑了；下设总裁，目前是陈晓，因为陈晓先生将他苦心经营了多年的永乐电器送给了国美，功劳颇大，理应安排一个显赫的职位。一方面是让新来乍到的陈晓安心工作，多做贡献；另一方面，也是让业界看看，"教父"是多么仁义的人，论功行赏。当然，黄光裕看得更远，如果后面的张近东、张大中等人也如法炮制，将多年打理的苏宁电器、大中电器拱手献上，也会得到同样的优待。

翻开国美短暂的历史，不难看出，黄光裕一直是一个弄权高手，这种翻掌为云、覆手为雨的权谋计略，与他堪称完美的资本财技，可以说是"教父"得以控制国美的两大法宝。

由于过度频繁地更换高管，一些职业经理人谈"国美"色变。笔者的一位朋友就是某大型连锁超市的高管，在与黄光裕接触之后，打消了前往国美的念头，这位不愿透露姓名的职业经理人说："这人很强权，不易相处。"

当初，大中与永乐合并进入僵持阶段时，笔者与北京中洋新悦投资顾问有限公司总经理池洋闲聊中谈到"如果此时黄光裕来一个釜底抽薪，在陈晓背后插一刀，那永乐就成了碟中小菜！"果然，访谈尚未刊出，就传出国美、永乐合二为一的传闻。

消息一出，笔者大跌眼镜，深慕黄光裕手段高明，不愧是一代枭雄！

2006 年 7 月 25 日晚，霄云路鹏润大厦，同样是国美、永乐举办的联合新闻发布会。陈、黄出现，记者蜂拥前至。面对潮水般的新闻记者和频频闪烁的闪光灯，黄光裕泰然自若，甚至有一点桀骜不驯。特别是众多的摄影记者一字排开，跪在黄光裕、陈晓等人面前抓拍新闻镜头时，可以清楚地看到黄光裕脸上所流露出的霸王气质，甚至对眼前所发生的一切不屑一顾。

反观陈晓及其所带领的永乐原班人马，显然没有见过这种"新闻强度"及几度失控的局面。有几个摄影记者甚至碰翻了黄光裕、陈晓面前的桌子。这时，陈晓身边的永乐高管大惊失色，转身而逃；而黄的人马却岿然不动……

在国美，几乎每隔一段时期都要进行一次人事调整，这种高层人事的频频变动，已经影响了国美发展的连续性。

也许是某些不为人知的原因，现在的黄光裕几乎不相信任何人了。身边的亲信基本上都已换掉，这种频繁的调整让国美职员、特别是高层职员感到了巨大的心理压力，没有安全感和归属感成了国美员工心中永远的痛。

2005 年 3 月 1 日，记者受邀参加在北京五洲皇家假日酒店举行的 2005 年国美手机流行趋势新闻发布会，期间与国美一高层谈到了国美的未来趋势。2005 年 12 月 20 日，记者与之通话时才得知，这位李姓高管已经离开了国美。

在国美，这种高管的大换血已经司空见惯，而且几乎每隔 6 个月就要来一次，熟知国美的人都清楚，它们的中高层管理人员只是黄光裕手中的一个"升降梯"，黄可以随时调整你在这个"梯子"中的位置。每一个高管人员的任免与升迁必须由黄光裕亲自考察，稍不如意就会立即遭到封杀，轻则降职，重则"另谋高就"。有时，连分散在全国各地的二级公司、三级公司的经理，也得由"黄总"亲自过目。"对于每一个我看重的人，我都会调他到我的身边工作一段时间，可以互相熟悉一下。"黄光裕对记者说。当然，这句话的另一种解释是：对于每一个我不再看重的人，我就会把他"高高挂起"，甚至将他"弃之不顾"。

原国美北京公司总经理张志铭早年是黄的司机，因深得"黄总"信任，才被委以重任。张志铭后来与黄光裕的妹妹黄燕虹结婚，成为黄氏家族中的一员。黄光裕见张踏实肯干、敬业勤奋，日渐看重。在黄光裕的栽培下，张青云直上，一度成为国美的第二号人物，处在一人之下，万人之上的权重位置。就是这样一位亲信，见证了国美历史的风云人物，也成了黄光裕"升降梯"里一枚棋子，成了国美频繁人事调整中最著名的人物之一。张在国美已是"五起五落"，就在记者参加国美手机发布会的前一天，国美发布公告称：张志铭已辞去国美电器董事的职务，改任其他职务。张的离职自然再一次成为国美内部的谈资。

除了张志铭之外，何炬也是国美人事变动中又一位重量级人物。何炬，原国美副总裁，北京大学法律系毕业，1993年加入国美。在为国美效力的10年之中，作为黄光裕曾经的得力干将之一，在国美的全国扩张中攻城掠地、战功卓著，可以说为国美问鼎国内家电连锁第一品牌立下了汗马功劳。何炬先后担任过常务副总经理、国美集团总经理等职，即便如此高位，在黄的眼中，何也不过是其人事升降梯中的一枚普通棋子罢了。

很快，黄认为这个"普通棋子"该挪一挪地方了。2004年夏天，因为不满新一轮人事变动中的安排，何炬愤然辞职，南下广东，转投中国建材集团投资的易好家商业连锁有限公司，出任其总经理。对于何炬的离职，黄光裕大为光火，甚至在易好家开张前3天，不惜给各大厂商发出《通函》，威胁合作厂商们"不得直接和间接地与其发生任何业务关系"。可见黄光裕对何炬离去的愤恨。

不过话说回来，商道即人道，做商如做人。在商战中如此霸道，可以想像国美员工天天是怎样战战兢兢地工作的。

谁是谁心中永远的痛？

如果说个别高管人员的变动不足为奇，但整个管理层被撤换那就需要决策者极大的勇气了。黄光裕就是具有这样勇气的人物。

2003年6月，哈尔滨分公司因为分公司经理有"不听指挥"的嫌疑，一个星期之后，整个分公司从总经理到副总经理等十多人都被"悉数拿下"。快刀斩乱麻，手起刀落。

此前，这种地方诸侯势力的全员大换血在深圳分公司也上演过。

2004年10月，国美上上下下刮过一场"总务风暴"，几乎所有在总务部门工作过的人员都被撤换，人事变动涉及全国30多个分公司和部门。起因是黄光裕发现个别在总务部门工作的人员有吃、拿、卡、要等现象，黄借此对全国所有总务部门进行了一次大清洗。一位曾经亲自操作过"总务风暴"的国美高层对记者说："对于国美这样一个大摊子，我们必须加强中央集权控制。这样做，也许会因为缺少灵活性而丧失一些机会，但这比因失去控制而让企业冒更大风险要好。"

就在"总务风暴"后不久，警惕性一向很高的黄光裕，在国美又进行了一次全国性的组织架构大调整。不过，与以前相比这一次人事大调整比较温和，大部分地方诸侯只是象征性地实行一下对调，只有少数"不听话"者得到了处分。

这是黄光裕在全国范围内第四次对国美进行公开的"大手术"，此次调整后，国美的地方诸侯权力得到高度集中，总部和各分公司都将采购权交给全国七个大区，分公司的行政、人事及财务等职权仍然保留。

人事的频繁调整对于任何一个公司来说都是一个致命伤，这一点，精于商战的黄光裕可能比谁都清楚。但是，明知不可为却偏要去做，也许国美有自己的难言之隐吧。

无论如何，人们都在等待着国美的下一次人事大调整。这种大调整，对于黄光裕与国美来说，都是一种考验。

他藏在那深如宫殿的办公室里在想什么？

西汉初年，刘邦与他的功臣们总结秦灭亡的教训。在汉高祖面前，大臣陆贾谈起《诗》、《书》中的道理。汉高祖很反感："我是骑在马上打天下的，用得着读什么诗书吗？"陆贾接过话头："过去可以在马上打天下，现在怎能还在马上治天下呢？"

现在的国美正处在"打天下"与"治天下"的困惑中……

黄光裕在国美锻造价格"屠刀"攻城掠地的时候，并没有料到这把"刀"现在却成了一把双刃剑，成为阻碍国美进一步发展的绊脚绳。

在总结自己的经营策略时，黄光裕更欣赏手下得力干将们的"冒险能力与执行能力"。黄总性格中这种血腥拼杀论成就了国美的今天。但是，现在的国美已经不是当初的国美了，其一举一动都牵涉到市场的各种反应，昔日的冒险出击有可能成为国美最可怕的暗礁与险滩。

"他一言不发，坐在宽大的老板桌后看着你，你感觉自己仿佛是笼子中的一头猎物，你不可能和他有平等对话的机会。"这是国美的一场高层人才招聘面试会，主考官就是黄光裕。

被试者是由猎头从同行企业里推荐过来的一位高管。"这是我几十年工作经历中最紧张的一次面试。"这位在行业中有着一定知名度的候选人事后感慨说。"走南闯北几十年，我也和不少大老板直接共过事，但是黄是最不可捉摸的人。"

黄光裕的这种"镇定自若"，往往让应聘者手足无措，更谈不上如何出谋划策、运筹帷幄了。这也从侧面反映了黄在国美唯我独尊的地位，这种地位反过来影响着国美的决策。

国美的中层经理一般很少能有见到黄总的机会，"你不必问我黄老板的事情，外面对他的了解也许比我们企业内部员工对他的了解更多。"一位国美的中层经理诚恳地对记者说，"每天他藏在他那深如宫殿的办公室里，除了全国几大区的营销总监能和他直接讲话，下面的人很少能见到他。"

这就是黄光裕，一个神秘莫测的富豪。这种"养在深闺人不识"的状态是一种刻意的低调，还是装腔作势、故作神秘呢？

这个当年初中尚未毕业的 17 岁少年，在经过 18 年的浴血打拼后，仅凭自己的双手白手起家，从一个昔日为人轻视的小贩，到今天万人瞩目的富豪，并创造了一个不可思议的财富帝国，黄的任何行为应该都可以理解，关键是：他这种刻意的神秘是否影响着国美的未来？

要知道，今天的社会更喜欢透明，而不愿意与莫测高深的企业家打交道。

黄光裕说："我做家电很大程度上是逼出来的。因为那时的商业机构大多是国有企业，有国家的一级、二级批发站，它们都有自己的渠道和网络，实力强，门路也多。作为一家个体企业要想办法吸引来客户，必须有自己的东西才行，而最简单也是最有效的营销手段就是——薄利多销。"

正是这种低价策略成就了国美的今天，也为后来众多的模仿者提供了广阔的空间，这些新生代的"价格屠夫"反过来蚕食着国美的市场份额。

在国美发展初期，企业在频繁的"战争"中形成了现有文化里的杀斗之气，血腥之味，这种勇猛精进对于创业企业是有益的，但是对于做到一定规模的国美企业，它的可持续发展需要一种更人性化的管理，这正是国美所缺失的东西。

从现在的规模看，国美毫无疑问是国内家电连锁的第一把交椅，但它与第二名的差距，并不足以让它能够安心睡大觉。苏宁、永乐、五星、大中等，一个个后来者对它的市场"虎视眈眈"。

苏宁在深圳上市了，永乐、五星也都以每年翻番的业绩在成长。永乐携摩根斯丹利 5000 万美金破空而来，而且传闻它将会在海外上市。苏宁在它的华东市场扎下的深根，这是国美所撼不动的。苏宁在南京的一个旗帜店能做到单店营收 8 到 10 亿，可见其在当地顾客心中的品牌认知度，国美也只能"望苏兴叹"。

创业难，守业更难，这正是今天国美所面临的困惑。在"打天下"与"治天下"之间，现在的国美既没有统一中国的家电卖场，苏宁、永乐、五星更是虎视眈眈，在内忧与外患之间，国美更需要一种人性化风格来弥补昔日血腥扩张所留下的隐患。

两千多年前一个叫陆贾的人说："过去可以在马上打天下，现在怎能还在马上治天下呢？"这句话也算是对国美的警示吧。

黄光裕会沦陷吗？

心理学家分析，如果一个人把头顶上的头发全部剃光，那么只能两种可能：一是此人遇到了人生极大的挑战，不惜破釜沉舟，拼力一搏；另一种情况是对传统世俗的反叛与颠覆。

黄光裕从蓄发到落发的过程中，是属于前者还是属于后者，或者两种情况都有？

这种极端的行为，对国美及黄光裕来说意味着什么……

黄光裕的第一次"落发"是在 2005 年 3 月 20 日的国美新闻发布会上。

这一天，黄光裕一改过去西装革履、文质彬彬的模样，却以光头形象出现在媒体的闪光灯下。在这次新闻发布会上，刚刚当选为"中国首富"的黄光裕正式向外界宣布："国美将在全球招募 CEO。"言外之意就是说：在国美，已没有他信赖的接班人。接着，黄光裕继续说："早在半年前就已开始寻找，未来国美电器的高级管理人才将在全球范围内寻找，不会有地域和国籍的限制。"

这再一次显示了黄的强硬与突如其来的作风。

全球招募管理人才没有错！错就错在没有一个合作者与黄的蜜月期能够长久，有一点能耐的他不敢用，没有能耐的他不想用。这种患得患失的性格决定了国美人才的流失。事实也是如此，黄光裕的全球招聘策略并没有获得成功，只是一个形式罢了。

如果对内部管理采取强硬作风可以理解的话，那么对于外界合作者动辄以清场、商品下架相要挟，那就容易引发更大的危机了。

南方某家电企业的销售经理与记者一起交流时谈到："现在的国美与过去的国美不一样了。"这位梁经理说："有一次，我们销售部门与国美西南区域的一家分公司谈判进场事宜，双方一时没有谈拢，国美就在一夜之间，在全国范围内将他们企业的促销员清理出场。可气的是，他们事先一声招呼都没有打。"

这就是国美风格，也是黄光裕的风格！可以肯定地说，国美在全国范围内对一个家电品牌痛下杀手，一夜之间将所有促销员驱逐出国美在全国的连锁店，这种大事如果说黄光裕事先一点不知道那是不可能的。在国美，没经他点头，谁也不敢下这样的决定。在外方资本和国外大型家电卖场没有进入中国以前，国美如此作风或许还有自己的理由。一旦外方资本挟成熟的管理经验与雄厚的资金优势进入中国，等待国美的恐怕是一场集体叛逃。

梁经理就直言不讳："现在是没有办法，人在屋檐下啊。"

看来，国内大型家电卖场这种"挟天子以令诸侯"的作风已经成为了众多家电生产企业心中的难言之隐，只是苦于无法摆脱这种现状罢了。

在外方资本虎视眈眈、国内众多家电卖场相继开张的情形下，国美表面上虽然风光无限，其实内部已是危机四伏。作为国美首脑人物的黄光裕，越来越迷信算命与星相之术，甚至到了连出行都得先算上一卦的程度。整日里闭在深宫一样的办公室里，盘算着国美的下一步走向。昔日国美所用的竞争伎俩，现在该轮到苏宁、永乐、五星、大中这样的新秀来"以其人之道，还治其人之身"了。中国民营企业的这种天然模仿能力可以说是与生俱来，你国美今天用了什么招，明天别人就用什么招来对付你。这也符合某种规律：适者生存，胜者为王。

　　不仅如此，国美一些店的开设也不是出于市场的需要而是迫于竞争的压力，出于抢占地盘、挤走竞争对手的目的，国美也开设一些"形象店"。有些店营业收入少，只是靠收取企业的进场费和各种杂费来维持，甚至亏损的现象也不足为奇，这种无法产生利润的规模究竟可以撑多久？如果能撑到竞争对手倒下，自己当然是有惊无险。但如果撑不到那一天，那么这种高歌猛进式的疯狂只会给国美带来灾难。

　　好在从目前来看国美这艘大船还没有偏航，多少还能镇得住阵脚。但是，一旦国美出现了大的波动，这些隐藏的危机就会集中爆发，这就有可能让国美走向沦陷，从而使黄光裕走向另外一种结局。

　　其实业界早已有一种预言：中国富豪榜就是一张沦陷榜，众多的商界大腕的沉沦都印证了这一点。这一次，黄光裕能摆脱这种宿命和轮回吗？

（廖中华）

我看黄光裕

黄光裕的焦虑和不自信

国美在这个行业作为领头羊，甘愿跳出来探索新的模式，可以看出黄光裕的焦虑和不自信，更折射了他快乐不起来的理由。

——资深港股专家　王吉舟

行业的"决战"远未开始

上市对于国美等家电零售企业来讲意义非凡。家电零售商竞相上市就是为了手头有充裕的钞票。一旦资金链断裂，倒的就是一片门店。除了强大的融资能力，家电零售企业手中还另有一柄"尚方宝剑"——滞留供应商现金流。自由的现金流能够带来巨额赢利，把现金注入投资回报率较高的其他行业中，这样，企业的平均利润就拉上去了。

家电零售企业在中国的日子实在太好过了，这个行业的"决战"远未开始。虽然在一线城市竞争激烈，但是二、三线城市的竞争还没有启动。

——帕勒咨询资深董事　罗清启

缺乏商业文明精神

国美兴起，尽管是中国商业重建的浪潮使然，但这些缺乏沃尔玛式商业基因的企业，缺乏更本质的商业文明精神，反而在资本操作和善于挤压制造企业利润和操控局面上走得太远，加剧了整个产业生态的恶化。

这本质上都是在普遍的低价值基础上企业博奕的结局。本质上这还是反映了两个困境，一个是这十年间这一大批家电出身的企业没有能够在突破全球产业链低端的战略和价值突围中取得本质的优势。而基于低端产业价值链的竞争继续大兴其道。另外，这个产业生态中的家电连锁业也陷入了"价格战"的成长路径，将公司的价值不是建立在内在的客户价值上，而是走上迅速扩张和抢占资源式的道路，背后是眼花缭乱的资本操作。企业的利润不是来自内部经营管理的水准提升，而是来自对"中国制造"的进一步挤压，来自灰色的"行规"，来自资本市场的"运作"，来自"体外循环"。

——资深管理专家　袁卫东

海外开店相当危险

到海外开店，沿袭在内地的扩张模式，对国美来说相当危险。国美的运作模式不外乎就是：先凭借强大的话语权将上游供应商的利润压得极低，以低价策略傲视整个同业；再利用缓期付账滞压供应商货款取得短期融资以投入其他行业；接着高速扩张，凭漂亮的业绩取得上市资格，圈钱投入新一轮扩张中。应该说，一直以来所沿袭的这种模式，是国美取得如今成绩的关键。但是，这种模式太具有"中国特色"了。在国内零售业中，近几年家电零售业的发展简直可以用"超常规"来形容。这其中，除了中国家电制造业已经步入充分竞争状态，与中国"工商力量不均衡"不无关系。

——资深管理学者　梅丽坚

国外政府不"买账"

国美在海外也许会遭遇当地政府、企业的反倾销诉讼。由于属地的法律不同，以及在国内供应商中确立的既有优势，国美不太可能从当地企业中采购。这将导致国美在中国成功的关键因素之一——低价策略，在国外会遇到巨大阻碍。国外政府对于低于成本价或者进价的禁止条款是非常严格的。当然，国美也可以使用一些非常手段，比方说是在与供应商签采购合同时，故意压低供应商的成本价格或者进货价格，来证明自己的"清白"。但是，这套在国内已经玩熟的游戏规则，国外政府是不是"买账"就很难说了。

——经济学学者　李三楠

国美的客户服务方面是有问题的

时下商家的竞争已从质量、品牌、价格过渡到了服务，不是有商家早就举起了"客户就是上帝"的旗帜吗？从我多次的不幸遭遇来看，国美的客户服务方面是有问题的：

其一，反应太慢，工作效率太低。客户打一个投诉电话，一个工作日内不用说解决问题，居然连一个回复信息都收不到。

其二，人员素质有待提高。收到客户电话首先想到的不是如何在自己的职责范围内解决问题，而是想将皮球一踢了之，踢给厂家踢不了，又想踢还给客户本人。还有，售货员出现了问题，首先想到的不是客户，不是如何争得客户的谅解尽快解决问题，而是采取欺骗上级的方式保护自己；再有，收到客户收不到货的投诉后在系统里查找不到售货信息，客服人员并没有意识到问题的严重性，也不通过特殊的渠道向上反映，而是采取无所谓的态度拖延。

其三，售后服务管理混乱。一般来讲，客户交款订货，交款之后售货员就应该立即将售货信息反馈给送货部门，或者送货部门直接从财务部门收到送货信息，怎么会出现因为售货员的问题而影响整个销售运行？

其四，店大欺客。经过一系列的并购扩张，如今的国美已经发展成为中国第一大家电零售商，既然老子天下第一，那么对不起，一切我说了算，当然软件的保修"不在此列"了。

其五，进货渠道把关不严，"捡到篮子里的都是菜"。小小的一部MP3，使用不到 6 个月，就问题不断，有的问题还重复出现，这简直就是一件次品，或者说技术上并没有过关，怎么就进了国美的大卖场？

企业快速扩张过程中，一般容易得两种病：管理滞后病、资金链断裂病。就目前来看，国美至少是武汉国美得了管理滞后病。此病虽然不会像资金链断裂病那样能快使企业毙命，但拯救起来却不如资金链断裂病那样立竿见影。

所谓"旁观者清"，一般顺势而上、风光无限的企业领导人是难以看到自身潜在的危机的，但愿，黄光裕先生不是"当局者迷"。

——知名财经记者　刘承波

国美就是力大无比的搅拌机

牟其中已经老了，张海落后了，所以他们进了监狱，唯独黄光裕在续写着中国资本的"神话"，不知他以后将如何落幕。

我没有研究国美的营运方式，我只是看到了目前大企业的一种不正常的"磁场反应"，进一个大卖场要交进场费、推介费、七费八费，进品牌加工企业的圈子要交押金、保证金、风险金，进国美要交什么费呢？连海尔这样的大型企业都无奈向它屈服，可见国美远比我们想像得厉害。它的厉害是由无数加工型企业的资本垫付起来的，它只是提供一个模式，一个核，然后就可以吸引无数的尘埃向它靠近，然后就滚雪球一般，用别人的钱再开一个店，然后再吸引、再开店……这是早期的国美。

以后的事情就简单明了了，在中国做生意的，最苦的就是真正做实业的，最牛的就是有资本的。国美上市，然后圈钱，加上加工企业的"垫资"，国美有无数的钱，然后可以收购、包装，引得股价疯涨、身价暴涨，再收购再兼并，再疯涨……

搅拌机，就是这样搅拌的。国美就是力大无比的搅拌机，搅拌进了无数股民、加工企业、社会游资。可惜啊，国美依然是国美，能够提供给社会的依旧是那个名义上的"家电大卖场"，它提供不了有什么实质性进步的服务，"中关村"也依然是那个"中关村"，丝毫没有因黄光裕的入主而变得"生机勃勃"；不过反正这些对黄光裕来说毫无意义，反正它只是个名义、一个工具。

回头看看，国际性大企业如苹果、微软，它们的技术准备已经超出现在水平不知道几代了，有事没事时候，它可以一个一个、不慌不忙地推出革命性产品，依然稳坐老大，依然引领世界技术潮头。三星后来居上，依然在完善它们的核心设计；麦当劳、可口可乐，依然在提高它们的服务水平、产品风格。只有国内，做实业的依然匍匐在资本大力士的脚下，为拾得资本大佬的一点好处而欢呼雀跃，做技术的依然是现代劳工，做设计的依然是无人理会。

人家都做成这样了，我们的媒体还依然在欣然自慰"资本魔术"，国内的媒体不有病才怪呢！

——传播学专家　岳山月

国美的"定时炸弹"

在国美迅速的扩张过程中，同时也为自己埋下了定时炸弹，成为阻碍其进一步发展的引爆点。

一、消费者的背离。在其快速发展壮大过程中，不断地以各种名义对供应商的资源进行盘剥，在新开门店迅速增加的同时，单店销量和效益贡献率却呈下降趋势，从而导致其和供应商的经营成本不断上升，特别在供应商层面，为了支付其高额的费用和所谓的账面毛利，不得不通过加高价格进行销售，而这些加高的成本最终是由消费者来买单的，所以国美最初以消费者利益为中心，普惠消费者的优势已经逐渐丧失。消费者在国美消费过程中，一不小心就可能当上冤大头，而消费者一旦了解了内幕，就会不信任，就会选择离开。

二、人员的危机。销售是相对密集的人员企业，在快速发展的过程中，对人才的需求是比较旺盛的，而正因为如此人员跟不上扩张的需求，导致人才的素质有所下降。由于快速扩张与销售份额不同步，导致各级销售目标不能完成，对员工的收入方面也产生影响，高强度、长时间的工作却与收入不成正比，使得员工对国美的企业向心力降低。因此国美员工利用手中权限，对供应商实行吃拿卡要的事屡见不鲜，虽然有类似政府似的监察部门但收效甚微，正如监察部门一抓贪污犯一大把，对于流动性大的国美部分员工，能捞就捞是件很普遍的事，作为供应商虽然心有不甘，但不愿因小失大而为之，所以肥了自己损害国美公司利益的现象很常见。而这样的一班人在其中，势必损害国美发展，以及人为破坏产商之间的关系，但目前的情况是这种国内企业共有的顽疾，国美又无好的办法实现有效的监控和管理。

三、赢利的能力。黄光裕是凭借国美的发展和上市成为中国的首富，但现在的情况是其属下的连锁商场的收入，不是通过正常的销售来实现的，而是对供应商收取各种费用的营业外收入。据了解，现在其许多卖场盲目扩张的结果，其销售的毛利连支付电费和租金都不够，所以如果这种不良的卖场数量不能得到有效控制的话，那对后期赢利能力不得不打上问号的。

四、供应商的选择。通过多年以来的大战，家电的利润不断下降，但同时其所受的资源盘剥挤压却在加强，所以供应商一方面在哀叹自己"养虎为患"，一方面却在品牌内耗中不断地割肉喂虎。但这并不意味着供应商就这样甘心受宰割和侵占，由于双方的合作中可以说是摩擦不断，所以供应商只要有机会，肯定会选择离开，其中格力空调就是一个例子。之所以很多供应商没有走出这一步，一是希望通过国美这个平台以拼耐力的方式，让竞争对手离开或打败竞争对手。还有就是由于国美销售的比例比较大，在没有新的渠道可以替代之前，供应商谁都不愿意首先失去这个市场份额。但国美如果在索取资源上，没有很好地去把握一个尺度的话，仅将产商"相融共生"停留在口头上，有朝一日若有风吹草动，供应商全面的反水并不无可能。

为一只蝴蝶的飞翔可以改变世界的气候，一个年轻人的枪声可以引发世界大战一样。在偶然之间的事可以发展为必然，而家电连锁作为零售形式的一种，本身就拥有了太多的不确定因素，只要有导火索，引爆连锁反应未尝没有可能。

——产业观察家　杨沛奇

国美的人才与管理也没有交出令人满意的答卷

国美的人才与管理也没有交出令人满意的答卷。黄光裕爱用"黄"姓人以及潮汕老乡已是世人皆知的秘密，虽然学历不高、普通话不标准，但是也诞生出了大区总经理、五大中心总经理和国美其他投资领域的老总们。家电零售企业的员工素质比起综合零售企业来，可以说是低了一大截，管理也正处在"粗放型"阶段。目前家电零售业仍处于快速发展时期，管理之于销售的作用还没有被凸显出来。但是随着市场的发展成熟，对管理和人才的要求会越来越高。

——网友　郭晓刚

"多元化"风险

在国内家电零售行业普遍薄利的情况之下，家电零售企业开始实行"多元化"投资策略：国美投资鹏润地产，苏宁涉足百货、酒店、房地产，永乐甚至开起家居卖场，进入家装行业，等等。应该说，对企业来说这些投资本身就有相当的风险。

——媒介专家　王慧颖

黄光裕说

对我个人而言，离成功太远

关键要看你怎么去比。在中国电器零售业里我是第一，但在国际上我还只是他们的 1/8，1/9，还不算成功呢。对我个人而言，离成功太远了，这不是客气话。

做事情我不贪

我觉得国运、国家的环境是很关键的。比我大 10 岁、20 岁的人可能真是没有这样的机会。另外，做事情我不贪，心态比较平和，而且我能够很好地去看待逆境，把事业坚持下来。

向许多人学习

我的经历和思想受社会影响最大，社会变我就变，我就跟进。我学一个东西是一个人向几百号人上千号人学，我每天见到朋友都从他身上学东西，你说我从哪个人身上学得多？

做对的事

什么是"做对的事"？讨论的结果就是为更多人所接受的事，给人好的结果，或者照顾他，甚至只是满足他内心感觉的事。也许你生意上成功了，但更多的人不接受你（的做法），那还是不成功，最终会导致失败，这也算是做生意的"道"吧！

能不能做起来是关键

思想决定一切。对市场的一种发现、目标设定、经营方法，就这三个方面。也没有什么奥秘，很多人都能想到，（但）能不能做起来是关键。

三分把握就做

关于较高目标，实际上这是两个词，一个是较高，一个是目标。可能是我自己对自己要求比较高，也比较严格一点，我做事的习惯，方向一旦明确，大概齐想好，应该有三分把握，我就敢去做。而且我是要求速度的，尽快实施，我不会说花三个月来谋划，把这个规划书的标点符号我都给它改清楚了，然后再去做这件事情，我不会。我是边实施边做边修正，（中途放弃的事）不能说一点没有，但是在重要事情上要让我放弃可以说是非常难。

一有机会就出击

有些人创业的时候可能为了挣钱，有些人可能是为了做一番事业，然后呢，要做到尽可能做大，一有机会绝对要出击，我属于这一种。我并不是说挣了钱，完了有个名，赶紧带老婆孩子享福去，完了看着钱别丢了，我可能不是这种人。

重要的是有感觉

你要做什么事，首先得分析一下自己是不是有这种感觉。喜欢不喜欢我觉得并不是太重要，你懂不懂这个专业我觉得也不是很重要，重要的是有没有感觉，做买卖有没有感觉。有了感觉之后，我觉得首先你要有想法，对一个事构思一定要有想法，有切入点。所以作为一个公司也好，作为一个行业也好，实际上是达到目标的一个载体而已，（公司和行业本身）并不是最关键的。

第一次就有感觉的比例比较少

可能人做什么事都有一个第一次吧。你要说第一次就很容易，或者就找得到感觉，我觉得比例应该比较少。

对市场的感觉是慢慢培养出来的

做生意也没什么神秘的，通过努力，你慢慢深入后，会发现很多东西。视野一大以后，感觉就越来越多，反映出的变化就越来越多，这是顺其自然的，慢慢形成的，也不是说我们这帮人有多大的智慧，有多大的超前能力，或者有什么后台、实力，那时（创业早期）就是有实力你又有多少钱？

江南春——"诗人"正在
被"围剿"?

我看江南春

江南春说

"诗人"正在被"围剿"?

"诗人"如何用"有限"对抗"无限"?

　　一边优雅地写着那些具有诗情画意的句子,一边掌控着中国最大的楼宇电视传媒企业——分众传媒,这就是许多人想像中的江南春的诗意生活。现在,如此清闲的日子似乎离这位"诗人"越来越远了。

　　有人认为,整个广电系企业的苏醒源于上海东方明珠移动电视的崛起与反击。

　　这家 2003 年 1 月 1 日正式开播的中国首家户外数字移动电视媒体,由于出色的运营,现在已经进入了发展的快车道,从移动电视拓展到城市电视(包括楼宇电视)领域,并取得了不俗的投资回报。

　　紧接而来的是京城脚下的北广传媒。2004 年 5 月 28 日,北广传媒正式开播公交移动电视系统,短短两年,北京移动电视的终端数量从最初的 500 台发展到目前的 16000 余台,一下子使北京成为中国移动电视终端数量最多的城市,信号覆盖北京市六环路以内,受众人数达到了 350 万人次。然而,北广传媒似乎已不再满足于移动电视领域里所取得的成功,它要将战果扩大到城市电视(包括楼宇电视)领域,并依托政府背景与广电系资源,借宣传奥运、宣传北京的机会,一扫京城包括银行、医院、车站、商场、酒店、高档写字楼等在内的所有公共场所。业内人士认为,如果此行一旦实施,那么江南春在京城早先所取得的优势将会荡然无存。

然而，江南春的忧患不仅仅在于此。

如果全国众多的广电系企业纷纷"醒"来，借助政府与广电系的背景和资源进行强强联合，在全国展开新一轮的"圈楼运动"。或许，用不了三年，分众传媒就会从目前的巅峰上跌落下来。

对于"诗人"江南春来说，以"分众"有限的资金与"广电"无限的资源进行对抗，显然，他需要寻找一个万全之策。

否则，被"围剿"的局面就会不期而至……

谁会看着财富机会不去争取？

在北广传媒的官方网站上，可以清楚地看到如下字样："北京北广传媒城市电视有限公司是北广传媒全资控股子公司，为目前北京地区唯一一家经过政府相关部门和广电部门正式审批的楼宇电视媒体。"

如果不是 2002 年 12 月的某天下午，"三十而立"的江南春与陈天桥夫妇坐在了一起，并在上海衡山路的香樟花园喝了那次对江南春来说具有人生转折意义的下午茶，也许江南春至今还是上海滩上一名普普通通的广告代理。

现在，这位分众传媒的领航者或许需要再喝一次茶了。

因为来自全国各地的、具有国资背景的广电系企业正在纷纷挺进这块新的传媒领域，就连深处内陆的新疆也挂上了楼宇电视的招牌。不过，这些在乌鲁木齐市高档写字楼里播放广告的楼宇电视并不全部归江南春所拥有，这位楼宇电视的先行者正在受到来自各方面的挑战。

"谁也不会看着财富机会不去争取，对吧？我们可以把市场做大一些，如果有实力的公司来收购也可以考虑，只要价钱合理。"乌鲁木齐星云传媒有限公司总经理田聚民对记者说，田正在建立自己的楼宇广告体系，虽然还很小，无法与分众抗衡，但是田有自己的竞争法则："这是一个竞争的时代，你得去争取赢牌的机会，而不是去等待，否则你将一无所成。"

如果把田聚民这样的"散兵游勇"比作是楼宇电视里的杂牌军的话，那散布在全国各地的广电系企业则是不折不扣的正规部队。在未来的日子，如何在正规军与杂牌部队的夹击中突围，恐怕是江南春需要面对的一道新难题。

2006年1月，分众以现金加股票总计3.25亿美元收购了最大的竞争对手——聚众传媒，此举立即为江南春赢得了掌声。仅仅四年，这位以"诗人"自居的温文尔雅的单身男人硬是将一个偶然的创意玩成了纳市的上市企业，并以巨资将竞争对手纳入麾下，引起业界哗然。

然而，在鲜花与掌声之间，隐患已然埋下。

就在分众与聚众举杯相邀、同庆楼宇电视可以从此将一统江湖时，隐藏在楼宇电视身后的各路"财富豪杰"已经开始摩拳擦掌，江南春的成功与一夜暴富的神话再一次点燃了人们对财富的渴望与激情。事实上也是如此，拿下聚众之后的分众传媒实力大增，据当时的数据显示，分众传媒的商业楼宇联播网就已经覆盖了中国75个城市，三万余栋楼宇，以及六万多个液晶显示屏，占当时中国楼宇电视广告市场98%的份额，处于绝对垄断地位。

但这只是暂时的领先，真正的拼杀或许刚刚开始。

下一个对手会是谁呢？

收编了聚众之后的江南春，下一个对手会是谁呢？

作为北京户外电视的一支劲旅，北广传媒正在成为首都人民户外出行的指南。自2006年3月1日起，每天早晨七点半，北广传媒旗下的移动电视会准时在遍布全市的10000辆公交汽车、4000辆出租车以及城铁13号线上现场直播京城各主要路段的交通状况、车流状况等，每天大约有350万人次享受到了这种快速、迅捷的资讯服务。

在完全占领了北京市的公交移动电视市场之后，现在，北广传媒又将主攻方向指向了城市电视（即楼宇电视）领域。

在北广传媒的官方网站上，可以清楚地看到如下字样："北京北广传媒城市电视有限公司是北广传媒全资控股子公司，为目前北京地区唯一一家经过政府相关部门和广电部门正式审批的楼宇电视媒体。"

在这里，北广传媒用了"唯一"这个带有垄断意味的字眼，记者随后与北广传媒方面求证，对方工作人员表示："网站上的信息是准确的。"

"楼" 和 "大屏幕" 如何通纳进怀？

就在北广传媒宣布大力发展城市电视后不久，其液晶屏的安装迅速遍及政府机关、银行、医院、大型商场、高档宾馆和写字楼等，其速度之快令人称奇。据说，北广传媒此举不仅得到了北京奥组委的特别授权，而且还得到了北京众多企事业单位的倾力支持。

强大的政府支持使北广传媒势如破竹，几乎在不需支付任何费用的情况下就将目标楼宇悉数拿下，这与分众进场难与进场费高居不下有着天壤之别。北广传媒虽然给分众的北上计划造成了巨大的阻力，但是，眼下江南春真正担心的是，如果北广传媒的"唯一"模式被全国其他城市所模仿，散布在全国各地的广电系企业纷纷借助广电系的背景与网络优势，采取与政府合作的"准入"机制来与分众对抗的话，恐怕"诗人"又得"喝一次有人生转折意义的下午茶"了。

北广传媒城市电视有限公司董事长赵文彦说："到2006年底，北广传媒在北京布点的电视屏幕数量将会超过10000台，不久以后将会出现更多北广的屏幕与分众的屏幕在同一楼宇同台竞技的场面，双方在北京地区楼宇电视市场的正面竞争即将展开。"

记者的调查证实了此言的真实性。位于广安门内"中国黄金第一家"超市里的液晶屏上就赫然写着"北广传媒"的字样，而仅隔一层楼的华普超市里却播放着分众传媒的广告片，分众的液晶屏与北广的液晶屏同楼竞技成了现实。唯一不同的是，北广的液晶屏显得太小气，只有 17 寸，而挂在华普超市里的分众屏幕却显得大方多了——34 寸，而且还是宽屏。北广的屏幕高高在上，无人注意；相反，分众的屏幕挂在人们的视角范围之内，这显示出北广传媒在进攻楼宇电视方面的经验不足。

尽管如此，业内人士认为，北广传媒此举实属无奈，在大规模地圈"楼"之时，资金供应不足，"楼"和"大屏幕"不可兼得，只好弃"大"保"小"了。

无论北广传媒的资金紧张与否，北广传媒的城市电视计划已经给江南春造成了巨大的压力，分众在北京的进度放缓，扩张速度也远远低于全国其他城市。

"诗人"用"卵"怎么打碎"石头"?

"江南春的优势是取得了先发制人的主动权，但没有什么是不可改变的，竞争永远都在，格局随时都可能被打破。"田聚民说，他认为"在中国传媒市场，正在由大众行销向分众行销时代转型，产品与消费者不断被细分、被分解，分众传媒的成功只是代表一种新的发展方向，在未来城市化发展中，更多的楼宇将会涌现，那才会有一个定论"。

尽管有众多的"分食者"等待在楼宇电视的门外，这位分众的"诗人"还是显得很自信："分众已经占到楼宇电视 98% 的市场份额，主导地位业已形成。"

对于广电系企业的普遍觉醒，甚至江湖上一度传言"要从内容与资讯上与江南春的纯粹广告"一较高下，对于这种传言，江南春反驳说："普通电视是在内容与广告之间进行选择，而楼宇电视则是让你在'无聊'与广告之间二选一。内容越精彩，其实越危险。"

自从 2005 年以来，分众的入场费与其他费用在普遍上涨，虽然收编了聚众，进场费有所下降，但降幅不大，如果再拿出一部分广告时段来做内容，分众的成本势必大幅度上升。2006 年 7 月，由于受租金、楼宇网点数等客观因素影响，分众调整了自身的商务楼宇广告价格，普遍提价 10%—12%，此举一出，立即招致了广告客户的质疑。如果分众以自己并不擅长的内容与广电系企业一争楼宇电视的高低，那江南春无疑是在以卵击石。

"地方部队"与"正规军"的目标冲着谁？

2006 年 6 月 1 日，厦门广播电视数字传媒有限公司旗下的厦门移动电视正式开播。目前，厦门移动电视不仅将触角伸进了武汉、九江等城市的移动电视领域，还将方向指向了楼宇电视，并已在全市安装了 600 个接收显示屏，每天覆盖的人流量超过了 50 万人次。从厦门市中山路步行街，到火车站、机场、轮渡码头、公交候车亭以及银行、医院、酒店宾馆甚至学校都可以看到厦门移动的身影，重点楼宇则是厦门移动电视的重点区域。此外，厦门移动还将电视搬进了有车一族的车厢里，他们还可以轻松实现在车上了解到最新的新闻资讯。这是一项立竿见影的产业，据厦门移动电视方面透露："该项目启动资金为 500 万元人民币，预计到 2006 年底广告收入即可达到 400 万元。"

但是有消息称，厦门数字移动电视的广告经营情况远没有北京和上海的同行好，主要是缺乏政策的强有力支持。按照厦门当地的行情，一块屏幕如果签订十年期限的话，每年至少支付 2000 人民币的费用。厦门移动数字电视没有这个资金优势，他们只能用自己的公益性质来劝说众多公众资源，加入他们的扩张计划，而分众则无资金短缺之虞。一位了解厦门数字移动电视的人士认为：厦门数字移动电视的优势在于可以制作新闻资讯节目，并能及时发布各种公众信息，这与只能纯粹播放广告的分众相比，更具有亲和力。

一方面是地方部队在蚕食楼宇市场，另一方面是正规军密谋围剿。

2005 年 9 月中旬，国内 30 家地方移动电视公司中的 27 家单位齐聚重庆，密谋共筹"移动电视协作体"计划，目标直指移动电视与楼宇电视。

通过调查发现，这27家移动电视公司皆属京沪粤等地方广电系统旗下相对运作独立的子公司，大多成立于2004年，其最初目标是以公交、出租车等城市交通工具作为主要战线，江南春纳斯达克一战成名之后，集体调转枪口，在做好移动电视的同时，将发展重点放在了城市电视（包括楼宇电视）上。该协作体称："要将原本分散经营的各地移动电视以采取联动互动的方式，实现异地联播，以达到节目与资源互换，降低制作成本的目标。"

尽管江南春否认楼宇电视尚未进入"内容为王"的时代，但是，业内人士普通认为分众最大的问题还是在于"内容空乏"。据了解，分众目前的传播方式是一种简单的重播。即直接在各大楼宇建立独立的终端，以播放碟片的方式进行重复播放，这样做唯一的好处就是成本低廉，但缺点也是显而易见，就是无法实现资讯与新闻的及时共享。厦门数字移动电视总经理张乐阳接受采访时说："内容是未来城市电视的突破口。"

还有谁来分食"蛋糕"？

既然没有圈到"楼宇"，那我就圈"高校的食堂"好了，这就是上海信语通网络技术有限公司的投资信条。

在获得著名风险投资机构 IDG（国际数据集团）的300万美元资金，信语通迅速布点全国高校食堂，并借此切入楼宇视频广告市场。IDG 创投中国副总裁章苏阳说："高校食堂面向大学生，而分众、聚众的目标群体是白领，这是两个完全不同的市场，不会给对方带来任何影响。"

在得到 IDG 的300万美元之后，2006年9月，英特尔也向信语通下了赌注，但具体金额是多少，双方没有透露。目前，信语通已在全国220所高校完成了部署。

与信语通有着同样"宏伟蓝图"的是来自成都的零巨传媒公司。目前，双方在四川的高校食堂里交战甚为激烈，两者都力图与校方签订排他协议进行长期合作。据了解，目前仅四川省内有普通高校 68 所，在校生 62 万人，成人高校 30 所，在校生 19.65 万人。据零巨传媒方面透露：零巨传媒从 2005 年开始涉足建立高校视频联播网，目前已在成都 18 所高校 26 个校区的食堂安装了 200 台液晶电视，除了成都之外，还将触角伸到了重庆。

此外，傲世传媒在拿下了地铁广告之后，也向楼宇方向挺进；美航传媒在拿下中国大部分机场大厅的电视广告之后，也开始向楼宇发力，美航总裁郭曼说："我们已经列出了上市的计划表。"看来，又一家户外传媒正在浮出水面。

无论是信语通、零巨、傲世、还是美航传媒，他们的最终目标就是分割楼宇电视这一巨大蛋糕中的一部分。

下一个赢利点在哪里？

从楼宇电视的发展历程来看，仅仅 3 年，就从带着无限光环的"第六媒体"成为噪音大、内容单一、广告泛滥且无新闻信息播发权的光盘机，楼宇电视走过了一个令人尴尬的发展之路。从市场环境来看，已经从最初的"独食者孤"演变成"竞争者众"，一线城市的竞争已完全白热化，二线城市掘金潮也开始初现，国内最优秀的商业楼宇资源已经基本圈地结束，然而欲求进入市场再分一杯羹的人却有增无减。面对蜂拥而来的各路人马，江南春还是显得很轻松："大家一起做更能促进这个行业的发展。"

由此联想到 2006 年 4 月，已经与玺诚传媒（国内另一个楼宇电视掠食者，主要布点国内大卖场与分众竞争）签约的国内大型超市经不住"金钱"的引诱，纷纷改投分众的怀抱，玺诚传媒一怒之下，将乐购等 13 家"变节"超市起诉后仍不解恨，最终还是以"不公平竞争"抢走客户为由，将分众传媒告上法庭并索赔 1357 万余元。可见，有限的资源已经使各方的竞争趋于白热化。两个月之后，被分众传媒以 3000 万美元收购的 WAP-PUSH 运营商凯威点告，在更名为北京分众无线传媒技术有限公司后，正式运营，开卖手机广告，或许江南春需要一个新的赢利点来支撑其庞大的支出了。

在北京的部分小区，电梯内的液晶电视纷纷被撤下，安装在公寓里的楼宇电视的广告效果再度引起客户的质疑。以一栋 10 层公寓为例计算，一梯两户，每户平均 3 口人，总人数约在 60 人左右，人流量如此之少，广告效果自然无从谈起，只有穿梭于大街小巷的快递员才是楼宇电视的主要观众，这一部分人购买力有限，也不是江南春所寻找的目标人群。

尽管如此，江南春以及他的分众传媒还是以独到的眼光看到了商机，并抓住这一机会加以放大，最终将一个新奇的创意变成了现实，并成为了中国楼宇电视的先驱和领导者。然而，危机总是潜伏在表象之下，看似平静的水面却暗藏杀机，在众多的掠食者到来之前，从尚未合围的包围圈中跳出来，这才是"诗人"真正的远见所在。

（廖中华）

我看江南春

分众传媒面临极高的执行难度

如何进一步将楼宇广告规模化，分众传媒面临极高的执行难度。

目前，分众传媒拥有商业楼宇视频、卖场终端视频、公寓电梯平面媒体、户外大型 LED 彩屏、手机无线广告等针对不同人群的庞大的媒体网络。过去一年中，分众传媒进行了一系列并购重组活动来巩固自身的行业地位：收购中国楼宇视频广告第二大运营商聚众传媒；整合框架媒介，进入社区平面媒体领域；收购国内一家手机广告运营商凯威点告；推出户外 LED 彩屏媒体。

江南春把分众未来的发展战略定位在，一是追求更广泛的覆盖，覆盖更多的人和这些人更多的时间和空间，以进一步提升分众的市场占有率；二是让广告更精准地传递给特定的受众人群，在提升广告主的投资回报率的同时，最终提高分众的利润率。

达到这两大目标并非易事。分众必须跟每一个楼主、每一个电梯、每一个物业公司进行商业谈判。

这种执行难度有多大，可想而知。分众取得的成功说明它已经建立起一支很强的执行队伍。但是，由于覆盖面越来越大，分众的难度也会越来越大。

一对一的谈判，交易成本是很高的。这也是为什么在国外市场化程度高度发达的地区，很难出现第二家分众传媒的原因。

中国传媒大学广告学院院长 黄升民

江南春的短板

分众传媒作为户外媒体和电视媒体的"杂交"物，是营销理论界"横向营销"或"水平营销"的代表作。尽管分众传媒取得了业务成功和资本成功，但是分众传媒的短板依然明显。

首先，单纯强调覆盖率和过度依赖覆盖率，并以此作为吸引广告商和宣传广告传播效果的筹码，但是其作为媒体的公信力却缺位。其作为有知名度而无公信度的"传媒"，只有经济形象、技术形象，而无社会形象。

其次，分众模式下广告效果的"边际效应"明显。覆盖面越广，播放频次越高，在强迫收看的氛围下，时间越久，广告效果就越差。

同时，分众模式还面临着"是否侵犯公共空间"的政策风险和舆论风险。我想这也是分众传媒为了寻找新的赢利点和维持高股价，在同业并购"聚众"后又匆忙收购"凯威点告"，进入手机广告领域的根本原因。

在 SP 人眼里，江南春通过吃掉"凯威点告"，算是挥师进军了 SP 行业。SP 行业在经历了把"大众市场做滥，把行业市场做寒"的历程后，一直缺乏指路明灯式的业务作为行业的"精气神"，手机媒体广告无疑是其中的选择之一。

手机媒体广告从理论上可以促成"数据库营销"乃至"ONE2ONE 营销"。

户外媒体广告和电视广告通常是大广告商选择的广告通路。分众传媒的成功，说明大广告商对于此种广告模式的宏观认同。但是现实的一些新媒体（卖场电视、移动公交电视、列车电视）都是以通路区分，以圈地为主的平面化运营。缺少纵深化运营。不能为大广告商提供准确、到位的广告服务。而凯威所推崇的"点告",无疑是对分众广告模式短板的一个弥补。

同样,受众的心理状态已从被动性认可升级到被动性"折磨"。受众对在"电梯口看广告",已从新鲜、认可到厌倦、排斥。而这个过程比料想中要快得多,这使得广告效应只能做到不厌其烦地"说明",而做不到煦若春风式的"说服"。而手机作为媒介有其特点,屏幕太小了,广告的目的性、到达率乃至"广告效应"都太高了,所以用户反而会产生强烈的抵触心理。因此,"点告"这种概念,又反而是给分众模式火上浇油。

尽管分众模式还处在成熟期,但是江南春很清楚自己家底的真相。江南春的远虑,就是在于他明白长远来看,"分众模式"是一个脆弱的、可持续发展空间有限的模式;江南春的近忧,就是在于分众的高股价令他骑虎难下,而他必须想尽一切办法去维持这样的虚高股价,所以收购"凯威点告",建一块手机广告经营的试验田,就显得尤为"闪光"。

总之,分众的短板是极为明显的。

——媒介专家　胡　翯

不能说最终会死掉,　但前景肯定不看好

分众模式,其实生命力并不强,我们以美国为例。比如说在美国,私人隐私权保护概念很强,第二个,他们的立法体系很完善,90年代,在公共场合像公交车、楼宇等地方出现了很多广告时,美国的媒体形成了一个联盟,要求国会立法。首先,媒体对于一个国家来讲,是一个不可缺少的链条,如果把大量的广告往其他方向分流的话,媒体的生存模式就会受到威胁,一个国家最基本的发出民众声音的途径就会受到影响。所以,美国先从立法开始限制广告业务的分流。

在美国,隐私权是一个很受人重视的问题,如果在公众场合我要打电话,你放一个大屏幕在那儿吵,我可以请个律师去告你。所以在美国就绝

对不会出现"江南春"模式。现在分众传媒的股东们也很着急，在想各种各样的办法帮助分众转型、脱离分众的概念。如果你现在继续把分众做下去，我不能说最终会死掉，但前景肯定不看好。

还有一个问题，原来江南春说要在一个大厦放一个视频，对方会说，没问题，但现在去谈的话，对方就要求分成，甚至会拒绝放置液晶屏。所以一定要考虑到这一点。

——法律专家　李晓燕

强迫式灌输传播引发某种情绪的厌倦

"分众"的确是个很好的概念或者是种方法论，但回归到分众传媒的模式，我们可以观察到这几乎是一种被动的强迫式灌输传播，无论是等待电梯还是乘坐电梯上下那片刻时间，我们的注意力并没有真正被这些闪烁画面的 LCD 所吸引，反倒是由于一段时期重复不变的内容播放导致了上上下下的人们某种情绪的厌倦，因为一个广告媒介推广活动必须得有维持一段可保证广告成效的时间，在这一点我们可以在广州公车上普遍的流动媒体广告（Mobile TV Media）上略感一二；再者，虽然我们不断批判大众媒介如电视的种种广告弊端，但我们似乎忽略了一点，当我们拿着遥控器躺在沙发上欣赏着优秀的电视广告时那是一种美妙绝伦的享受，因为我们在家时看电视广告是一种主动性的探索体验，我们有足够的心境和悟性去领会广告内涵，去自觉或不自觉地接收广告信息；反观一种单纯聚焦在分类受众活动区域的广告则是很难传播的。比如在人来人往热闹非凡的电梯，广告商所投放的广告很难能够取得预期的广告投放收益。

——传播学专家　长孙皇

一个又一个潜在的竞争对手会成江南春的心病

垄断迟早会面临挑战。虽然在楼宇市场没了聚众，然而一个又一个潜在的竞争对手可能又会成江南春的心病。广电系正从商业楼宇与公众场所依靠移动电视向分众逼近。而更让江南春担心的可能还是"广电系统楼宇电视广告联盟"。目前各地广电系统正在计划实现广电系统楼宇电视广告联盟，通过联盟展开同步的终端推广和广告营销，提高全国城市电视的市场占有率。

——管理学专家　赵文彦

移动电视的出现会严重限制分众的产业延伸

楼宇是分众的固有领域，而楼宇广告的延伸则是公交车、火车站、机场以及银行、医院等其他交通工具或是场所，然而这一延伸领域目前被各地广电系的移动电视公司所占领。移动电视的出现会严重限制分众的产业延伸。由于已经上市，分众在资本方面占有一定优势，这使得其可以在楼宇资源上取得一部分垄断优势，但是随着广电系各地移动电视公司联合起来依靠内容优势在各地开展围追堵截，分众未来是否还能如此风光，就不得而知了。

——传播学专家　张先和

难免不被新的创意所颠覆

对江南春而言，巨额财富的背后，下一步面临的不确定性更大了，无论是迅速跟进的竞争者，还是政策环境的不确定性，就其发家之本的创意也难免不被新的创意所颠覆。创意产业的不确定性既给江南春带来了意想不到的财富积聚，但也让这个生意本身充满了各种潜在变化的可能性。这也许需要一惯"谨慎"的江南春不得不有点赌性，因为下一步无法"测准"，但必须继续创意的神话，作出选择，哪怕一半是海水，一半是火焰。一个创意可能缔造一个产业，但同时也面临被另一个创意替代的高度不确定性。事实上,在分众上市前后,人们对其特有的商业模式和户外数字广告业态环境提出了许多看法。所有的疑问最终都指向一点:分众如何在未来确保它的高成长性?就连江南春也不得不承认,分众这个简单却又看似完美的赚钱方法,至少在形式上很容易被竞争者大量复制。

——营销专家 谢 幕

同质化的潜在危机

江南春说:"我们的网络足够大,因此分众传媒完全可以保持这一增长速度。"实际上,增长速度的保持并非易事,靠细分和创新发掘商机的江南春不可能不明白同质化的潜在危机。尽管分众传媒成功的模式已经大体完成了在多个场所的拷贝,但这些并没有实现质的跳跃。相反,乍看上去,分众的竞争力正从对细分和创新上的质的颠覆走向靠复制拷贝实现的量的积累来维系。

——营销学专家 肖若梅

分众没有别人学不来、 拿不走的东西

这不是一个好的苗头,因"填补空白"、"钻空子"抢占市场而生的分众,实际上连品牌都没有能像电视、报纸等同样靠广告赢利的大众媒体那样,在大众中留下烙印进而形成可观的无形资产。所以,如今的分众看起来很富足、出手很阔绰,实际上,分众没有别人学不来、拿不走的东西,所以,这样的分众守业并不容易。

——网友 中华广告

分众传媒所应该关注的

分众其实"在大众之外,心灵之间",胡乱抛出了一些貌似很理想的

观点，强调分众在简单分目标群体的基础上，进行着一种"强迫式的传播"。时至今日，我想尽管那种满足受众心灵需求的恰到好处的广告目前看来很难去实现，但是分众传媒所应该关注的，不应该仅仅再是它所一直宣扬的"分众"或者 Reach，尽管这些对于这个新载体传媒公司而言，是最主要的客户卖点。

——咨询业专家　哈哈哇

不应该仅仅是 "目标群体" 的定位

当今商业的卖点，似乎成了细分的天下，专注是另一种运营层面的细分，搜索引擎得益于自身的平台优势，帮助它的客户们达到了最大化的 Reach，然后通过"细分的价格体系"（效果付费）来满足客户的需求；作为新挖掘开拓的媒体终端，依托楼宇超市的液晶，在强调了它的看得见的"细分"优势外，更应该创造的，是 Media 的优势。

Focus Media，宣扬自己是"定位准确的广告发布渠道"，但这个定位，不应该仅仅是"目标群体"的定位，而应该是在 Target 定位优势的基础上，强调"广告内容"定位的核心优势；也就是说，重要的不仅仅是 Focus，而应该是在 Focus 的前提下，关注 Media。

——传播学专家　王文研

如何能不断满足商业利益的贪心

据说江南春曾经说过以下这段话："市场正在从大众消费向分众行销转型，当产品和市场被不断细分与定义的时候，我们的传统媒体却还没有来得及做好准备，越来越多的行销者知道准备对怎样的人群传达产品、品牌信息，却发现广告必须通过电视、平面、户外这些在大众化生产消费时代产生的、面向广泛受众的传播工具，无法有效区分需要的目标受众。通过分众传媒，广告主则能让广告最精准和有效地击中目标受众，从而以最低的媒体预算支持实际的销售成长。"

可预见的是，随着这种载体媒介的泛滥和市场的饱和，未来的广告主肯定会在乎哪怕是最低的媒体预算，转而投入追求最大的传播效果。届时的分众，不知是否还能满足这种商业利益的贪心？

——资深公关顾问　胡刚

只是一只披着"分众"羊皮的"大众"狼而已

分众的出现，对于大众传播泛滥的中国，确实是一个不错的概念。但我觉得，他们只是空有概念，不具备真正的分众传播的特征。但如果吹毛求疵地去琢磨一下，就会发现，以"写字楼"、"酒店"等去划分受众是极其粗放式的，这个问题尤其对于"写字楼"而言就更为突出了。写字楼里虽然全叫"白领"，但"白领"和"白领"之间的区别忒大了，从前台到总裁，从打工到董事，他们之间的需求差异性是非常明显的，由此可见，楼宇广告只是一只披着"分众"羊皮的"大众"狼而已。FM 和 TM 的分众特性其实还不如一些做 DM 的媒体呢。

——网友　青藏高原

鸡肋，只可以吸引投资

实际看看分众面前的受众，有意识地会去观看和收听的比率平均会有多少？内容实际传播的效果会有多高？分众只能是一个概念、鸡肋，只可以吸引投资。实际价值意义并不是很大，短期可以吸引部分客户，长期就是一个陷阱……

——经济学学者　大智周

江南春的垄断梦又将破碎

移动电视广告是座金矿，但它绝对不是江南春一个人的专有，具有国资背景的各地广电系企业的出手，将使这个市场进入一个新的发展时期。江南春的垄断梦看来又将破碎。

——金融专家　noname

江南春身后的脚步声并不遥远

在想像力面前，利润率是不平等的。

"最近比较烦，比较烦，比较烦，我看那前方怎么也看不到岸，那个后面还有一班天才追赶。"台湾"音乐教父"李宗盛曾这么唱。

当我在北京街头又看到了"祝贺凯雷投资分众传媒"的巨大横幅时，我想，作为一个曾经的追赶者及如今的领跑者，江南春身后的脚步声并不遥远。

——媒介专家　刘坚强

江南春说

对传媒的利用来自于想像力

我认为，因为目前中国是全球第四大传媒市场，但据权威机构预测，到 2008 年，中国的位次将上升至全球第二。所以，如果能重构传媒的过程，将会带来巨大的商机和非凡的商业利润。但对传媒的利用不仅来源于广阔的市场空间，更来源于天马行空的想像力。没有想像力，市场只能是一潭死水，没有丝毫活力。

在新开市场上，你就是当然的大哥大

关于合并，我和聚众只通过两次谈判就基本完成了，相关的律师工作进行了三四周的时间。关于估值，我们对彼此的估值的认识都差不多。总的来说，双方的合并是在合理的条件下进行的，而合并后在新开市场上，分众就是当然的大哥大。

经历大悲大痛，人生才会丰富

困境总会有的，困境中有很多因素是不可抗衡的，面对不可抗力我们更要坦然，因为即使失败，也是一种体验，而失败带给我们体验的强度会更高。要知道，经历大悲大痛，人生才会丰富。

烧的是我 10 年的青春岁月

那段时间就是在烧钱，烧的不仅是我 10 年积累的钱，而且烧的是我 10 年的青春岁月。我那时经常冒冷汗，一种前途未卜的感觉，再加上当时处于"非典"时期，很多形势难以判断。2003 年 1 月到 4 月，销售速度比我想像的慢。

依照我的性格，我不会接受这种失败

事后我常常反问自己，是否会在 3000 万花完之后继续投入 2000 万，我的答案是肯定的，依照我的性格，我不会接受这种失败。但是软银的钱到了，这种假设无法考证，也就永远变成了过去时。

快乐不重要，悲伤也不重要，重要的是体验的强度

人生就是很多体验的积累。快乐不重要，悲伤也不重要，重要的是体验的强度，如果这种强度能够达到触目惊心，为我们的内心带来强烈的体验，就是有价值的。当我们在最后一刻回忆起来，曾经经历过彻底的惨败，经历过大悲大痛，这样的人生才会丰富。如果生活中都是小忧伤、小快乐，那多没意思啊。

一旦放弃，你将无法知道你离成功有多近

无法想像那时若放弃如今会怎样。一旦放弃，你将无法知道你离成功有多近。只有跨越这条界线，你才知道界线在哪里。

被人包养也是个不错的选择

如果回到从前，作为一个校园诗人，我觉得像李尔克那样被人包养也是个不错的选择，轻轻松松地在一个花园里写些小诗，生不带来，死不带去。

圈钱是好事情

圈钱不是一件坏事，因为公司的发展需要资本去推进，包括我后来的购并框架媒介，大量的投资都需要外来资本的支持。打开资本的通路，能够融到更多的钱，开展你更大的事业，这是无可厚非的。关键是你圈了钱之后要干什么？如果我们有很好的用途，我们给每个股东带来了比较好的收益，带来了公司业绩的持续发展，我觉得"圈钱"就是对的，"圈钱"就是好事情。

市场开拓者要教育市场

我在做分众之前就比较高调，因为我有很多创新观念要表达，分众要引领这个市场的发展。作为市场的开拓者需要对这个市场进行教育，所以我也会参加各种各样的演讲会去表达自己的观点。

在我们创造新的媒体之前，市场已经有这个需求，我们创造了一个新的媒体，需要告诉广告客户市场趋势是什么，商业价值是什么。现在楼宇电视广告已经被广告客户认可了。而我们的同行分享了这个过程。所以，作为一个合格和优秀的市场开拓者就需要教育这个市场。

我本来就应该是个写诗的文学青年

也许我本来就应该是个写诗的文学青年，只不过现在"蜕变"而成了会创造生意的小资派。我想以后公司的具体工作不用我做的时候，我就专心思考创意。如果有时间，我还想写写文学和社会评论，最好将来还能写出类似于《英雄》的影视剧本来。

附：

我的情人一直没有来

江南春

这个冬天

我坐在门槛上，取暖、看花儿如何动情，阳光如何落在别人的肩头

整个冬天我呆坐、遥望

情人不在，情人和两个人走在大街中间

仿佛夜晚寂静地坐在树梢上

整个冬天我一遍一遍地阅读和回忆

用感动完成自己的伤害

整个冬天大雪一直没有下

而我的情人也一直没来

十二辆载满幽灵的囚车

躲过了光阴的控制

在黄昏，在野菊盛放的山坡

飞驰，带着记忆的翅膀

一闪而过，迷失或陶醉

按捺不住的深深的激动

已使他们在重获自由之后

忘却了忏悔

多么真切的处境

那些刚刚发育的少女的肉体

一次次地委身于死亡的要挟

那圣泉的居室，甘美的醇酒

燥热不安的贞操

在欲望的麦地

被十一颗亡灵劫持

并占有，缚住的双手

被橄榄枝条反复鞭挞的肢体

虚弱而放纵的呻吟

将成为她终生的纪念

大火熊熊霞光万道

十一颗幽灵

饮血食泪，淫欲荡漾

在极度欢爱过后

我听见他们说

"其实，死亡和爱情一样

并不值得信任……"

史玉柱——身患"软骨病"与"巨人症"?

我看史玉柱

史玉柱说

身患"软骨病"与"巨人症"?

身高 2.26 米以上的人都能成为姚明?

世界上身高超过 2.26 米的人很多,其总数少说也有四位数吧。可全世界只有一个姚明。身高对于姚明很重要,可姚明不止拥有身高。身高并非对于谁都是一笔财富,对于更多的人,这样的身高是一种灾难。身高如此惊人的人,十有八九患有"巨人症"。

记住:天才是不能复制的。

姚明就是姚明,全世界只有一个姚明。

史玉柱身材并不算高,可他却也会被"巨人症"所苦苦困绕,还曾像恐龙般地轰然倒下。

也许有人会说,史玉柱是只不死鸟,看上去,史玉柱也真的像是只不死鸟。可如果下一次的死亡真的降临在不死鸟的身上,它还能拥有复活节吗?

你能不为如此嗜赌的史玉柱捏一把汗?

读一读史玉柱的简历,你会觉得在读一部传奇。那么惊心动魄,让人总是悬着的那颗心,备受煎熬。那么大喜大悲,死去活来。

史玉柱,1962 年生人,屈指算算,今年也不过四十出头,正值英年。

祖籍安徽怀远。1984 年毕业于浙江大学数学系。

史玉柱大学毕业时，正赶上了好时候，那是 1984 年，大学文凭非常吃香，大学毕业生无比受重视，他毕业后被分配至安徽省统计局。

因工作出色，1986 年，安徽统计局将其列入干部第三梯队，送至深圳大学软件科学管理系读研究生，毕业回去即是稳稳当当的处级干部。如果史玉柱循规蹈矩，中国多了一个好公务员，却少了一个史玉柱。

这真不知是国之福，还是国之祸？

在深圳大学，看到了高科技软件开发技术辉煌前景的史玉柱，已不再看重当公务员的前景和未来了。

看看史玉柱的发迹史，史玉柱的命运与"汉卡"桌面排版印刷软件，紧紧相连。

20 世纪 80 年代末，计算机一步步渗入中国市场，可全英文的计算机进入中国，怎么可以没有"汉卡"这艘轮渡呢？

当时的中国市场上，至少有 30 家以上的软件公司在做"汉卡"，其中尤以"联想"的起家产品"联想汉卡"最为知名。毫不夸张地说，如今许多成功的老牌 IT 公司都有过卖"汉卡"的经历。

随着计算机在中国的普及，以及"汉卡"的价格与成本间巨大的利润，史玉柱那鹰隼般的目光，再也离不开"汉卡"了。

于是，1989 年，史玉柱从深圳大学软件科学管理系研究生毕业后，所做的第一件事就是从安徽省统计局辞职。史玉柱带着其在读研究生时开发的"M－6401 桌面排版印刷系统"，返回了深圳。

他用手中仅有的 4000 元，承包下天津大学深圳电脑部。现在看来，这似乎有点滑稽：4000 元就能承包下一所大学的深圳电脑部？可这的确是那个年代的现实。

天津大学深圳电脑部除了一张营业执照之外，一无所有。两手空空的史玉柱，该如何起步？该如何向客户演示、宣传产品？

那时，深圳一台最便宜的电脑要 8500 元，史玉柱连买一部电脑的钱都拿不出来。匪夷所思的是，史玉柱的第一台电脑居然是以这样的方式获得的：史玉柱以加价 1000 元的代价，向电脑商家获得推迟付款半个月的"优惠"，赊到了一台电脑。

往下再读，你会发现，在史玉柱发迹的这条路上，步步都离不开广告这个加速器。

为了尽快打开"汉卡"软件的销路，史玉柱迫切地需要打广告。可连一台电脑都买不起的史玉柱，哪里来的钱支付广告费，更何况那广告费花的是小钱吗？无法可想的史玉柱还是想出了办法，他以"汉卡"软件版权做抵押，在《计算机世界》上先做广告后付款。

史玉柱的付款期限只有 15 天，如果不能按期付款，他的命根子"汉卡"软件版权，就不再是他的了。史玉柱将会输得连裤头儿都剩不下。可到了第 12 天，他仍然分文未进。那是多么揪心的 12 天哪。

第 13 天，望眼欲穿、命悬一线的史玉柱，终于收到了 3 张绿条子，总金额为 15820 元。15820 哪，这铭心刻骨的 15820 元，就是这区区的 15820 元，救了史玉柱事业的命哪。

尽管史玉柱的这段故事，如今仍在以各种不同的版本，在街头巷尾酒肆茶楼流传，但是，如果这段故事如此这般分岔：15 天过去，史玉柱没能收回应付款，这种可能的概率为 80% —90%，这在缺少信用的中国市场，再正常再平常不过。又该如何？那么，中国还会有这个叫史玉柱的人吗？

两个月以后，他赚到了 10 万元。让读故事的人和故事的主人公史玉柱，都长长地出了口气，把那颗悬着的心，收回了肚子里。可令人没有想到的是，史玉柱将这 10 万元，又尽其所有，全部投向了广告。

史玉柱在出演史玉柱版的《赌神》。

史玉柱的手气不错，他又赢了。4 个月后，史玉柱成了百万富翁。史玉柱得到了他的第一桶金。

可当你重读这部"史玉柱传奇"的时候，你会不会想，连爱神爱弥尔都是个瞎子，爱弥尔手中的箭，都是射到哪儿是哪儿，何况命运女神？风水轮流转，又怎么可能天天到史家？你能不为如此嗜赌的史玉柱，捏一把汗？

他是一个患着严重软骨病的患者？

100 万成为了一个新的起点，史玉柱成功地跨过了创业的第一道门槛。之后，从"M－6402"到"M－6405 汉卡"，史都获得了巨大成功。

与其说史玉柱是一个电脑天才，不如说史玉柱是一个营销天才。

史玉柱向全国各地的电脑销售商发出邀请，只要订购 10 块"巨人汉卡"，就可以免费来珠海，参加巨人公司的销售订货会。

史玉柱此举像是在公园的鱼塘里，撒了一把面包屑。于是，引来了一大群金鱼争抢鱼食。这么一把面包屑，便引得全国各地 200 多位大大小小软件经销商，如过江之鲫，纷纷来到珠海。现在看来，也许 200 多人根本不算什么，但在 1991 年，却是一个很大的动静。就这样，史玉柱以不到 100 万元的代价，组织起当时全国最大的连锁销售网络。

1991 年，"巨人汉卡"的销售量一跃成为全国同类产品之首，公司获纯利 1000 多万元。在这期间，"巨人"又开发出中文手写电脑、中文笔记本电脑、"巨人"传真卡、"巨人"中文电子收款机、"巨人"财务软件、"巨人"防病毒软件等产品。

到了 1992 年，"巨人"已经发展成了一家资本超过 1 亿元、引人瞩目的高科技集团公司。

这一年，史玉柱头上先后罩上了十几个光环，荣获珠海市科技进步特别奖。很多中央领导都先后到"巨人"视察。史玉柱的事业至此达到了巅峰。此时他刚刚 30 岁。

可这真的是史玉柱之福吗？

看看路边的树你就会明白，这真的是史玉柱之祸。生长的速度与生长的质量成反比。

路边长得越快的树，是材质最差，最容易被风刮倒的树。路边长得最快的树是钻天白杨，那是天底下材质最差，最容易被风刮倒、刮折的树。路边长得最慢的树，是松树和柏树，那是天底下材质最好、最坚韧的树，最不容易被风刮倒、刮折的树。

1993 年，"巨人"已经成为国内仅次于"四通"的大型高科技企业。可谁都没有想到的是，扬帆出海的"巨人"集团，遭遇了这样的一场龙卷风。

1993 年，西方 16 国集团组成的巴黎统筹委员会解散，西方国家向中国出售计算机的禁令撤销，这对于中国的 IT 业似乎是个天大的喜讯，中国 IT 业的大门豁然洞开，中国的 IT 业获得了前所未有的大发展机遇，中国 IT 业迎来了一场如沐甘露般的黄金雨。中国 IT 业似乎家家都在发财，中国 IT 业似乎家家都忙着数钱，手数不过来了，买台点钞机数。

可史玉柱迎来的，却是一场黑压压的比鸡蛋还大的冰雹，打得史玉柱的庄稼地里颗粒无收。西方国家向中国出售计算机的禁令撤销，外国电脑和软件大举进军中国，不仅使"汉卡"的生存空间急剧变小，也打得"巨人"的其他软件产品同样一地落红。

这件事所告诉我们的是，史玉柱的确是个骨子里患着严重软骨病的巨人症患者。他只能在关着国门的 IT 业市场称王称霸，史玉柱的"巨人"的其他软件产品，素质低下，先天不足。

如果史玉柱在这件事上能有一个清醒的认识，也许，他后来不会输得那么惨。

史氏"乾坤大挪移"连根尾巴都不露出来?

在中国 IT 业市场一败涂地的史玉柱和他的"巨人"集团，急于突出重围，他的目光盯在了保健品上。

当时，中国的保健品市场处在泥沙俱下的启蒙期，暴利如雨。手中资金充裕的史玉柱，提出了"二次创业"的总目标，斥资5亿元开发保健品。

史玉柱推出了他的保健品"脑黄金"。史玉柱仅在广告投放上的费用，就高达1个亿。胆子够大的，他是那种既有贼心又有贼胆的主儿。史玉柱用铺天盖地的狂轰滥炸式的广告战，让"脑黄金"在13亿中国人中，家喻户晓、妇孺皆知。

史玉柱又一次成功了。史玉柱不仅渡过了难关，1个亿的广告投放，为史玉柱带来了接近10亿元的收入。史玉柱又一次化蛹为蝶，许多中国人不知道什么是"汉卡"，不知道史玉柱与"汉卡"有什么关系，可中国人几乎人人皆知史玉柱就是"脑黄金"，"脑黄金"就是史玉柱。

史玉柱不再是中国IT业的巨人，摇身一变，成了中国保健品业的巨人。

史玉柱的成功，并不意味着他已经摆脱了软骨病的阴翳。

这里，我们还有一个问题要问：中国IT业的巨人，就这么摇身一变，就变成了中国保健品业的巨人？这样的"乾坤大挪移"，真的就能如此成功，如此简单？真的就能如孙猴子的七十二变一般，说变就变，连根尾巴都不露出来？

2006 年的史玉柱就真的成功了吗？

财富的急剧膨胀让史玉柱踌躇满志，史玉柱要建立他的帝国。

1994年，"巨人"的产值达到了10亿元，而他制定了一个百亿计划：1995年要达到50亿，1996年要达到100亿。很快，18层的巨人大厦设计方案出台，雄心勃勃的史玉柱将图纸一天一改，从18层蹿至38层，再从38层蹿至50层，再从50层蹿至70层。号称"中国第一高楼"。巨人大厦所需资金超过了10亿元。而当时史玉柱的全部家当也不到10亿元。请注意，这10亿元并非都是可以用来流通的现金。

回忆这段惨痛的历史，史玉柱有一段非常精彩的"痛说家史"，一位记者追忆说：

"领导和他握一次手，他一激动，将巨人大厦提高了20层；领导再和他握一次手，他依然很激动，将巨人大厦再提高20层；领导又和他握一次手，巨人大厦最终成了72层。"

万幸，就握了3次手。

1994年初，巨人大厦动土，计划3年完工。该年，史玉柱当选"中国十大改革风云人物"。1995年，史玉柱被《福布斯》列为大陆富豪第8位。

史玉柱绝不会想到，乐极生悲，他不该忘记，"福兮祸所依"的古训，巨人大厦成了他的滑铁卢。巨人大厦成了他航道上的一座冰山。

1996年，建设中的巨人大厦资金告急。巨人大厦加高到了72层，而地基居然是按照88层打的，预算已追加到了12亿元，号称"中国第一高楼"的"巨人"大厦，只建至地面三层，便因资金链断裂而停工。

对于房地产投资一无所知的史玉柱，是给自己建造了一个恐怖的资金黑洞。

在资金上捉襟见肘的史玉柱，决定将保健品方面的全部资金，调往"巨人"大厦救急，保健品业务因资金"抽血"过量，加之管理不善，迅速盛极而衰。

1997年初，巨人大厦未能按期完工。实际上，巨人大厦由于资金告罄，已成了遥遥无期、苦海无边的烂尾楼，购楼花者天天上门要求退款。债主们封门讨债，媒体雪上加霜，"地毯式"报道"巨人"的财务危机。

不仅如此，更严重的是，一批海内外的著名学者专家、科学院院士，通过重量级的国内媒体，纷纷对史玉柱的"脑黄金"发难。

史玉柱遭遇了空前的信任危机。

史玉柱从十多亿元的身家变成了欠债两亿多。从亿万富豪变成了亿万"负"豪。

对那一段历史，史玉柱常常反省，他说：

"那时候，头脑发热，做过十几个行业，全失败了。比如当时做的脑黄金、巨能钙、治心脏病的药、我们的老本行软件、计算机硬件。当时传销还不算违法，还成立了一个传销部开始研究传销。队伍刚培养好，国家说传销违法了，最后那批人就解散了。当时甚至成立了个服装部门。"

可现在，2006 年的史玉柱，就真的成功了吗？

打不死的史玉柱？

2000 年，史玉柱"从人间蒸发"两年后，又在媒体露面，高调复出。据其自称，他和原班底人马在上海及江浙创业，试图东山再起，做的是"脑白金"业务，据说斩获颇丰。他一再表示："借老百姓的钱，我一定要还。"

史玉柱的这一句话，感动了中国。

2000 年 8 月 26 日，销声匿迹多年的史玉柱，首次亮相于中央电视台经济半小时《对话》栏目。"重出江湖"的史玉柱上来的第一席话就是：一定要偿还老百姓的血汗钱。我有个 10 年计划。10 年之内还清老百姓的钱，一年攒 1000 万，至于说能否提前我心里有底，但提前多长时间我不知道。

2001 年 2 月，史玉柱开始还债。2001 年底，史玉柱奇迹般地将所欠的所有债务基本还清。

在中国的商圈中，卷款潜逃、破产逃债的比比皆是，多如牛毛。史玉柱欠下了两亿元的巨债，人们都以为，史玉柱从此泥牛入海了。债主们的钱，打了水漂儿了。多少债主跳了楼上了吊。可史玉柱又重现江湖，并声称，绝不赖债。而且在媒体上公布了自己的还债计划和还债日程。

史玉柱让多少人感动得热泪盈眶，泪飞如雨！

2001 年 1 月，时任上海健特生物科技公司策划总监的史玉柱通过珠海士安公司，收购巨人大厦楼花还债。同时，新"巨人"在上海注册成立。

2001年2月6日，《解放日报》第4版，已经是财大气粗的史玉柱，破天荒地在上面打出了这样的一条个人广告，他打出了两个20厘米见方的大字："感谢"。

史玉柱感慨万千地在广告词中说：十年前，巨人创造过辉煌；四年前，巨人跌人低谷；新世纪，巨人从上海复出；感谢上海优良的投资环境、良好的政策环境；感谢上海人民的厚爱。史玉柱真的重新站起来了。

真是打不死的史玉柱哪。

那么，史玉柱又是如何谜一般地、不可思议地东山再起的呢？

尽管史玉柱的资产已是负2亿元，可史玉柱的兜里还有一张牌，那就是"脑白金"。事实上，"脑白金"的研发在"巨人"危机发生之前，就已经基本结束，直接生产后，马上就可以投放市场。

"脑白金"于1998年5月份问世。

身无分文的史玉柱，向他的一位朋友借来了50万元启动资金。兵败如山倒的史玉柱说，我以前借给过他500万，现在我向他借50万，借期半年，他肯定借给我。

借到了钱，史玉柱拿出5万元，先给他打不散的子弟兵补发了拖欠的工资，稳定军心，鼓舞士气。15万元给了无锡一家公司生产"脑白金"，留出15万作预备资金，剩下的15万全部砸向了江阴。

读一读史玉柱这一段经历，我们像是在读太平天国后期的名将陈玉成、李秀成的历史，那么悲壮，那么英勇，那么艰苦卓绝。

这个阶段营销以"推广概念"为核心，主要通过小广告、新闻报道、健康常识等一切可以利用的形式，向可能的消费群体，灌输"脑白金"的概念。

史玉柱在江阴旗开得胜，第一个月赚了15万。史玉柱拿这15万加上15万预备资金，全部投入无锡市场。第二个月就赚了100多万。跟着是南京市、常州市、常熟市，江苏市场很快被全面启动。

史玉柱又一次倾尽所有，猛砸广告。为集中广告的火力，史玉柱在每个省都从最小的城市启动市场。他之所以选择最小的城市，是因为小城市媒体的广告费便宜，他只能如此。

在浙江，首先启动台州。先猛砸一个月的广告和报道，史玉柱说，受广告影响的消费者就会去商店，问有没有"脑白金"，问多了，商店就会问经销商有没有"脑白金"，经销商就会找我们。你别说，他这招儿还挺灵。

史玉柱主要投电视广告，他看中的是位列第一的强势媒体，他很少投报纸广告。广告创意，做了几百个，让史玉柱挑。史玉柱最终依然没挑出更好的，最终依然沿用了脑黄金旺季时使用过的广告词：今年过节不收礼，收礼只收脑白金！

让人忍俊不禁的是，这个广告创意连续多年被广告业评为"十差广告"，可史玉柱偏偏在这个"十差广告"上，取了巨大的成功。而"十佳广告"倒是年年换，哪一个都寿命不长。因为"十佳广告"的广告主，都一个接一个地排着队倒闭了。

还有，史玉柱采用"脉冲"广告排期：2月至9月初，广告量很小。每年只集中两次高潮：一是春节，一是中秋。中秋密度最大的是倒推10天，春节倒推20天，加在一起共30天。这30天，不惜血本，砸到让人烦。

一年半之后，"脑白金"在全国市场铺开。月销售额达1亿元，利润达到4500万。

1999年3月，史玉柱终于在上海注册成立了一家新的公司：上海健特生物制品有限责任公司。当年，新公司的主营产品"脑白金"销售额就达2.3亿元。

史玉柱又奇迹般地活过来了。

许多人都在问：这是真的吗？

2001年1月30日，珠海市士安有限公司在《珠海特区报》上打出

"收购珠海巨人大厦楼花"的公告，称以现金方式收购珠海巨人集团在内地发售的巨人大厦楼花。收购方式有两种：一是以 100% 的价格收购，分两期支付，即现期支付 40%，2001 年年底再支付 60%；二是以 70% 的价格一次性收购，收购时间为 1 月 31 日至 2 月 15 日。

这件事引起了极大的震动。

1997 年发生的巨人大厦风潮，不知伤害了多少人，人们原以为，他们的钱早已被卷入了碎纸机，早就随风而逝、灰飞烟灭了。可现在居然又回来了。许多人都在问：这是真的吗？

是真的。

当他们拿着那早就成了一张废纸的预售合同，换回了一叠叠真真正正的人民币现钞的时候，在他们泪光婆娑的眼里，几经风雨剥蚀的巨人大厦，早已成了弃妇怨妇的巨人大厦，又风情万种楚楚动人了。

可后来人们才知道，珠海市士安有限公司的一切表演，每一句台词，都是史玉柱在幕后导演的。

故事讲到这里，平心而论，史玉柱的确是个人物。

这个故事也可以按另一个剧本朝下演，按常理，史玉柱的巨人公司完全可以申请破产，申请破产可以最大程度地保护史玉柱的利益。如果申请破产，巨人集团的债务和资产相抵后，史玉柱就完全可以脱清干系。申请破产至少可以为史玉柱免去两亿元的债务。

曾经有律师这样对史玉柱说，其实这些钱你是可以不还的。因为从法律的角度看，作为一个有限责任公司，只要"巨人"申请破产，个人就无需承担偿还的责任，但是代价是必须一直承担欠债的骂名。

当然，聪明绝顶的史玉柱也很清楚，如果"巨人"申请破产，则会一了百了。史玉柱这辈子永无出头之日。

下面的这段话应当说是史玉柱掏心窝子的话，在接受一家媒体记者采访时，他说，"我们巨人集团是有野心的，要做到很大规模。如果将来定位那么高，却有一笔这种不良记录在这个地方，对我们将来的发展是很不利的。"

史玉柱会不会成了流浪狗？

2001 年，史玉柱作出了一个惊人的决定，快刀斩乱麻，卖掉了日正中天的、他赖以安身立命的"脑白金"。将"脑白金"卖给了他的老友段永基，卖给了段永基任董事长的中关村证券股份有限公司。

许多人都在问，没有了"脑白金"的史玉柱，已经成了"脑白金"的同义词的史玉柱，那还是史玉柱吗？

对此，评论界多有评论，史玉柱自己也有解释。可那都是些冠冕堂皇的官话，都是些说给局外人听的套话，都是些稀泥抹光墙的话。真正的原因，只怕史玉柱"打死都不说"。

还是让我替他说吧。

尽管"脑白金"日正中天，尽管"脑白金"的经营还处在上升期，尽管"脑白金"还会给它的经营者和生产者，每年带来数亿元的丰厚收入，尽管到目前为止，还看不到"脑白金"非常明确的拐点。可史玉柱自己心中明白如镜，"脑黄金"留在他记忆中的噩梦，在他的一生中都挥之不去，那是史玉柱的一块心病哪。

如果不在它的全盛期把它卖掉，能卖个好价钱吗？"花堪折时直须折，莫待花落空折枝"哟。只有现在出手，无论是对买家还是卖家，都是一笔皆大欢喜的好买卖。史玉柱卖掉一块心病，段永基买回的是一块大肥肉。

可卖掉了"脑白金"，进入了网络游戏业的史玉柱，就真的摆脱了软骨病和巨人症的双重折磨，就真能驱走软骨病和巨人症的鬼影吗？

2001 年，史玉柱卖掉了"脑白金"，拿回 3.43 亿元现金。2003 年，进一步卖掉了"脑白金"75% 的营销网络，11.7 亿港币落袋。他不等钱在兜里暖热，就买入"华夏银行"股份，买入"民生银行"股份，掐指一算，市值已超过 22 亿元。

子夜，陷在上海办公室柔软的沙发里，史玉柱揽梦入怀，睡得很香。

可没有了"脑白金"的史玉柱，又干什么？史玉柱会不会成了流浪狗？史玉柱的家在哪里？史玉柱没着没落了。

先玩一阵子吧。有钱了，快快乐乐地、好好儿地玩一阵子吧。

史玉柱免费是谁的"最后的晚餐"？

史玉柱玩电子游戏的历史，可以追溯到他在深圳的创业之初。到现在为止，四十出头的史玉柱说，自己已经有 21 年的玩家历史了。

2003 年的一个深夜。

史玉柱在玩《传奇世界》，他的网名叫得挺绝，叫"收礼只收脑白金"。他的军衔级别不高，只有 30 多级，不过是个列兵。在多次被人随便飞起一脚 PK 掉之后，他找到了本区级别最高的账号。对方是位温州的网吧老板。

史玉柱立即吩咐温州分公司经理到网吧，付 3000 元，将这个 70 级的账号买了过来，归自己所有。可尽管有了 70 级的账户，菜鸟史玉柱依然无法所向披靡，他急得直接找陈天桥，陈天桥告诉他："装备更重要。"

顿时彻悟的史玉柱立即花了 10000 元，买了一套顶级装备。

这是个意味深长的经典故事。

卖"脑白金"的就是卖"脑白金"的，卖"网络游戏"的就是卖"网络游戏"的。一套"网络游戏"顶级装备，就能让"菜鸟"史玉柱，升级成"翼龙"史玉柱？

当史玉柱从自己的兜里掏出这 10000 元的时候，史玉柱已经认栽服输了。还说什么四十出头的史玉柱，玩了 21 年的"网络游戏"大玩家。史玉柱可真够笨的。随便叫个嘴上还没长毛的，才玩了几个月的初中生，就能把这个有着 21 年玩龄的大玩家，打得满地找牙。

饶了他吧，不损这小子了，我们接着说正事儿。

2004 年，上海盛大的一个团队准备离开盛大，史玉柱听说此事之后，立刻找到这个团队，会谈之后，史玉柱投资 IT 的热情再度被点燃起来，决定投资。

2004 年 4 月 8 日，当年曾与媒体交恶的史玉柱，请来了全国 130 家媒体，在上海金茂大厦会议厅里，在黄浦江的顶级游轮上，正式宣告了他第三次创业的开始。四通控股 CEO 史玉柱在上海新设立一家网游公司：征途网络。

2004 年 11 月，上海征途网络科技有限公司正式成立。

2005 年 9 月，《征途》完成开发。

11 月 11 日，《征途》创造了一个奇迹，《征途》同时在线人数超过 68 万，超过了"盛大"的《传奇》创造的 67 万最高记录。史玉柱公布，《征途》月赢利达到 850 万美元，在国内游戏公司当中，仅次于"网易"，史玉柱又一次赢了。

现在，征途网络的第二款游戏已经在研发当中，名字就叫《巨人》。据史玉柱介绍，这款游戏的开发投入达到一亿元。在产品本身又有不少创新，"如果说《征途》是不守行规的话，《巨人》根本就是没有行规。"

2006 年，史玉柱在由中国软件行业协会游戏软件分会（CGIA）主办，中华人民共和国信息产业部、文化部、科技部和中国消费者协会等共同参与的"2006 年度中国游戏行业年会"上，当选为"2006 年度中国游戏行业新锐人物"。

我们真不知道，史玉柱还能创造出多少奇迹。

读了这些看上去很美的文字，你也许会觉得史玉柱又一次成功了，史玉柱又一次登上了新的事业高点。

可如果你深入地观察，史玉柱所进入的，又是一个竞争程度极高、风险巨大，泡沫泛起严重的行业。不用看别的，只要看看他们在如何保持并追逐人气，便可以知道，在这个行业里生存，有多么不容易了。

为了凝聚《征途》的人气，史玉柱为《征途》设计了"永久免费，靠道具赚钱"的模式。

可史玉柱的计划还未来得及宣布，"盛大"抢先一周宣布：将包括《传奇》在内的三款游戏免费。

陈天桥气得史玉柱七窍生烟，甚至还有气儿没地方出。

火冒三丈的史玉柱说，好，你不要钱？我倒找钱。我就不信了，我是史玉柱，我怕谁？

2006 年 9 月 1 日，《征途》第一次给玩家"倒找钱"，发"工资"。"工资"是指游戏中达到 60 级的玩家，每月都可以在游戏中领取 5 两"金子"。不过这"金子"便宜，1 两"金子"折合人民币 1 元，150 级以上的玩家，每月可以领到 100 两"金子"。公平地说，不少了。

竞争到这个份儿上，简直是血拼了。直叫人想问：从免费到倒找钱，这究竟是谁的"最后的晚餐"？谁在偷着笑？

会不会再一次被"巨人症"击倒？

也许，中国任何一个 IT 业的巨头都不会像史玉柱一样，那样一次次被击倒，又一次次地爬起来，那样随时随地地被噩梦惊醒，又随时随地、不知疲倦地在追寻美梦。

可史玉柱仍然摆不脱这样的发问：史玉柱会不会再一次被"巨人症"击倒？

时至今日，许多中国人都还在发问："脑黄金"、"脑白金"、"黄金搭档"到底是什么？是真金白银，还是破铜烂铁？

说史玉柱的滑铁卢是巨人大厦，是史玉柱的恶性扩张，这话不错。可史玉柱真正的失败，是人们对"'脑黄金'到底是什么"的质疑。是史玉柱信用大厦的倒塌。尽管史玉柱不赖账是史玉柱对自己信用大厦的一次重建，可人们心中的阴霾，并未真正散去。

原因有三：

一、"脑白金"、"黄金搭档"在续写着"脑黄金"的神话。可这到底是神话还是鬼话?

二、被称作"广告战圣手"的史玉柱,是否在续写着"谣言重复一百遍就会变成真理"的希特勒的宣传部长戈培尔的历史?

三、网络游戏会不会重复又一个灰色产业的悲剧?

史玉柱能回答这些问题吗?

别对我们说,这些问题的答案又是:"打死都不说。"

（魏雅华）

我看史玉柱

史玉柱善于"豪赌"

史玉柱的身上流淌着一股天生的充满草莽气息的豪赌天性,他人生的第一次赌博是在 1989 年,刚刚从深圳大学研究生毕业的史玉柱用借来的 4000 元钱和自己研制的桌面排版印刷系统软件开始创业。他在《计算机世界》上刊登了一个广告,称 M-6401 是"历史性的突破"。他要求广告公司先发广告后付钱。事实上,"如果广告没有效果,我最多只付出一半的广告费,然后只好逃之夭夭"。事后,史玉柱自己说。两个月后,他的银行账号里有了第一个 10 万,这些钱全部投了广告,四个月后,销售软件的收入使他成为一个年轻的百万富翁。

1990 年,史玉柱一头扎进深圳大学两间学生公寓里。除了一个星期下楼买一次方便面,他在计算机前呆了 150 天,换回 M-6402 文字处理软件系列产品。同时,他还发现,家里的家具都已经不翼而飞,数月未见的妻子也不知所踪。

他从深圳搬到了珠海,给自己的新技术公司取名巨人,他宣布,巨人要成为东方的巨人,中国的 IBM。没过多久,这个"巨人"果然就成为了一个资本金超过一亿的高科技企业。史玉柱几乎在最短的时间内成为了全中国知识青年的偶像。

正是在这个时候,天生好赌的史玉柱作出了一个他一生中最错误的决策——进军房地产，修建高达 70 层的巨人大厦。就是这个"巨人大厦"，把史玉柱变成了一个后来破产的"著名失败者"。

除了房地产，巨人还挤入了当时国内最热的保健品行业，1995 年，热衷于营销取胜的史玉柱开始猛烈的广告攻势：全国上百家报纸上，巨人集团产品的广告占据了整个版面。

赌博不可能有永远的赢家。1997 年，耗资庞大的巨人大厦终于将巨人本身拖入了财务危机的陷阱，导致巨人集团资产被查封，史玉柱从公众的视线中消失了。

对于史玉柱来说，这段已经让许多人耳熟能详的故事是他人生中永远不可能被抹去的阴影，但同时，也是他另一个人生序幕的开始。

根据史玉柱身边担任"智囊"角色的何学林介绍，当时的史玉柱自己也感到一片迷惘。他像个做错了事的小学生一样到处作检查，同时也悄悄四处奔走，向人求教，寻找东山再起之策。他进北京与柳传志、段永基对话，但没有找到现成的答案；赴济南，向吴炳新求教，但吴炳新话音刚落，三株自己的大厦倾塌，全军覆没，令史玉柱深感失望。

——心理学专家　肖　阳

留给新进入者的机会已经不多

网游市场的竞争者必须为争夺少数的玩家群体展开激烈的竞争。而目前正在运营的网络游戏，90% 处于亏损状态。此外，目前中国游戏市场格局已经确定。中国游戏产业年会的信息显示，中国网游市场上的赢利产品不超过 5%，市场为金山、网易、盛大等少数几家大公司所把控，处于寡头竞争阶段。留给新进入者的机会已经不多。何况史玉柱所推出的 2D 游戏《征途》并不符合市场的主流趋势。

——营销专家　李大德

史玉柱已经露出了多年前的豪赌心态

在巨人集团轰然倒下之前，史玉柱旗下的公司曾经一度发展了服装实业部、化妆品实业部、供销实业部等十几个实业部，并先后开发出了服装、保健品、软件等30多类产品，但最后大都不了了之。头脑发热状态下的多元化，曾经让史玉柱吃够了苦头。如今要同时经营好银行金融、保健品行业和网络游戏这三个完全不同的行业，在资源的配置、内部协调、管理跨度上，都比单独一个行业出现失误的几率要大很多，这有可能成为未来史玉柱面临的多元化的最大隐忧。

事实上，在史玉柱之前，中国很多企业都在尝试着多元化，他们都想复制 GE 模式的成功。最有代表性的是五粮液。然而很可悲的是，中国成功实现多元化战略的企业很少，或者确切地说，到现在为止还没有。然而事实上，史玉柱就是在政策和市场前景不明朗的情况下，分别涉足金融和网络游戏领域。虽然这两大领域的形势依然扑朔迷离，但是很明显史玉柱已经露出了多年前的豪赌心态。

——管理专家　汪涵清

缺乏恒心和韧劲的豪赌

他从股市融得巨资，转手即套现，既没有把健特生物做大，也没有做强，股市只是他的提款机而已。可见，史玉柱上市纯粹是为了转嫁经营风险。现在他开发网游，已提前策划好在美国上市，如果《征途》真有点眉目，史玉柱少不了又要玩金蝉脱壳法，只不知这一次，海外投资者会不会买他的账？

他自称《征途》是最好的游戏。但目前运营的网游大多亏损，也包括以网游起家的盛大，史玉柱能是一个例外吗？网游有个"精神鸦片"的外号，青少年家长一向极为反感。史玉柱偏偏就瞄准了这一行。为了提高吸引力，史玉柱称搞了几万个题库，天文地理五花八门，不知道这一招能否为他忽悠来更多的玩家？人都说"狡兔三窟"，史玉柱何止是三窟，我们看他从脑白金中脱身，看他介入四通，那真是步步为营，前路开着，后路留着，左路右路四通八达。看来早年的挫折没有白交学费，而是化为实实在在的高超谋略。这不，《征途》才刚刚开张，就已策划着 2007 年赴美上市了。

在他身上，既有为人的低调，也有行事的张扬。豪赌本色，成就了史玉柱在中国经济中的标本地位。其背后，固然有经济局势大起大落的影响，周期性的放开与调控，既制造了一批弄潮儿，也毁灭了一批枭雄。但是性格成就命运，史玉柱的大输大赢，更多地是由其个性导致的，巨人集团就是他个性的典型翻版。

一个真正理性的经营者，一般都是选择自己最擅长的领域介入，潜心进取，史玉柱则不然，忽而 IT，忽而保健品，忽而网游，这种缺乏恒心和韧劲的豪赌，固然有可能使他赚取丰厚利润，但也注定只能是一个高明的投机客，一个豪放的赌徒，绝不会成为好的企业家。

——管理学学者　师志凌

史玉柱好大喜功

善于"豪赌"的史玉柱，曾经在没有资金、电脑及公司的情况下，获得第一桶金，风头一时无二。其后，他创办的巨人集团突然推出"百亿计划"，锐意兴建全国最高的巨人大厦，惹来市场一阵佳话，但最后因资金周转不灵，令项目烂尾收场。一向习惯享受成功滋味的史玉柱，当时被狠狠地当头棒喝。

史玉柱承认，当时根本没有足够的财力去建巨人大厦，完全没有想过"量力而为"的重要性，最终尝到胜利冲昏头脑的恶果。"自89年创业至

95 年期间，我的事业一直太顺利，矛盾积累一段时间后就会犯错误"，他叮嘱现今的企业家，"在成功的时候要特别小心，并要更加理智，胆子亦越小，因为当你取得成功后，马上就要失败"。

古语云："失败是成功之母，成功是失败之父"，史玉柱在此役惨败后，深深体会到此句谚语的真正意义。"巨人大厦的倒下，是最痛苦的时候，如今仍记忆最深刻；曾经试过'打的'都没有钱，要坐公共汽车。"

吸取"好大喜功"的教训后，史玉柱认为，经营企业要首先追求安全，"凡事要按部就班，发展太快不是好事，待企业健康时才慢慢发展"。同时，过去从不反省的他，如今学会了自我反省，并认同四通主席段永基的处事态度——"从哪里跌倒，定要从哪里爬起来"。在他最倒霉的时候，段氏给予精神支持，令段史二人结下十年患难之交。

——资深记者　朱小璇

史玉柱的危机来了

为什么这样说呢？这是有根据的，我这人从不信口雌黄。

首先，大家有没发觉，最近征途新区的人越来越少了，为什么呢？这都归功于老史的封外挂、封辅助工具的功劳，要知道做游戏的只是孙子，真正的爷们还是我们这些玩游戏的，没我们这些爷们给他施舍点 RMB，他史玉柱早饿死了。正应为这样一个个号被封 24 小时，导致了大家不能正常游戏，也导致了越来越多的人离开征途。

于是新区开了人也少了，再也没以前那么火了。

史玉柱急了啊，于是想了个这么狂的方法，就上了那则通知，他这是在做什么？他为什么这么狂？就是为了让你们生气，激怒你们，让你们再次陷入他的陷阱，他就像东郊门口的陷阱弓一次又一次地杀你们。

有些傻 B 会觉得很火，觉得老史嚣张，然后都去玩新区，结果正是老史所需要的效果。

玩了这么多区了，终极的号也玩过，现在真的累了，玩玩59极品号就够了，再也不想养这个不孝顺的孙子了，爷们要有自己的打算了。

征途，祝你的75万同时上线率成为你的终结吧！！

希望太多的人别在征途里迷失了自己。游戏毕竟是游戏，我们是人，别被游戏玩死……

——策划师　李祥

隔行如隔山，老话到底有理

史这个人深刻理解了国人的求长生求长寿的心理，吹得越玄，东西才越好卖。而且他能够迅速地转变，一个牌子不行再换一个。但是游戏可不是这样的规则。看看赵本山入主足球之后的情况吧，隔行如隔山，老话到底有理。

——广告学专家　向海涛

一切预估的赢利计划也都只是假设

史玉柱究竟能否证明其在网游产业上是一个合格的商人，还得看他是否真的找到了有效的赢利模式？史玉柱的网游赢利模式大概并不止于"卖卖道具、替人代练"。他曾表露过其"互联网门户理想"，看重人气，认为圈的人多了，就能赚大钱，不管是玩，还是靠广告。门户网站如此，网游平台亦如此。网络变化莫测，谁晓得年底排定的座次又能代表什么？而且一切预估的赢利计划也都只是假设。虽说段永基对史玉柱倾注网游也表达了"终于有资本再错一次"的宽容，但现在谁敢打保票史巨人这次真的没错？

——媒介专家　和讯

史玉柱先生或许就不懂网游

就算玩家一时捧场，但史玉柱真能在网游界获得成功吗？我看未必！关键就在于：这位史玉柱先生或许就不懂网游！

史玉柱不懂网游，体现在他不懂网游业的竞争态势。

史玉柱声称"90%的网游得0分，而《征途》可得80分"，稍微懂点网游的人都不会无知到这个地步。且不论《魔兽世界》、《天堂》等国外大作，仅在国内，比《征途》优秀的游戏，就多如牛毛：如2D的《剑网》、《剑网2》，3D的《完美世界》等都比《征途》强。史玉柱还声称"《征途》将是2D游戏的终结者"。2D画面的细腻感和视角的协调统一性受到很多玩家喜欢，目前日、韩和国内的很多厂商对2D网游的研发依然抱有很强的热情。史玉柱显然对目前市场走势缺乏清晰的、正确的判断。

史玉柱不懂网游，还体现在他不懂网游的运营规律。

《征途》号称内测同时在线人数达15万人，这让业内人士啼笑皆非。内测一般指游戏内部测试，意在发现bug，改进和完善游戏品质。为避免损害游戏美誉度，内测一般选择少量网游老玩家进行的小规模测试。成熟的游戏运营团队，一般在内测期会严格控制账号的发放，如《魔兽世界》登录中国时，通过排队机制控制测试人数。因此，《征途》内测15万人在线，要么是假消息，愚弄大众；要么是史玉柱不懂网游运营规律所致。另外，《征途》自内测以来，如频繁维护等事件，让玩家苦不堪言，也严重地损害了游戏的美誉度。

史玉柱甚至都不是一名合格的网游玩家！

史玉柱曾主动对媒体透露，玩《传奇》、《封神榜》都曾花大价钱去直接购买游戏装备，并利用私人关系找过陈天桥等。玩过网游的人都知道，一般的网游玩家都对那种直接用钱购买装备的做法深恶痛绝，更不要说是托人走后门之类的做法了。一位受人尊重的网游玩家，从新手开始，每一件顶级装备，都通过自己的游戏获得。对他们来说，网游玩的是装备，享受的却是游戏的过程。只可惜，号称有 21 年游戏年龄的史玉柱，对此却一无所知。

——实业家　金山玉

史玉柱可能做不成的理由

1. 营销巨人与产品短板

对《征途》的底细，业内有一种比较相同的看法：这个游戏源自盛大的《英雄年代》。

《英雄年代》的策划实际已经很早了，可能追溯到 2004 年以前，这个策划在网上曾公开过，盛大做这个产品的时候其实就有很大的争议，最后的结果也证明这并不是一个成功的产品，那么以这样一个基础做成的产品能有多大的提高？

另外一个有关产品的疑问是，老史要做游戏早就不是新鲜事，2004 年就听说他天天在家玩《传奇》，并打算进这个行业，不知道他现在多少级了。也许是太专注研究《传奇》了，他错过了《wow》在中国的火爆，以至于在 3D 化大潮下，他还把个 2D 游戏炒到天上去了，有点类似在"奔4"时代出售"奔3"。

2. 营销老革命遇到的新问题

老史是中国营销历史上可圈可点的天才人物，很多策划可进教科书，不过即便如此也有巨人大厦之败，天才未必是放之四海而皆准的，保健品这种产品的特点和网游截然不同。

"脑白金"、"脑黄金"并不是一种完全讲究体验的产品，买"两金"的人有几个是买来自己长期用的？大多可能是用来做礼品的。

个人认为，将保健品概念包装成"礼品"正是老史成功的关键。试想我们自己在逢年过节的时候送礼，经常是为礼品的具体形态而煞费苦心，老史抓住这种心态，把一种具体形态包装成"礼品"，并且以不断重复的方式强化"脑白金" = "礼品"。

网络游戏这种产品与保健品有很大不同，购买者一般就是消费者自己，产品的体验决定了消费者的去留。当然网游市场的消费者们也是大多没有判断力，谁的嗓门大也许开始会有点效果，但是网络游戏不是一次消费，而是持续的消费，花大力气引来的客户能否留得住？让他们每日、每小时的消费，而不是一年只消费几次，这要看产品本身，以及运营商自己的服务能力。

老史目前可见的营销手段主要有三大类：巨大的广告投放和媒体炒作、免费和赠送的引诱、放开虚拟物品交易和提供官方外挂。

首先来看广告投放问题。广告对网络游戏究竟有多大的效果，非常值得探讨。以盛大、网易成功的历史来看，他们对广告的依赖度并不高，盛大和网易的广告更多意义上是媒体关系维护，他们大量的营销经费实际上是花在了网吧等"看不见"的地方。应该说，大家都期待老史能在网游界创造出新的案例。

免费和赠送。去年《传奇》、《RO》、《热血江湖》、《石器时代》等等已经有太多很著名的产品免费了，今年金山、完美等公司都会出大量免费的产品，盛大也会免费旗下更多的产品，所以免费策略未必就能让某个产品鹤立鸡群。

开放虚拟物品交易和官方外挂是老史最有眼光的举措，他给了很多人在里面游戏的理由，不过相信这种措施在很多类似产品中都会使用。

3. 人员结构与潜伏的危机

老史的公司大体上由两拨人组成。一组是跟着老史做脑白金的，一组是做游戏的。

业内对这种组合有两大担心：一个是对做游戏这个团队的担心，另一个是两个团队的配合问题。

——网友　上帝的帽子

史玉柱在自挖坟墓

对比一下史玉柱第一次的惨败，发现历史惊人的相似，盲目扩张、产能滞后、夸大宣传、基础不牢、服务低劣……当年的经验看来并没有给史玉柱留下足够的教训，让人不得不闭眼睛去开始等待他的又一次失败。

1. 江山易改本性难移

巨人于 1997 年初名存实亡。悄悄养了几年伤，还是倒腾脑白金，并把赚的钱拿来还债。一度大家都认为，史玉柱变了，变得很低调，踏踏实实做事，专心为消费者服务。这也许是他"死"过一次的标志。可惜好景不长，在尝到甜头之后，去年大张旗鼓进入网络游戏领域，从其他网游公司挖人、买现成的游戏，"轰轰烈烈"造影响，甚至拿行业前辈做垫脚石。"轻狂"的本性显露无遗，让不少对他还抱有希望的人不得不摇头，扼腕叹惜。或许这也是他这辈子注定会经历一个个辉煌，又会一次次摔死的症结所在。

2. 口无遮拦，自挖坟墓

当时的巨人一度名扬海内外，按道理说即便一时资金周转不开，也不会因为一个烂尾楼就那么快轰然倒地。其中很重要的一个原因就是他太喜欢在公开场合"大嘴巴"，该说的说说也就罢了，但不该说的说多了可就不是什么好事。承诺漫天飞但兑现却遥遥无期，加上一而再、再而三地得罪人，在落难时怎么可能不出现墙倒众人推的风景呢？

世道轮回，现在的史玉柱依然没管住自己的嘴巴。或许也是他迫切想东山再起的宣传需要。在新游戏的发布会上，史玉柱又是大嘴一张，把网络游戏领域的几大巨头都扯了进来："我不怕盛大，它的重点不在游戏了"、"我看不上九城，靠暴雪的牌子，短时间内到 50 万，上不去了"、"我一款游戏，就把金山所有游戏都超过了"。

游戏上市以后，一会说自己游戏单月的税后利润已经达到了 700 万美元，一会透露游戏的收入目前正以每个月 1000 万元的速度增长，一会庆祝游戏在线人数过 50 万了。如果按照单月利润 700 万美元来推断，史玉柱的网络游戏已经跻身国内游戏运营商前列，甚至已经进入三甲。事实真是如此吗？按照业内人士的分析，史玉柱的网游现在勉强排入前十位，离自己宣传的相差甚远。史玉柱一直在自己设计的"柏拉图"美梦中自恋着，敝帚自珍，闭门造车，而此情此景，和当年"死"前的状态是何等的相似。

对于这个"大嘴巴"，业内好像有了统一的应对规则，就是"三缄其口"，不管史怎么叫怎么跳，大家就是不做声。看来对这样的"跳梁小丑"，大家是铁了心让他"自生自灭"了。当然这也是轻狂的史玉柱最不愿意看到的。于是在不断制造新的事端挑衅的同时，他开始了一如既往的"自恋"旅程，甚至玩弄出了所谓"玩家致歉"的把戏。史玉柱在蒙蔽大众的同时，更是在蒙蔽他自己。耐不住没人陪玩的寂寞，最后只好自己玩弄自己，从而埋下了潜在的危机。

3. 根基不牢，难成大器

技术出身的史玉柱当初选择汉卡作为创业产品，迅速成就了自身的辉煌，使得信心十足的他头脑发热，结果因一念之差导致全军覆没。其原因就是处处想留名，处处根基薄弱。

事实也证明，做保健品这个能迅速集聚资金的泡沫性行业是营销天才史玉柱的长项。但假如他仅做保健品，不再有其他的念头，或许就不会有巨人大厦的危机。但四处扩张，让他自毁长城。等回过头来看，一片本该美好的建筑群皆因地基不牢轰然倒塌。

而对现在的史玉柱来说，他依然在做着不打地基就建高楼的危险游戏。频繁地制造新闻。在一款游戏商业化以后短短不到几个月时间，史玉柱就放言要推出第二款游戏，后来甚至说要进军"手机网游"。这跟当年的情形是何等相像。

与当年更一致的是，史玉柱把更多的精力投入到盲目扩张和夸大宣传中时，如何提高游戏本身的质量和服务就成了大问题。在一波又一波的宣传攻势中，曾经出现过"给玩家发工资"的字眼，聪明的史玉柱把之当成了宣传自己的手段，而明眼人一看就知道是留住玩家的无奈之举，史玉柱自己也在接受采访时坦陈了游戏中出现的严重"通货膨胀"的现象，近乎崩溃。

在游戏行业中，盛大重平台基础和综合实力，执意进军家庭市场；网易重自主研发，虽然历经挫折但屡败屡战；九城重代理引进，不惜血本拿光"好游戏"，阻挡竞争对手。尽管都存在着这样那样的风险，但是风格和定位凸现，至少都在为用户谋福利，为行业作贡献。就连金山这样的公司，也把跟随战略作为自己的目标，还能跟出个样子来。可史玉柱呢？他留下了什么？除了靠一款游戏榨干玩家，他的核心竞争力在哪里？

投资网游，其实印证了史玉柱在经历过一次失败后，已经转型为一个投机者。一个不断寻找暴利行业，趋向于快速敛财型的投机者。而这样的机会分子的存在，最大的受害者是他介入的产业，因为如果仍由其捣乱下去，留下的必将是一个千疮百孔的产业。

因而有足够的理由相信，不打基础、没有核心竞争力的史玉柱最终也将把自己的网游做成又一座"烂尾楼"，觉醒的玩家将像当年从脑黄金神话中觉醒的消费者一样，选择远离。

而史玉柱，注定将再死一次。

——网友　史金柱

最大胆的赌徒

和脑白金一样，农民的儿子史玉柱要挣的就是农民们的钱。

史玉柱也许是中国最大胆的赌徒。从巨人集团倒塌的那一刻就说明了一切，只是成也萧何，败也萧何。我预感，2亿元砸向《征途》的史玉柱眼前的征途并不平坦。

他说："有70%的玩家在小城市和农村。我曾经直接进到网吧里和玩家聊天，有个玩家是安徽利兴县一个乡里的农民，他告诉我，他们那里闲时几十个农民在网吧里打游戏是常事。调查数字说，有的省农民一年60%的时间处于失业状态。现在一般的乡镇都有网吧，对这些有大把时间的玩家来说，'代练'甚至可以成为他们很好的打工收入。"

《征途》的基本宗旨是"有钱能使鬼推磨"。RMB是游戏里的最高法宝。不花钱玩的，透不过气；花几百元的，郁闷至极；花几千元玩的，勉强混得下去——这就是《征途》的所有特点。

"靠人民币玩得好，这在游戏里是很丢人的事情，但《征途》却在倡导这个。"

很多玩家之所以痴迷于网游，就是因为可以在虚拟的世界里实现现实生活中不能实现的梦想。按照《征途》的意思，连网游里都开始变得如此现实。

《征途》正开始变成一款有钱人的游戏。将现实社会的潜规则还原得如此真实。不是大胜，就是大败。

赌，是史玉柱最喜欢的方式。

——网友 拳 掉

史玉柱凭什么啊？

网络游戏最好做、最挣钱的年份应该是2002至2003年，那是网游的黄金时代，无论是盛大、九城还是网易都在那两年打下了雄厚的基础；之后的2004至2005年，那是白银时代，大量网络游戏商蜂拥而入，虽有不少运营商亏损，但仍有善于运营的游戏商获利丰厚，比如九游、金山；而2006年以及之后的几年，中国的网络游戏将进入破铜烂铁时代，这点从盛大在2005年11月底宣布对三款游戏的免费能看出端倪，从2005年初少量网络游戏的免费到2005年底连盛大这样的主流网游商都加入免费行列，我们不难看出网游商在早期的是"吃肉"，中期"啃骨头"，而在进入2006

年之际已经开始"喝汤"了!!

　　我所说的地利是指网络游戏市场上的地势,网络游戏商想取得成功就必须开创属于自己的天地,占据网络游戏最有利的位置。我们来看看史玉柱征途网络的那款叫做《征途》的网游,那是一款 2D 游戏,很多玩家进去测试是因为这款游戏让他们想起了盛大的《传奇》,还有些玩家觉得它更像是《英雄年代》的翻版,看得出来史玉柱的确是想和陈天桥在玄幻游戏上一争高下,可是他没有想到陈天桥居然在《征途》刚内测开始时就将旗下两款《传奇》游戏永久免费,那么作为《传奇》竞争产品的《征途》在国内网络游戏市场上又能占据什么位置呢?在目前国内近百种玄幻游戏中,史玉柱的《征途》又能占据多少份额呢?实在是少得可怜!!

——网友　豪赌中国

史玉柱说

自己离破产永远只有 12 个月

我认为企业运行到现在的规模，安全是第一位的，发展已不是第一位的。

首先，我的产品能够持续稳定发展，公司不能哪天突然就不行了。

其次是在财务状况上要安全，有足够的现金储备。战术上的储备包括现金、国库券。战略上的储备包括我们买的华夏银行、民生银行的法人股，赢利能力和套现能力都很强。

在人才方面，公司的核心干部要能稳得住，不能让他流失，有流失的话也可能不安全。

我在财务上比较保守，举债控制在 10% 以内是绿灯；20% 是黄灯；30% 是红灯，绝对不能碰的。我们现在就差不多是 15% 左右。

我们的税收连续 3 年都超过了两亿。我的基本态度是这样的：能争取国家的优惠政策，尽一切可能争取，但在这个基础上，我给财务的规定是不准偷漏一分钱的税款。这样至少会保证公司不出现大的问题。

我不会乱投资，投错一个项目可就是致命的，只会做一些战略储备、短线投资。中海集团在香港上市时我作了两亿多的战略投资，上市第二天就亏损 5000 万，现在是赚了。李嘉诚是投得最多的，我亏损 5000 万的时候，香港报纸说李嘉诚亏了两亿呢。眼前我是啥也不投了。

人生归结到最后就是零

一个人的福为正，一个人的祸为负，加起来一生就是零。快乐为正，悲伤为负，加起来一生就是零。总之，人生归结到最后就是零。

我对外面的评价不在意

我以前也挺在乎（外界对我的评价）的，摔过一次跤以后，我开始对外面的评价不在意了。以前别人怎么看我、别人怎么看巨人，好像还是一个很重要的事情，现在我觉得不是很重要了。媒体包括写书的作者他并不能代表真正的民意，我不是太在乎他们怎么说。另外，在 1997 年我最困难的时候，骂我的人比现在多很多，那样骂过来一轮之后，我对这个的抵抗力就很强了。（舆论上的一些东西）对我帮助不大，威胁也不大。最近几年，我做事做得很少，你想抓我的把柄也不容易抓到。民营企业出事的那几个人，都有一个共同特点：做事做得多，产业多、一个产业的项目多，我不一样，很单纯。

宁可错过一百个机会，绝不投错一个项目

我感觉 1997 年对我来说是一个转折点。我现在比以前胆小，现在 IT 这个行业很多人跟我过去一样，非常冒进、胆子很大，想事情往往非常浪漫，喜欢从正面去想，这个项目做好怎么怎么样，而对万一做不好怎么办，做不好又有哪些因素造成的，考虑是不足的。但我现在对任何一个项目，首先是做负面的考虑：这个项目有多大的风险？我给自己定了这样一个纪律：宁可错过一百个机会，绝不投错一个项目。这跟过去的思路是完全不一样的，过去是绝不放过任何一个机会。

1997 年以前，我的心态跟现在的心态也不一样，之前我对自己任何一段时间都定了一个目标，一个很宏伟的收入目标，定了一个大目标，然后把它分裂成一个个小目标去做。1997 年之后，我没有给自己定很高的目标。我现在的目标不像过去是量化的，比如我以前定了"百亿计划"。现在，我不把资产、销售额、利润这些作为我的目标。

我的目标就是把每件事做好。比如网游，影响网游这个项目能不能成功的因素，我分析了十几个环节，从策划、研发、美术、运营、售后服务、分公司建设、管理、对外宣传，我的目标是把所有的这些分成十几个环节，做到极致。

我现在做项目都是先假设这个项目是失败的

做任何的项目都要有失败的打算。做一个项目，负面因素考虑得越多，消极的因素考虑得越多，往往对这个项目越有好处。在投资之前，想得越浪漫，越是考虑这个项目我可以赚多少多少钱，风险因素考虑少了，操作的层面因素考虑得少了，失败率往往也高了。

我现在做项目都是先假设这个项目是失败的，比如网游，假如我现在失败了，我首先要算财务，我能不能支持住？然后看如果要失败，有可能哪几点导致失败？比如第一点我的产品不好，第二点我的人员有可能流失等等，罗列了十几点，然后我再看这十几点，一一想办法解决。这么一轮下来以后，实际上这个项目的风险反而下降了，如果只是因为看盛大赚很多钱、网易赚很多钱，就仓促决定投资，往往考虑得就不那么深入，最终导致失败。

中国民企最大的挑战是他能不能抵挡诱惑

公司设立一个决策委员会，决策的效率速度是受到影响了，但我觉得对我们现在的中国民营企业家来说，最大的挑战不在于他能不能发现机遇和把握机遇，最大的挑战是他能不能抵挡诱惑？这跟十年前、八年前的环境不一样了，所以现在很多人还没有弄明白。中国现在的机会太多了，不用去找机会，机会都会找上门。

最近几年出问题的十几个企业家都有一个共同的特点，就是没抵挡住诱惑，战线拉得过长，最后出问题的。摊子铺得太大，手头的现金不足以支撑这些项目，他必然要做一些非常规的事，而在中国的法律体系下，非常规的事往往就是非法的事。所以我看了那么多失败的教训之后，越认定了自己现在的策略是正确的。

吃饭吃什么还会有争议呢

问：你为什么要不停地创业？

答：创业好玩啊！比投资搞银行还开心，可能就是赚的钱少些。

问：为什么你老是在争议性的行业里打转？

答：做什么都有争议。吃饭吃什么还会有争议呢！

问：人家都转向开发 3D 游戏了，你怎么这么落后，还搞出个 2D 的？

答：3D 比 2D 好吗？这是误区。全国 60%—70% 的玩家还在玩 2D 游戏呢！

问：你为什么不像别人一样去代理运营国外的游戏？

答：我从来不代理别人的产品，不然睡觉不踏实。

问：有钱就一定能砸出一个好产品吗？

答：只要有钱、有好的团队就行，但缺一不可。市场上凡是投资在2000 万元以上的网游，还没有一款失败的。

问：我告诉朱骏（九城董事长）说你在做一款游戏，结果他说，史玉柱是谁？

答：我知道朱骏是谁，但我不认识他。

中国可是"败者为寇"啊

我们之所以能很快起来是因为摔了那一跤（巨人大厦危机），刻骨铭心的教训。中国传统文化里有一个"成者为王，败者为寇"，我觉得这很不好。在美国硅谷，风险投资人普遍有一个标准，就是看投资对象以前失败过没有。没失败过，很少有给他投钱的。这种文化是容忍失败，尊重失败者，但中国可是"败者寇"啊！

珠海巨人摔跤是必然的——即使媒体不报道，即使后来我把巨人大厦盖起来了。那时我确实是头脑发热，甚至我的团队都有些不太客观了。

10 年的轨迹就像在蹦极

珠海巨人的高点是在 1995 年，1996 年下半年财务开始出现困难，1997 年 1 月份一下就跌到最低点。当时无法接受这个现实，思想上极其痛苦，整天都非常焦虑。

最难过的还是随后 10 个月左右的挽救过程，我通过很多的途径在国内甚至去美国找投资者，都是在求别人，低三下四的，别人还经常耍你。所有的谈判都失败了，突然感觉该做的全做了，心情反而放松了。

那时媒体正在炒作"中国首富"牟其中，我就笑称自己是"中国首穷"，因为身负着数亿的巨债，而我又认定了这些债将来是要还的。

我这 10 年稍微和"蹦极"有一点不同是：我上来的时候是缓缓地爬上来的。这从脑白金的销售额能看出来。1997 年销售额也就三四十万。1998 年每月销售额态势：15 万、30 万、45 万、60 万、80 万、100 万、300 万、500 万……1999 年开始到 800 万、1000 万，直到 12 月份突破 1 亿，当月有 3000 万的利润了，虽没有什么积累，但我们状态已经好了。

把营销做成战役

把营销做成战役是有过。毛泽东在瓦窑堡总结的十大军事原则，直到解放战争不也还在用吗？他要求不计较一城一地之得失，集中优势兵力消灭敌人有生力量，对企业来说也是这样。战略上可以处于劣势，但战术上一定要处于优势。具体到一场战役上，一定有 3 倍、5 倍于敌人的优势兵力。

做一个新产品，这个时期肯定是要集中足够的财力和人力，不能太平均或去做很多东西。我们一般会进入一个紧急状态，有时采取打仗时的做法，高度集权。春节前有那么 20 多天时间，确实有时会有一些军队的作风。但这段时间过了，又会恢复到正常状态。

营销是没有专家的

营销是没有专家的，不能迷信专家。我认为大学里有关营销的教材 80% 的内容都是错的。如果要说有专家，我认为唯一的专家是消费者。要做好一个产品，在前期论证阶段必须要有大量的时间泡在消费者当中。

我培养了一支队伍，他们必须要下市场，我要求他们每个月必须至少要跟 100 个消费者进行深度交谈。必须本人拿着产品上街推销，推销不出去就罚钱，卖掉了就作为奖金。这就逼着他在推销的过程中去完善他的说法。一旦他的说法见一个消费者就成功一个，就把他的话总结下来，变成广告。我的策划从来都是到市场里面去，从消费者那里学来的。

我还在互联网里寻找机会

1999 年，当我们保健品月销售额达到上亿元的时候，我当时就跟老段

（四通董事长段永基）聊，看 IT 里还有什么机会没有，因为我们很多是做电脑出身，对 IT 还是有感情，我们当时就认为，把网络当作基础工具，在此基础之上发展信息产业等应用服务，这个趋势 100 年也到不了顶。现在看网游算一个，但还远不止。自己总共为网游准备了 2 亿美金，可能用不了 1 亿美金，但我也会把 1 亿现金留在手中，不排除并购的可能，因为现在互联网这个行业内机会实在太多了。

李书福——输在何处？
福在何处？

我看李书福

李书福说

输在何处？福在何处？

一个"赌徒"能挑起重任吗？

没有人怀疑李书福的激情。

这个来自浙江省台州市路桥李家村的农民，因为高考落第而不得不自谋生路，中国从此少了一名"应届大学生"（据说李后来又多次进修，以了夙愿，但说法不一），却多了一位"猖狂"的造车人。

严格地说，吉利的家业是由李氏四兄弟——李书芳、李胥兵、李书福、李书通共同开创的。1979年，李书福还在上初三时，他的兄弟们就已经在台州路桥做起了小五金生意，积累原始资本。高中毕业后的李书福开过照相馆，生产过冰箱配件，也制造过冰箱，甚至还到海南炒过房，血本无归后才回头找岸，从摩托车到汽车，完成了一个农民向汽车制造商的嬗变。

现在，李书福俨然成了中国民营汽车业走向世界的代言人，马来西亚、北美、中东、欧洲等等，一时间，世界各地似乎都有李书福的身影；美日、豪情、美人豹、远景、金刚、自由舰等，每一款新车的出场，都做足了噱头。但是，作为国内一款低档车的代言人，李书福真的如其本人所言"能带领吉利走向世界"吗？一个狂狷"赌徒"真的就能挑起中国汽车与世界汽车列强争雄的重任吗？

吉利到底能走多远?

最近,李书福有点烦。

从 2006 年下半年开始,李书福的烦恼就接踵而至。先是 10 月 20 日,李书福闪电将华普汽车的徐刚撤下。原因是华普与吉利已经走入了一个"兄弟相争"的怪圈,双品牌战略名存实亡,两者之间的价格区分越来越模糊,陷入了"同根相煎"的尴尬境地,不仅影响了华普的自身安危,更危及了吉利发展的长远大计。

刚刚摆平华普,还没能喘过一口气的李书福又与"2006 北京车展"主办方大动肝火。起因很简单:李书福嫌主办方给吉利展台的面积过小。几经协商未果后,盛怒之下的李书福耍起了"大牌",在车展开幕前,竟然作出了一个至今他都深为懊悔的选择——退出。这使得吉利汽车在花费了巨资远征法兰克福、底特律车展之后,反而在家门口的阴沟里翻了船——错过了中国车展史上堪称完美的一次汽车大阅兵。

2006 年 11 月 18 日,北京车展如期开幕。眼看着竞争对手的新车一辆接一辆亮相展台,眼看人头攒动的车展,李书福却在北京北五环之外的吉利大学展厅里生闷气。方知没有了吉利汽车的参加,人家车展照展不误。

进入 2007 年以来,李书福的好运也没见有多大起色,坏消息倒是一个接一个。

刚踏入新年,业内争议了一年之久的《关于汽车工业结构调整意见的通知》(简称《通知》)终于出台。严控新建整车项目、提高投资准入条件、在信贷方面进行更为严格的监管等一系列措施强制抛出,这对于刚刚驶入发展快车道的吉利来说,无疑是当头一棒。

不仅如此,计划中的兰州基地、慈溪基地、湘潭基地,以及济南、哈尔滨、成都等地的分厂计划都遭受了重大打击,仅湘潭一处获批,其他基地要么被卡在有关决策部门手下,要么还未实施就胎死腹中……

没有人知道吉利能走多远。当所有的人都认为吉利是中国自主品牌汽车的希望与未来时，我们也看到了一个无须置疑的事实：低档次、工艺落后、研发能力弱、无核心技术，以及管理上的随意与任性，这都是李书福无法逃避的现实。

我们没有理由不去相信李书福，但是，作为一个民族自主品牌的希望，他时时所表露出来的轻率与赌性，却又不得不让所有人都为吉利的明天捏一把汗。

"成长史"就是一部"组装史"？

2006 年 12 月 25 日，星期一，北京，一个乍暖还寒的日子。

记者致电哈尔滨理工大学学生档案管理处，接电话的是一个女士，在听完了记者要求查询 1998 年管理工程专业毕业的一名叫李书福的学生档案时，该女士断然拒绝了记者的要求："我们没有这个专业！"第二天，记者又致电成教档案中心，接电话的工作人员以近期工作忙为由，婉拒了记者的调查。

李书福，原名李胥福，浙江省台州市路桥区李家村人。1982 年高考落第后即走入社会，从事过照相、冰箱、房地产、装饰材料、摩托车等行业，现为吉利汽车董事长。

关于吉利的成功，业内有很多说法。但最重要的有两点：一是归功于李书福本人的努力；二是环境使然，时势造英雄。关于后一种，业内人士许岱巍认为："吉利是汽车产业初期，利用低成本的优势，为发展赢得了先机。现在，这种机会已经没有了。"

在眼花缭乱的汽车品牌前，吉利除低价格、低配置之外，几乎没有什么优势。在新一轮降价风潮到来之际，面对外资强势品牌的围剿，面对整个行业严重的产能过剩，面对发改委的汽车"新政"，李书福还能如以往那般，笑得开心，笑得坦然吗？

在刚刚落幕的北京国际车展上，曾经代表中国参加法兰克福、底特律等国际顶级车展的李书福，却在自家门口的展览中作出了一个令人吃惊的选择——退场。

但是，这一次李书福"耍大牌"是一个失足的决策，不仅让吉利汽车错过了一场与世界品牌同台争辉的大好时机，更让一些同行们看到了李书福的"任性"与"不理智"。据事后调查，本次车展几乎囊括了世界所有品牌汽车的全部新车，有几款新车还是第一次在全世界亮相，展会期间吸引了近 60 万车迷观展，几乎所有的汽车制造商都派出了最强大的阵营。但是，这次堪称完美的"汽车盛会"，却与"骄傲"的李书福失之交臂。

李书福常说："我是在一个贫穷落后的山村长大的农民。不怕穷，不怕苦，就想致富！"正是急于发财的梦想，成了李书福最初的人生动力与目标。

李书福与汽车结下的不解之缘，缘于他的第一个职业——照相。据李书福说："照相机是我自己动手组装的。"这种组装的天赋，日后被李书福广泛地应用在电冰箱、摩托车，甚至汽车上。

事实上，吉利的成长史就是一部汽车组装史。

尽管李书福很少专注某个领域，但有一个长处，就是善于"从另外一条途径"去寻找财富。在照相馆里折腾了半年，李书福发现从洗相的废弃液中提取纯银比照相赚钱来得快，于是就关闭了照相馆，但不久发现，从废液中提取银子不过又是一场并不成功的发财梦——因为成本太高被放弃。

1984 年，对于李书福来说，是一个值得纪念的年份。从这一年开始，他终于有了自己正式的头衔——黄岩县石曲冰箱配件厂厂长。

一个"骄傲"的农民正式出场了。

发改委三拳，拳拳打在腰眼？

对于以汽车起家的李书福来说，2007 年将是一个令他揪心的年份。

新年伊始，发改委正式公布《关于汽车工业结构调整意见的通知》（简称《通知》），这个业内争议了一年之久的《通知》终于正式亮相。控制新建整车项目；提高投资准入条件；在信贷方面进行严格监管等一系列控制产能过剩的调控措施的出台，对于刚刚摆脱群"狼"尾追的吉利来说，是当头一棒。

其实，早在 2005 年中国汽车产能过剩就已经引起高层忧虑。截至 2005 年 7 月 1 日，中国汽车行业已形成整车生产能力约 800 万辆，在建产能约 220 万辆，即整车总产能已突破 1000 万辆。而按照主要汽车生产企业的"十一五"投资计划，2010 年规划产能将大大超过预期的市场需求。与此同时，2005 年全行业的产能利用率仅为 71.5%，其中轿车行业 72.5%。进入 2006 年以后，汽车产能过剩更是明显，仅吉利汽车的产能就达到了 40 万辆，而完成销售只有 20 万辆，过剩一半。

面对现实，国家发改委只有重拳出击，这几记重拳，正好打在李书福的腰眼上。

但是李书福在吉利的"十一五"规划中，已经确定了自己的宏伟蓝图：到 2010 年，将实现产销 100 万辆目标；到 2015 年，将实现产销 200 万辆。如果这一措施得到实施，将与有关方面的限产要求背道而驰。尽管李书福一再声称"吉利汽车三分之二用于出口"，但以目前吉利汽车的整体实力来看，"三分之二用于出口"的提法并不现实。

无论怎样，2007 年对于李书福来说，恐怕不如想像中的顺利。

"圈地"背后是什么？

从 2004 年起，吉利就开始在国内秘密"圈地"。

这样做，李书福的理由很多："宁波基地场地狭小，厂区道路已成了停车场；临海基地，现有的厂区已使用殆尽，无法再建新的生产线；上海华普基地，更是寸土寸金，已捉襟见肘。"真实的原因是李在国外圈地遇阻之后，尤其是马来西亚的建厂计划一再被延误之后，李书福才将目光正式转向了国内。

2005 年 10 月，吉利和兰州市政府签署协议，准备注册资本 4 亿元，共同设立合营公司以生产吉利轿车，当时预计 2006 年底投产，年产能 5 万辆，通过分期建设，最终将形成年产 10 万辆的规模，但是，这一计划显然搁浅，现在已经是 2007 年，"兰州吉利"尚无着落；2006 年 4 月 14 日，李书福与浙江慈溪市政府签约，准备斥资人民币 188 亿元，在位于杭州湾畔的慈溪经济开发区建造最终生产规模 100 万辆的汽车工业城，但据说该项目最终受阻于决策部门，能否成功还是一个未知数；此外，李书福还在山东济南、黑龙江哈尔滨、四川成都等地都进行过考察，展开了以汽车为媒介的"圈地"公关。

业内人士认为，李书福此为达到了两个目的：一是借汽车项目进行"圈地"，重新划分势力范围，以取得先声夺人之势；二是利用当地政府的"良好关系"，化解产销风险，就地生产、就地销售。许岱巍称："在与兰州市政府所签合约中，就有'吉利汽车可以优先进入兰州出租车运营'等优惠条款。"

看来，这才是李书福真正目的所在，利用与政府的"良好关系"，度过产业扩张的危险期。

还能扛多久？

李书福在汽车产业死"扛"到底，并最终坚持了下来，很大程度上得益于当年生产冰箱的启示。

上个世纪 80 年代中期，李书福进入冰箱生产领域。当时中国冰箱市场严重供不应求，这为做冰箱配件的李书福带来了机会。"当时冰箱配件厂生意很火，只有产品送到冰箱厂，对方就直接用现金收购。"李书福说。

时间一长，李书福也看到了制造冰箱"并不复杂"，更看到了里面蕴藏的巨大"钱"景。决定改行，不做配件，直接组装冰箱。"冰箱并不难，除了'蒸发器'之外所有的冰箱配件，我都了解。"谈起当年，李书福很自豪。1986 年，李组建了黄岩县北极花电冰箱厂，正式生产冰箱。一经面世，供不应求，几度脱销。用现在的眼光来看，当时北极花冰箱质量一般，甚至还有些粗糙，但市场能够消化，的确是一个奇迹。

多年后，李书福决定进入汽车产业，正是看到了汽车市场的"钱"途远大，与上个世纪 80 年代的冰箱一样，"只要你敢生产，就有人敢买"。

这样的好日子，很快就过去了。

如果不是国家实行冰箱定点生产，打乱了李书福的阵脚，也许李书福至今还在浙江黄岩某个地方生产他的冰箱。1989 年 6 月，国家电冰箱突然实行定点生产，民营背景的北极花电冰箱厂，自然没有列入定点生产企业名单，这意味着"北极花"将要关门。哭也没用！李书福一边骂骂咧咧，一边垂头丧气地关掉了"北极花电冰箱厂"的大门。

事后，每谈及此事，李书福总是痛心不已。当时国内许多电冰箱企业都没有列入定点名单，包括现在的美的、科龙等，同样处在"地下"之列，但是这些企业还是咬牙坚持了下来，并最终取得国家认可。

从这件事中，李书福认识到，有些"红灯"只是暂时的，只要死"扛"到底，还是有希望起死回生的。但是，面对内忧外患，李书福还能"死"扛多久呢？

折腾是检验人才的唯一标准？

关门之后的李书福，深知"要办一流的企业，须有一流的管理"，特别是在社会上摸爬滚打一番之后，才想起"没有知识是干不成大事的"。想到自己才高中毕业，急需充电，于是有了南下深圳大学学习的想法。

其实，这一次学习并不成功，用他自己的话说"读大学是活受罪"，好在一个宿舍里的几个自修生都有些背景，花了一笔钱多认识了几个人罢了。

此时，李书福打听到市场上一种装饰材料俏销，尤其是铝镁板材紧俏。他又回到浙江加入到生产阵营中，直到今天，装潢材料仍然是吉利重要的利润源之一。

1992年，在深圳大学作了短暂逗留之后的李书福，来到了海南。在这里，他遭遇了自己经商历史上的第一次大失败。

当时，正是海南房地产疯狂的鼎盛时期。李书福急于求成，加上对这一行不熟悉，基本上是陌生的，只有上当受骗的份儿，最终落得个血本无归。事后，连李书福自己也承认："钱赔光了，人都回不来了。"

李书福在海南，前后只呆了一年多，但到底做了些什么项目，现在已无从考证，他也很少向人谈起，甚至都不愿去回忆，很多关于李书福的成长记录中，这一段基本被省略。但这一次海南经营的失败，给了李书福一个千金难买的教训，终于认识到："做实业才是自己的唯一出路。"

在海南铩羽而归的李书福，听说市面上摩托车又成了热销产品。这一次，他决定回头找岸。在与一家大型国有摩托车谈判供应配件之后，才发现国企对民企的歧视还是很深的。

据说，他当时想为这家企业供应摩托车车轮的钢圈配件，对方老总在听了李书福的自我介绍后大笑："这种技术含量很高的配件不是你能生产的。"

李书福听了之后自然大受打击，回到家就决心自己生产摩托车，还跑到国家机械部去要"摩托车生产许可证"，他自然是没有要到，甚至机械部的大门都没有让他进去，李只好隔着门跟里面的一个在扫地的人询问了一些情况，才回到浙江。

碰了一鼻子灰的李书福回到了台州，想起自己生产北极花冰箱时没能坚持"地下"作战的教训，正所谓"吃一堑长一智"。这一次，学精了的李书福选择了——绕道。

很快，李书福找到临海一家有生产权的国有邮政摩托车厂，签了个

"协作生产"的协议，所谓的协作生产实际上就是"借腹产子"，说白了就是李书福每生产一辆摩托车就得给对方几百块钱的抽成，这种状态一直持续到1998年，国家机械部在吉利兼并一家倒闭国企之后，才开了"绿灯"。

从组装一台简单的照相机开始，李书福已经经历了许多领域。开照相馆、生产冰箱、装饰材料、炒房地产、摩托车等都进行了尝试，形成了"跨行业"作战的经验与教训。但是，真正让李书福拥抱财富的却是——汽车。

李书福说："我一直就很喜欢汽车。甚至在很小的时候，在我们四兄弟的床下，就有用泥巴做成的汽车模型，高兴的时候还用绳子牵着它满地跑。"看来，有些缘分是命中注定的。

在正式进入汽车产业之前，李书福与汽车还有过一次亲密接触。那是1989年，在深圳学习的李书福为了显示身份与富有，花6万元买了一辆深圳产的中华轿车，"我看了一下，里面并没有多少东西。"李书福说。

就在生产摩托车时，李书福就悄悄地从香港买来了包括奔驰在内的世界名车配件，继续套用"照相机组装原理"，进行拼装复原。尤其是到了1997年，有了装潢材料和摩托车所带来的丰厚利润作为后盾，李书福终于开始放飞自己的汽车梦想了。

第一站，理所当然是杀入了家用轿车领域。

"奔驰"就是两张沙发？

所有的开始，都比想像中的要艰难得多。

"李书福要造汽车！"消息一经传开，就引起了轩然大波。第一个反对的，据说就是"李氏三兄弟"，他们一起投了反对票，认为李书福是在"胡闹"，会葬送以往所取得的一切成果。逼急了，李书福道出了一句业界名言："无非就是四个轮子配一个方向盘，一个发动机加两张沙发。"至今，李仍为自己的这句"名言"而自豪。

然而，造一辆汽车决不是简单地拼装一架照相机（其实，高级照相机结构精密，技术极为复杂，全世界只有极少国家才能生产），也不是如生产电冰箱那么容易，一辆高品质汽车足以代表了一个国家的整体工业实力，可以说是一个国家科技与文明的集中体现，这一点，恐怕李书福当时并没有考虑到。

一边是竭力反对，一边是一意孤行。

较量的结果，就是妥协。最后，达成了一致："可以先试一下，但不能投入太多。"正是，这一试，试出了今天的吉利。

1996 年，李书福造的第一部车——"奔驰"，终于完成组装，下线了。

这辆"奔驰"用的是红旗底盘，发动机也是红旗的，外壳是玻璃钢材料，采用的模型是"奔驰320"模型，据说，"拼装生产出来的汽车与原型一模一样"。

假"奔驰"一经出厂，李书福就开着它四处乱跑，一方面是炫耀，另一方面是做广告。

正如所有人所料，当这辆样车被送到有关部门检验时，很快就被告知：产品不符合国家安全标准。

李书福倒抽一口凉气！

经过此次挫折的李书福，决定不再生产"奔驰"，而是改走低端路线，生产低档车，又打出了新口号——为中国老百姓造买得起的好车，那辆对李书福具有重大意义的"奔驰"则弃置在临海的工厂里。

"奔驰"搁浅，使得李书福第一次认识到生产汽车的不易，哪怕就是组装也是困难重重。打这之后，李书福决定还是采用传统工艺，一切按照规律办。毕竟这是极为成熟的产业，其工艺流程已经在一百多年的实践上得到了证明。李书福带着厂里的三个工程师，先跑到上海某汽车零配件公司去请教专家，结果被对方拒绝。接着，李书福又来到某汽车研究所，希望取得支持。研究所明明知道民营企业造车如同天方夜谭，但是既然有人送钱来，当然笑纳。就这样，汽车的研发和设计问题给解决了。

接下来，李书福又采用了当年的"绕道"战术：一方面为自己的汽车上"目录"四处告求；另一方面，决定先斩后奏，"造"了再说。

"上有政策，下有对策，草根有草根的生存法则"。1997年，一次偶然的机会李书福打听到四川德阳监狱下面的一个汽车厂有生产经营权。李急急忙忙跑到四川德阳，找到那家汽车厂，建议合作，生产"奔驰"。

结果不言而喻，国家机械部不同意，奔驰是德国的，名花有主。

无奈下，李书福与德阳监狱成立了一家新汽车公司——四川吉利波音汽车有限公司（不久，改称吉利汽车制造有限公司）。1998年8月8日，对于李书福来说，是一个值得纪念的日子，吉利自主开发"豪情"下线，市场价定在4.79万元，轰动一时，毕竟这是当时中国最便宜的"电喷轿车"了。但此举也立即招致了同行的指责："豪情"只是安装了一个电喷罢了，其他什么都没有！

为了解决"豪情"的户口问题，吉利一边加紧生产，一边等待着"准生证"——汽车名目的到来。1999年，国家计委主任曾培炎视察吉利，李书福说："请国家允许民营企业尝试，允许民营企业家做梦，请给我一次失败的机会吧！"

为了能让吉利上中国汽车生产名录，李书福已到了山穷水尽之境。

"机会"终于来了。

2001年10月，中国正式加入WTO前的10天，国家经贸委发布了第6批中国汽车生产企业产品《公告》，吉利汽车榜上有名。李书福期盼的"机会"终于等到了。

从1987年李氏四兄弟踏入冰箱生产行业开始，到1995年吉利集团成立，1998年第一辆吉利"豪情"在浙江临海下线，2001年吉利豪情、美日等4款车型登上经贸委中国汽车生产企业产品公告，2006年吉利完成产销20万辆……弹指之间，20年过去了，一个农民的造车梦渐渐膨胀起来。

梦想有时如同一个美丽泡沫，吹得越大，破灭的可能性就越大。现在，李书福已经吹开了这个泡沫，现在的问题是：如何做才能不让这个泡沫破灭！这样就有了秘密圈地、展览风波、100 万辆甚至 200 万辆的豪言、马来西亚建厂，以及北美、欧洲、英伦三岛等地的海外计划。然而，一个事实是，这一切仅仅是一个年产销只有 20 万辆的小厂的梦想。它有多少成分是可信的，有多少成分是在作秀，的确值得深思。

在奥克斯汽车倒下了之后，上海万丰汽车也紧跟着重蹈覆辙，一时间，民营造车能否成气再一次成为人们关注的焦点。李书福为了避免步奥克斯、万丰等后尘，唯有奋力前冲，希望在"大限"到来之前完成自己的"凤凰涅槃"。

北京黑森林品牌营销顾问公司总经理郑新安说："民营汽车创业之初赶上了机遇，那时一辆桑塔纳十八万元，还抢不到手。现在，无论是市场环境还是国家政策层面，小规模汽车厂都很难生存，民营企业造车的黄金时代已经过去了。"

开车要"一不怕死，二不怕苦"？

许多车友戏谑："开吉车要有一不怕死，二不怕苦的精神。"

戏谑归戏谑，但吉利汽车的"低档次"是毋庸置疑的。为洗脱"清白"，证明吉利不是"低档货"，李书福只好向高端挺进。

2006 年 10 月 24 日，吉利与英国锰铜控股（Manganese Bronze Holding）签下框架协议，在上海组建新合资公司生产 TX4 型出租车，借此来完成自己的"咸鱼大翻身"。但业内认为，此举意义不大，英国锰铜无论是开发能力还是工艺水平都未臻一流，吉利与之合作，只会误了"青春"。

对于有人评价吉利在全国的"圈地"行为，李书福对此的解释是："一小半是无奈之举，一多半是势在必行！"所谓"无奈之举"，是因为吉利从进入汽车领域第一天起，就很难获得较大的场地，吉利在浙江省内现有三大基地，多是从别人手中高价转让而来，地方狭小，已捉襟见肘；对于"势在必行"，是因为吉利的竞争力就在于完全的自主研发和别人很难克隆的低成本。

其实这只是摆在明处的"大道理"，真正的目的还是在尚未有汽车产业的省份，先发制人，布下"棋子"再说。李的这种想法与各地方政府急于发展地方经济的官员们一拍即合，吉利汽车基地在全国遍地开花就不足为奇了。

作为一位来自台州的农民，李书福走到今天确实不易。从组装"奔驰"开始，到去四川德阳与人合作，然后跑汽车目录处处受阻，现在又在全国跑"车"圈地，虽然七灾八难，却也是几次涉险过关。但是，李书福头上的那顶"低档车"帽子，却始终未能摘掉。恐怕在未来很长的一段时期内，这顶帽子都得与他相随了。

这是我们所不知道的李书福？

汽车是国际上公认的资金密集、技术密集、人才密集的"三密"行业，吉利今天的成功（如果说是成功的话）只是迈出了一小步，与国外大汽车公司相比，吉利的整个产能也只是相当于其几条生产线的产能，资金、技术、人才都存在着天壤之别，不可同日而语。这对于率直而任性的李书福来说，能否挑起这副重任的确让所有人都为他捏了一把汗。

在一次内部会议上，李书福既是告诫自己也是警示吉利人："从世界汽车的发展经验看，年销售200万辆是一个汽车公司的生存底线。这是汽车产业发展的客观规律，我们也不会例外。只有抓住时机加快发展，否则，一切努力都会前功尽弃！"

从0到20万辆，李书福和他的同仁们用了9年时间，从20万辆到200万辆，李书福计划用八年时间，但能否如愿，我们拭目以待。

很多次，李书福都向朋友们传授他的赌博经验，并声称自己很小的时候就热衷此道：赢了1元钱，下次押2元；赢了2元钱，下次押4元；如此类推，每次都会连本带利赌上全部身家。但赌博如游戏，不可能每次都会有好运，更没有永远的赢家，只要一次输了，就会输得精光！

这难道就是我们所不知道的真实的李书福？

我们真诚地希望李书福以及他的吉利汽车不是一场赌局，更不希望那句"一切努力都会前功尽弃"的预言，会一语成谶！

（廖中华）

我看李书福

大嘴李书福

我们的新台商（指台州商人，下同）大多埋头苦干，不张扬。我所知道的三四位新台商的个人财富已逾 10 亿元，却没有上福布斯排行榜。像房地产大鳄李某某之类保持着一贯的低调，其创业史也只有圈内的少数人清楚，外面的人只能是雾里看花。而作为首届十大风云新台商人物的李书福反其道而行之，却是殊途同归，一样取得了成功。

在业内，李书福被称为"汽车狂人"，从"造老百姓买得起的好车"到"让吉利汽车跑遍全世界"，不甘寂寞的李书福时不时把世人唬得一愣一愣的。因常常"口出狂言"，从网上到平面媒体，李书福成了追逐的热点，评论铺天盖地，甭管说好说坏，人们记住了李书福和他的吉利。

新台商大多是做了再说，甚至是做了也不说，而我所知道的李书福却常是说了再做，在舆论上"先声夺人"。10 年前李书福接受记者采访谈了关于创办台州大学的事，于是《台州日报》头版头条发表了《台州大学并不遥远》。恰逢两会，创办台州大学成了谈论的热点，后来据说规划都已作好，却由于种种原因未能实施。李书福只好在北京办了个吉利大学。这说明 10 年前李书福对如何利用媒体工具为自己的战略服务就已驾轻就熟。这几年，李书福更是善于制造"爆炸新闻"，一会儿是足球打假，一会儿新车在马来西亚上市，一会儿在香港召开新车发布会，搞得媒体天天报道吉利。有时报道多了，烦了，想把稿子扣下来，又怕漏发了本土重大经济新闻，只好苦笑着让他一而再、再而三地见报。而吉利人也够抠门恼人的，不但从不在媒体上出一分钱的广告费，还躲在一旁窃喜。

有时，看媒体上的李书福大大咧咧，口无遮拦，实际上这正是他惯用的技巧，也是他的过人之处。大道无道，大智若愚，李书福心中算盘打得啪啪响：只要你们在看我的文章，在听我说话，我就是给吉利做了一次免费的广告，并且是润物细无声，比广告效果好十倍百倍。据吉利内部人士透露，由于李总裁到处发表演说和"口出狂言"，媒体刊播他和吉利的报道一年少说也值 2000 万元的广告费。

这也许是李大嘴的精明之处。

——实业家　台州草根

搞"形象工程"没有意义

与国产汽车出口一贯所实行的"第三世界国家"路径相比，吉利汽车挤到北美车展摆摊赶洋庙会的确更适合拿来渲染汽车工业的民族主义情结。

但是稍微冷静一下进行思考，其实这样的喝彩有 80% 是献给吉利或者李书福的勇敢；另外 10% 来源于特有的"强国快感"，在中国任何一个人跑出来向美国市场叫板都会有这样的风头；剩下的 10% 是为希望喝彩，如果中国的汽车工业要想复制日、韩的老路，吉利汽车此举是个好的开端。

奇瑞汽车的尹同耀在中国的汽车工业领域就喜欢扮演这样的强者，记得在一次我与尹同耀的交流中，尹同耀就把自己描述成"被美国人拉到美国去的"，而事实上，奇瑞的美国之路并不顺利。

李书福闯荡美国市场也跟一个叫约翰·哈莫的美国人有关，从这一点上看与奇瑞的美国征程相似，但吉利的命运如何，这跟国内民众的呼声高低没有相关性。

美国是比较完善的法制国家，是一个喝一杯咖啡都有可能引发一场浩大官司的国度，汽车工业所牵涉的专利技术层面问题太多，对此，吉利有没有做好准备？

汽车工业领域成功的日韩模式，在特征上表现为广阔的国际市场占有率，但在发展的初级阶段，其国内市场的基本功也相当扎实，吉利汽车的国内基本功能否为拓展国际市场提供硬性的支持。另外，日韩模式并不是从来都是剑指发达国家市场，事实上其发展中国家市场也做得不错，比如我们自己的这块阵地。

最后，不管是复制什么模式，赚钱是最基本的要求，理性的市场国际化跟"形象工程"是大有区别的。如果我们的换算公式一直都只停留在"卖出去 30 辆吉利轿车，才能进口一辆奔驰轿车"的状态，其实质意义就得不到提升。

——资深记者　唐凯林

这位掌门人不会领导好企业的

偶尔一次看到"财经点对点"，曾子墨对话吉利汽车李书福，忽然有种感觉：这样的掌门人不会领导好企业的。

在主持人谈到吉利集团高层人事变动时，好像有位副总裁柏杨离职，李书福的回答显得心胸狭窄，说这位柏杨虽然有优点，但有许多缺点，当她的缺点被发现时就显得沟通困难；另外说汽车行业是很复杂、很系统的，既要抓内功，又要与社会各界打交道（这些不是废话嘛，哪家企业不是这样），涉及方方面面，是其他行业所不能涉及到的（难道你比 GE 还牛吗），意思是说这位柏杨没有能力，另外还说女人只适合做女人的事，比如唱歌跳舞，而不适合做企业。

对于一位曾经为企业效过力的高层人员，李书福竟用这样的评语，真让人感到汗颜。

也许这位柏杨与企业环境不相适应，也许有这样或那样的原因离开了吉利，但作为曾经为企业效过力的人员来讲，企业本身应该尊重过去这些人员的工作，至少平和对待，而不应该去诋毁。甚至说人家只应该唱歌跳舞，不适合做企业。

再者企业领导层之间沟通是最重要的，如果沟通困难单是这位副总的原因吗？那么作为掌门人来说就没有责任？你怎么不能和下属解决沟通的问题？

谈到吉利聘了一位上汽的总经理叫南阳，李书福这样介绍，这位上汽的总经理南阳觉得在上汽发展得不怎么样，不理想，说很多想法无法实现，所以来了吉利。

这个意思是说吉利比上汽好得多。可是别忘了，这位南阳是总经理，这样的位置怎么会觉得自己发展得不好？总经理不能施展自己的想法，究竟是什么样的想法无法实现，在上汽这样的一个企业竟不能施展能力？这些都是值得思考的。

一位高层领导人在一个企业竟然觉得自己发展得不好，无法实现自己的想法，至少说明有一个问题：沟通能力不强，影响力不够。也就是说，这位总经理无法说服企业的董事会，或许有些想法无法让董事会信服。一个企业的决策，是规范化的，一言堂是要不得的，董事会是做什么的，就是使决策更能保证股东的利益。可能像吉利这样的企业只需要李书福一个人决策就可以了。

这位南阳和那位柏杨都是类似情况：不能适应那个企业的环境选择离开，或者有更大的抱负选择离开。这样，我们只需要由衷地褒评对方就可以，不必说人家在那里发展得不好来你这里。好像你这里是天堂。

当谈到为什么选择有政府背景的徐刚做 CEO，李书福这样说，根据汽车行业的特点（好像这个特点只能徐刚胜任），又好像说复杂的系统，要从管理层抓起，说徐刚在财政厅任过职，对成本控制、财务管理很有经验（这个可以做财务总监），最重要的是他本人十几年的朋友，比较熟悉，从美国、日本、欧洲招聘过的人员，对他们不熟悉，了解不多，所以不能合作。

这是什么逻辑，真是叹为听止。

我们抛开徐刚本身胜不胜任的问题，单就李书福用人方式就有问题。

难道聘一位 CEO，先和他交上十几年的朋友再决定吗？

对这样重量级的人物聘任，企业一般都要有相应的猎头，或者通过一个机构来评价的，哪能一个人判断作决定，除非有火眼金睛，三头六臂。

看来，在吉利受到重用，只有通过和李书福交朋友。呵呵，这种机制，人才不跑才怪。

人，是企业的根本，但李书福显然不能把握这一点。仅凭个人的机会和自信，是不能战胜对手的。你有的产品系列，人家也有，现在价格和设计都是很容易被模仿的，何况吉利的设计没有几款漂亮的，但是你没有的人才系统，人家比你更好，你拿什么赢？

——评论家　侯学刚

决策的随意性和理想化是不可玩的游戏

李书福总是笑言他做事业凭兴趣。决策的随意性和理想化对商家而言自是好玩而不可玩的游戏，以李书福的精明和雄心，他应不会拿偌大家业去搏那份浪漫的。显然他是想让媒介知道他的存在，至于这位企业家内心的迷惘和身不由己，那恐怕只有他自己知道了。

另外，资金、资源如此分散使用，他的汽车主业能做大做强吗？他到底要追求什么，名？利？规模？还是理想？

——资深记者　许岱巍

胆大与赌徒心态对未来的吉利是致命的

因为得不到主管部门许可，李书福就在临海征地以造摩托车为名建汽车厂，这种胆大与赌徒心态对未来的吉利是致命的。

为获得生产许可证和目录，他"灵机一动"买下了四川的一个汽车制造厂，借壳生产自己的汽车，不过据说产品实在不怎么样，漏油不说，外面下大雨、里面下小雨……尽管在拼命地改进，但吉利汽车的低价与低质同时存在，这是李书福不得不面对的现实。

——资深记者　袁颖丰

性格上的弱点，或许就意味着结局

国家已把汽车业定为过热产业，对于吉利的打击可想而知。与此同时，跨国公司在中国扩张却没有受到限制，德、日、美、韩等外资在中国的第二乃至第三工厂已迅速拔地而起，以吉利为代表的本土企业在这场竞争中，处于弱势地位，这对于正在成长又急需支持的吉利来说，是个信号。

此外，口无遮拦的李书福成了一条"鲶鱼"，性格上的弱点，或许就意味着结局。

——传播学专家　晓　风

显得如此孤单

被业内称之为"狂人"的李书福，在他身上或多或少能找到一些堂吉诃德的影子。

关于李书福的"狂"还有一个典故，还没拿到准生证之前，李书福就曾经在一次论坛上预言：当时全球前三大汽车制造商都要破产。当时身为福特中国的首席代表听到李书福的言论之后，觉得颇为刺耳，竟拂袖而去。

在夏新、波导、德隆、奥克斯造车失败之后，它们当初进入汽车行业时带来的轰动与它们的落荒而逃一样引人注目，五年过去了，唯有吉利还在苦苦挣扎，但显得如此孤单。

——资深记者　吴　歆

我们得学会容忍李书福的所有不足

我们得学会容忍李书福的所有不足。像大多数浙商一样，李书福的经历差不多也可以用"想千方百计，走千山万水，历千辛万苦，道千言万语"来概括。

想出的"千方百计"往往在不重形式，在不怎么玩概念的浙商中显得极其"另类"；其"千言万语"更迥异于浙商"低调"、"稳健"的整体形象。在石家庄谈及研究生教育，他干脆毫不掩饰地表示，所有的研究生都应该是工作两三年之后再去读学位，并说在吉利，直接从高校毕业的学生，不论什么学历，首先要到基层当普通工作人员，甚至一线工人，没有期限，也没有与学历相应的待遇，直到脱颖而出，或者受不了走人。

于是有人问李书福，那您自己是什么学历？李书福飞快地向上翻了一下他那双典型的浙江人狭长而偏小的眼睛，不无尴尬地说："我自己是研究生学历——燕山大学的工程硕士。"然后突然笑逐颜开地补充了一句，"我还是你们河北的研究生呢。"

这是一个经历过太多尴尬场面的人，我们得学会容忍他的所有不足。

——资深记者　朱艳冰

吉利被不断边缘化

李书福是造了很多低价车，但他的车在品质上也是极其低劣的。

严格来说，吉利车目前的市场售价比其内在的价值中枢仍高出了一段距离。君不见吉利车上市后无一例外都会不断降价吗？所以目前中国轿车市场百花争艳的局面与是否有李存在无任何关系！观国内车市，售价与吉利车系持平，但品质、性价比及可靠性远高于吉利车系的其他品牌数不胜数。吉利车不断被市场边缘化已说明了一切。在一份市场调查中有这样一组数据，年收入 10 万以上的准车主中有意向购吉利车者不到 2%，而年收入 5 万以上的准车主中有购吉利车意向的亦不到 5%，目前已购买吉利车的车主中有 98% 的年收入在 4 万元以下，当现任吉利车主被问到"要是你的年收入超过 5 万元时你是否仍把吉利作为首选车型"时，有 95% 的受访吉利车主表示会考虑转换品牌。可见吉利的品质及售后服务质量令已拥有者对吉利品牌的忠诚度大受打击。由此表明吉利车要进入主流车系还有相当遥远的一段路要走。

——网友　缘木求鱼

李书福说

允许民营企业做轿车梦

请允许民营企业大胆尝试，允许民营企业做轿车梦，几十亿的投资我们不要国家一分钱，不向银行贷一分钱，一切代价民营企业自负，不要国家承担风险，请国家给我们一次失败的机会吧！

创新就是人家都反对你而你还坚持去做

什么叫创新？就是人家都反对你而你还坚持去做。如果你和大家的观点一致，这叫创新吗？

我心意已决，我负全权责任

造汽车没什么神秘的，无非就是四个轮子加一个方向盘再加一个发动机。世界汽车工业已经形成了非常成熟的技术，完全可以为我所用，只要有钱，就可以买来技术，买来零配件，请到人，设计出好的产品。我们过去造两轮（摩托车）时，不是没人相信我们能做出来吗？事实怎么样呢？我们不仅做出来了，而且还做得很好。我心意已决，我负全权责任，哪怕是倾家荡产，头破血流，我也要干！

通用、福特迟早要关门

通用、福特迟早要关门！100 年后，人们可以自己买零件组装汽车，就像现在个人组装电脑这么简单，到那时，通用、福特怎么会不关门呢！

这个社会最可怕的就是没有欲望

这个社会最可怕的就是没有欲望，没有个性。这是一个进步的社会，发展的国家，允许人们有个性和不断提高欲望，不断有自己新的追求，只有这样才能发展，如果我不张扬，我没有个性，我不知道吉利集团今天会怎样。

合资就像是勾引我们抽鸦片

合资就像是勾引我们抽鸦片。品牌掌握在谁的手里，核心的技术掌握在谁的手里，主动权就掌握在谁的手里。让中国的汽车走向全世界，而不是让全世界的汽车跑遍全中国。

大出风头的豪华洋车存在暴利

一辆宾利车的利润大概有 80%。也就是说，卖 600 万元，税收 200 多万元，还有 300 多万元，除去成本 100 多万元，有 200 多万元的利润。我觉得这是一种概念，用户买到的实际东西只有 100 多万元。

没有中国的文化与灵魂，就形不成中国的品牌优势

我们要像温州人生产打火机一样生产汽车，发展汽车工业要像种树一

样慢慢地种成一片森林。我们不能简单地从外国买一棵大树搬到中国，因为那不属于中国；没有中国的文化与灵魂，就形不成中国的品牌优势。

我在不断提高调控自己幸福指数的能力

我的品位是实实在在。应该要面对现实，应该要把个人与这个世界联系起来。中国还没有到这个地步。也许我年龄大了，过时了，看不懂现在的人。我反正天天坐个吉利汽车，我也没有什么豪华的享受，但是我觉得很踏实，我跟这个世界联系得很紧密，跟这个现实联系得很紧密。我在不断提高调控自己幸福指数的能力，幸福与不幸福，不是能用钱来衡量的。幸福的根本，关键是在自身的能力，你有没有让自己幸福的能力？在最困难的情况下，有本事和能力把自己调整到幸福的状态。有钱人并不一定幸福，你今天发愁怕被人家偷了，明天又担心这个钱来路是不是有问题，后天又考虑这个钱怎么花，哎呀，我告诉你，你可发愁了，你可一点都不幸福。

财富目标我没有的

财富目标我没有的。我想把吉利的学校办成世界上有影响的学校，造百姓买得起的好车，让吉利汽车跑遍全世界，这个目标是有的。

你可以用钱去实现你的理想

有钱最大的好处是用钱的时候，你不用发愁。还有一个好处是，你可以用钱去实现你的理想，为理想去赚钱，而不是把赚钱当理想。你看李嘉诚，他辛辛苦苦地赚钱，赚到钱了，又大把大把地往外捐。比尔·盖茨也是这样。那你说他们赚钱为了什么，绝不是为了把所有赚到的钱都存起来，他就是在通过赚钱完成自己个人意志的表达。

有一些东西我们也不能在公开的场合讲

至于说烦恼，有一些东西我们也不能在公开的场合讲。中国的农村从贫穷走向富裕，从封闭走向开放，从计划走向市场，它的变化是很困难的。我们这一路走来，也是碰到很多坎坷和困难。金钱与人情的矛盾，发展与反发展的矛盾。亲戚啊、朋友啊、同学啊，他们有各种各样的事情，可能需要你的帮助和参与，中国这样的事情太多了，过程很复杂。怎样能处理好，都需要心血。

附：

人在旅途

李书福

谁知前方有多少条路

酸甜苦辣早已留在记忆深处

清晨日暮阳光星光为我引路

春夏秋冬希望就在不远处

不低头不认输

擦干泪坚持住

该受的苦我来受

该走的路我清楚

不低头不认输

擦干泪坚持住

多少岁月飞流，

多少星光不在，
我们的梦依然不改；
田园的幽静，
心头的浪漫，
一份永远不变的情感，
缠绵在你我之间。
汽车啊，吉利，
吉利啊，汽车，
都是因为你，
我们并肩战斗，
环球远征；
带着我们的光荣与梦想，
在雪山上攀登，
在风雨中前行！

马云——"老虎"成了"病猫"？

我看马云

马云说

"老虎"成了"病猫"？

流年真的不利？

过去的一年里，马云似乎流年不利。

先是阿里巴巴网站上的假货问题闹得沸沸扬扬；接着是马云寄予了厚望的淘宝网，其"钱"景变得越来越淡，进账没有，烧钱的速度倒是提高了不少；支付宝是马云的新式武器，但这种新武器或许太超前，或许太落后，还没有到达赢利的时期；杨致远送来的雅虎中国情况更是不妙，日访问量每况愈下，成了一只实实在在的病虎，能否医好这只病虎连马云自己心里也没底……

中国互联网宣布的十大流氓软件中，马氏独占其三：3721上网助手、淘宝网、一搜工具条，这种让万千网民深恶痛绝的"流软"出自教师出身的马云旗下的确让人不可思议；由于现金流日益枯竭，马云不得不将"淘宝网三年免费"的承诺收回，宣布收费的话一经放出，就直接引发了淘宝网"罢网"风波……

与以往的风光无限相比，最近的马云似乎很不顺心，流年不利的传说一直困扰着这位"长相与才能成反比"的男人。

老虎怎么就成了病猫？

毫无疑问，马云和他的阿里巴巴是这个星球上最专注于电子商务的团队。

在历经 8 年之久，花费了投资者数以亿计的金钱之后，马云终于建成了一支配置豪华的电子商务舰队。除了阿里巴巴这艘 B2B（企业间交易平台）主力战舰之外，马云还同时拥有了淘宝网（C2C 个人交易平台）、支付宝（第三方支付平台）、雅虎中国（门户和搜索引擎）三艘护卫舰艇。以至马云很兴奋："雅虎利用自己的内容去影响用户的消费倾向和习惯，然后有了需求之后的用户就可以去淘宝上交易，而他们的货源可以从阿里巴巴上获得。搜索是这些用户通向淘宝和阿里巴巴的通路，而支付宝则是一切交易的支付平台。"

只是，这只是马云的一厢情愿罢了。现在，这支豪华的舰队却处在十面埋伏中，如何突围才能脱离困境已经摆在了马云的桌面上。

我们先来看看雅虎中国。

显然，雅虎中国落于马云的怀抱之后，并不如马云想像的那般温柔，而是像一个开销无度的"老虎"，不停地在帮助马云"烧"钱而已。在 google、百度、搜狐、新浪的蚕食下，雅虎中国就像一个且战且退的将士，搜索业务、广告业务、即时通讯业务、无线增值业务等业绩一再下滑，"老虎成了病猫"，现在的马云是欲进不能，欲罢不休。

从阿里巴巴到淘宝，从淘宝到雅虎中国，马云一路狂奔下来，不知不觉中陷入了一个战略陷阱，业务主次不明，不同部门之间的协同能力越来越差，内部隐患日积月累。

马云还有一个特点，每一次业务的拓展都不计成本，高调进入的结果往往是低调退出。在营销模式上，马云没有走常规的那种把"同一层次的产品卖给某个受众人群"，而走的是另外一条路，"把不同的产品卖给不同的人"，这样的结果就是资源分散、业务没有协同、团队庞大、管理成本高。

根据阿里巴巴公开的数据，2005 年，其收入的 30% 来自诚信通会员，70% 的收入则来自中国出口供应商的服务费。诚信通会员大约在 4.5 万左右，诚信通的收费是 2300 元，诚信通总收入为 1.035 亿元，按照占其总收入的 30% 计算，阿里巴巴的总收入当在 3.45 亿元左右。

这样的收入状况，很难想像阿里巴巴有多高的净利润。2004—2005 年度，阿里巴巴在美国的广告开支是 3500 万美元，相当于 3 亿元人民币，巨大的资金黑洞已经让马云力不从心，杨致远 10 亿美元入股阿里巴巴自然可以理解了。

为什么要高价收一个旧包袱？

2005 年 8 月 11 日，北京中国大饭店，阿里巴巴创始人、CEO 马云与雅虎全球 COO 罗森格联合对外宣布，雅虎将雅虎中国的所有业务并入阿里巴巴，同时追加（注意用的是"追加"两字）10 亿美金以换取在阿里巴巴 40% 的股权以及 35% 的投票权，而马云将继续主政新的阿里巴巴，一时业界为之惊诧。

然而，仅仅六天之后（8 月 17 日）雅虎就向美国证监会（SEC）提交了一份包含 5 份附属协议的 8 - K 文件，详细披露了雅虎 10 亿美元收购阿里巴巴 40% 股权的具体内幕：如果交易完成，雅虎将持有阿里巴巴 201617750 股普通股，约占阿里巴巴整体股份的 40%，拥有 35% 的投票权。这才是阿里巴巴得到雅虎中国的真正筹码。

"8 - K 文件"的第一份附件协议是雅虎将向阿里巴巴投资 2.5 亿美元，并将雅虎在华所有业务转让给阿里巴巴，其中包括香港 3721 公司、北京雅虎、一拍网业务。

第二份附件协议是雅虎、软银、ST - TB 有限公司（注册于开曼群岛）之间的股权收购及转让协议。根据此项合作协议，ST - TB 将手中持有的 450 万股淘宝网股份出售给雅虎，每股作价 80 美元。协议完成后，雅虎共计支付 3.6 亿美元。该项协议同时显示，雅虎将把从软银手中购得的淘宝网股份无偿转让给阿里巴巴。

第三份协议是雅虎、软银与阿里巴巴特定股东之间的股权转让协议，雅虎将向阿里巴巴现有股东购入 60023604 普通股，每股作价 6.4974 美元，雅虎将为此向阿里巴巴其他股东共计支付约 3.9 亿美元。

第四份附件协议是阿里巴巴和雅虎在中国的战略合作协议，签约方分别为雅虎、软银和阿里巴巴现任管理层。代表阿里巴巴管理层签字的分别为马云、首席财务长蔡崇信（JosephC. Tsai）、COO 李琪（LiQi）、CTO 吴炯（JohnWu）。

第五份附件协议则是 8 月 11 日双方对外宣布合作的新闻稿。

至此，这桩轰动一时的收购不过是玩了个旧瓶装新酒的把戏：一个套现，一个甩包袱。所不同的是，马云以阿里巴巴 40% 股份的代价，得到了杨致远的一个旧包袱。

激进再一次暴露了这个男人的短视？

"将互联网作为一个窗口，让数以千万计的中国中小公司从这里出发，与世界对接。"这是马云最早的一张名片上印的一句煽动性的口号。

很难想像马云在创业之初就有如此宏大的布局构思，因为在 1998 年马云创立阿里巴巴决心做 B2B 电子商务时，这一领域并不像现在这般人头攒动。

B2B 电子商务当时受冷落的原因在于：商业模式过于简单，看不清未来赢利方向，以及过低的市场门槛。甚至马云本人也承认，当初创建阿里巴巴并不是明确知道这个公司将走向何处。

值得庆幸的是马云和他的阿里巴巴似乎找到了 B2B 电子商务的缺口，同时也在数年之后筑起了这一领域的竞争门槛。阿里巴巴的赢利方式如同其本身的商业模式一样简单，在阿里巴巴这块网络市场上摆摊的商人们向阿里巴巴缴纳的摊位费现在成了阿里巴巴最核心的收入来源。做国内买卖的摊位费（诚信通）是 2300 元/年，而做国外买卖的摊位费（中国供应商）是 6 万元或者更多。

壁垒则是 8 年以来阿里巴巴对信用的积累。无论是"诚信通"还是"中国供应商"都记录并累计交易商历次交易的诚信信息，这对于后来的竞争者来说无疑是一个巨大的进入门槛。当然，另外一个信用积累带来的竞争壁垒是阿里巴巴本身已经成为 B2B 的一个招牌。对于 B2B 电子商务这种严重依靠规模效应的商业模式来说，先发品牌优势将是另一个核心竞争力。

"阿里巴巴 2002 年全年只赚一块钱，2003 年是每天收入一百万。2005 年交税是每天一百万。"这是马云说的，无论竞争对方是否同意，阿里巴巴的确已成为目前中国最大和最繁荣的网上集贸市场。

正是阿里巴巴取得的巨大成功，使得马云可以在之后从容地展开如此宏大的布局。当然，马云从容布局的背后无法忽略孙正义的作用。这个网络投资狂人先后为马云带来了上亿美元的风险投资。

与其说马云创立淘宝网是为了与 eBay 易趣竞争，还不如说淘宝网是马云构筑商业壁垒的一招险棋。从现在的结果来看，除了交易量之外所谓的 B2B 和 C2C 并无本质上的区别。但是 C2C 明显更加容易完成资金流层面的交易，而 B2B 则始终停留在信息流交易的层面。对于志在电子商务领域一统天下的马云而言，C2C 业务——淘宝网的推出简直就是不可避免的事情。依靠凌厉的广告攻势、免费的经营策略以及对中国用户的深入了解，2003 年淘宝网一经推出大有后来者居上之势。但是，马云的激进再一次暴露了他的短视，淘宝网"罢网"事件，险些让这艘刚刚启程的船侧翻覆没。

为什么"后面的日子不会那么快乐"？

如果说阿里巴巴和淘宝网是马云电子商务王国的主力战舰，那么支付宝、搜索引擎和即时通讯工具则是连接这两艘战舰的空中桥梁。

几乎在淘宝网成立的同时，马云便推出了第三方支付平台——支付宝。据阿里巴巴官方提供的数据，截至 2005 年 12 月通过支付宝在淘宝网的日均交易额就已超过 2000 万人民币。值得注意的是，这个第三方支付工具不仅仅为淘宝网用户提供支付服务，而且还为众多的垂直电子商务网站提供类似服务。不难想像，在阿里巴巴能够突破信息流交易，进行资金流交易的时候，支付宝将是马云王国最让竞争对手胆寒的一张王牌。

2005 年阿里巴巴对雅虎的收购则是马云电子商务王国最后一堵城墙的完工。雅虎中国的收购使得马云拥有了具有一定影响力的门户和一个梦寐以求的搜索引擎。"搜索引擎已经成为电子商务最重要的通道，阿里巴巴在中国一定要占据的战略地位，否则一定会在未来受制于人。"阿里巴巴首席技术官吴炯说。

不仅如此，马云的电子商务王国里还孕育了另外一个收获——即时通讯工具。"淘宝旺旺和贸易通已经有 28 万人同时在线，再加上雅虎通上的用户，我们跟即时通讯市场第二名 MSN 的在线人数相差不多。"马云说道。

马云几乎聚集了所有对电子商务有利的精锐武器，但是他将从此战无不胜么？

"并购了雅虎中国之后，我们开始成为所有中国网络公司的竞争对手了。"对于马云而言这是一个战略的转折。同之前马云在 B2B 市场的孤独以及在 C2C 市场的赶超不一样的是，这一次马云要接受的挑战是如何应对竞争对手的赶超。

对于酷爱武侠的马云来说，攻和守的不同之处他心知肚明，他警告自己的部下："我们度过了 1999 年到 2004 年最艰难也是最快乐的日子，后面的日子就不会那么快乐，我预感到未来两三年会有各种各样不平静的事情发生。"

竞争对谁是一场游戏？

真正让马云头痛的劲敌，恐怕就是坐镇南方的腾讯公司了。

"竞争是一种游戏，马化腾的策略用得很好，这就是竞争的味道，竞争让你永远保持高度警惕。"马云说，这位自负的男人很少这样称赞自己的竞争对手。可以想像这个由企鹅衍生出来的电子商务网站给马云造成了多大的压力，而在之前面对 eBay 这样的互联网巨头时，马云谈笑风生，丝毫不在意对手的动向。

马云的"称赞"起源于腾讯旗下 C2C 网站拍拍网的一些微妙的竞争策略。

2006 年 5 月 10 日，淘宝高调推出其经过半年多时间研发的竞价排名服务"招财进宝"，即淘宝上的卖家为某个关键词出价，并依据淘宝为其推广带来的交易效果支付给淘宝服务费的一种增值服务。尽管在推出"招财进宝"的同时，淘宝网强调其 2005 年 10 月宣布的"免费三年"承诺继续有效，淘宝不会向普通会员收取店铺费、登录费和交易费等基础费用，但仅仅一个月之后，招财进宝服务在淘宝会员联手抵抗之下停止。

这件事的真正意义在于两方面：一方面暴露了淘宝网对现金的渴求；另一方面显示了商家或者会员的网络力量正在急剧上升。

而腾讯旗下的拍拍网正是抓住了这个机会。

就在招财进宝刚推出不久，拍拍网便开始高调宣布"蚂蚁搬家"计划。按照这一计划，从其他 C2C 平台搬迁过来的卖家可以直接将第三方平台的信用度导入拍拍网中，并做出了"搬家就送推荐位，开张就送大红包"的承诺。随后拍拍网于 2006 年 6 月 6 日对外宣布："自即日起，拍拍网将对所有个人卖家至少完全免费三年。"

这些措施的推出，相信淘宝网一定知道自己受伤有多深。

"在宣布三年完全免费之后，拍拍网将继续加大市场推广和产品创新的力度。我们希望通过进一步降低门槛，为广大用户提供更好的 C2C 交易环境和创业平台，培养更多的网购买家并帮助卖家促成交易，为用户打造高品质的在线生活。"腾讯公司电子商务部总经理兼拍拍网负责人湛炜说。

拍拍网的免费策略继续将淘宝网拖向免费的泥潭。"现在在淘宝网上卖的产品是 2900 万件，2900 万件产品挂在上面是很痛苦的事情。如果是三年以内突破 8000 万件，这个市场肯定是乱了套，不准确了。客户和商品越来越多，如果不能够处理好这个问题，将来问题很大。"马云十分头痛地说。

当然，真正给马云造成压力的并不是以上这些战术层面的因素，而是腾讯数以亿万计的庞大用户群以及整个管理层对电子商务的日益重视，这才是马云的心病所在。

几乎可以预见，在不久的未来，两强相争的局面将会如何惨烈。

以何种方式才能突围？

正如马云自己所说的那样，整个互联网都成了阿里巴巴的竞争对手，当然最凶猛的还是来自于电子商务领域的搏杀。

在阿里巴巴最为稳固的 B2B 市场，虽然马云一向不愿意承认有真正的竞争对手，但这个对手也许已经来了。

2006 年 5 月 31 日，环球资源公司（Nasdaq：GSOL）和慧聪网宣布正式结成战略伙伴关系，环球资源从 IDG 技术风险投资基金手中收购慧聪国际 10% 的股份。根据达成的一项期权契约，环球资源可在此次收购完成后 12 个月内，随时增持至大约 35% 慧聪国际的股份。

环球资源董事长兼行政总裁韩礼士曾表示：二者不排除在未来合并成同一个公司的可能。慧聪网 CEO 郭凡生更是底气十足地对媒体宣布："慧聪和环球资源 2005 年年收入合计达到 1.5 亿美元，绝对是中国最大的 B2B 电子商务共同体。"言下之意，联盟体已经超越此前一直宣称是中国最大电子商务公司的阿里巴巴。

此外，来自传统渠道商的竞争也愈演愈烈。2006 年 6 月 16 日，国内最大的电子商品卖场颐高集团旗下的 IT 世界网宣布进入电子商务领域。"相比于阿里巴巴那样的竞争对手，我们对上下游的厂商更加熟悉，关系更加紧密，议价能力更加强势。"IT 世界网 COO 俞翠薇女士说道。如果垂直电子商务公司发展迅速，阿里巴巴是否会面临新浪式的门户尴尬？

不仅如此，那些过去几年看起来与阿里巴巴井水不犯河水的公司也在成为竞争者，当当、卓越这些老牌的电子商务公司也正在加入阿里巴巴竞争者的行列。当当网今年 1 月份推出 C2C 在线交易平台——当当宝，虽然这一举措因诸多原因而暂停，但当当网随后把更多精力放在了对网络商户的招揽上面。"随着电子商务愈加发展，B2C、B2B 及 C2C 三种电子商务模式之间的界线越来越模糊。"当当网市场总监张睿帆说道。

对于一向"喜欢竞争"的马云来说，这一次"竞争"或许已经真的来临。新浪、百度以及搜索巨人 google 等正在围剿处于战略调整的雅虎中国；淘宝网正在与腾讯旗下的拍拍网对峙；支付宝在 eBay 等老对手的蚕食下苦苦支撑；被马云称之为新希望的即时通讯工具，也无法与 MSN 抗衡，更别说与 QQ 这位企鹅巨人一争高下了；此外，当当、卓越等老牌电子商务公司也开始正面为敌，日益成长的慧聪网更是誓言要将"阿里巴巴"拉下马……

无论马云是否承认，十面埋伏的战局已经悄然形成。现在的问题是，马云率领他的阿里巴巴舰队如何突围、或者说以何种方式突围才能脱离困境，这对于马云来说，的确是检验其"相貌与才能成反比"的最佳时机。

（廖中华）

我看马云

马云可能失去阿里巴巴的话语权

对于马云而言更加危险的是他可能失去阿里巴巴的话语权。阿里巴巴现在的董事会有 4 个席位：雅虎和软银各有一个席位，阿里巴巴管理团队有两席。据雅虎美国在 2005 年 10 月 27 日向美国证监会（SEC）提交的 8k－A 文件显示，如果软银之后减持交易完成日所持阿里巴巴股票的 50%，将没有权力在董事会中任命董事，而且阿里巴巴也没权力任命董事，协议指定由雅虎增加一名董事顶替空缺。也就是说如果软银退出，阿里巴巴集团的话语权将落入雅虎美国的手中。协议的另一个约定是阿里巴巴管理层持股 25% 以上才能在董事会中保持两名董事。据消息人士透露，阿里巴巴团队在雅巴交易前也只有大约 30% 的股份，交易之后这个比例可能已经接近 25% 的临界点。

——管理学者　赵春辉

谢文看不起雅虎

谢文在雅虎中国上任才一个月就闪电辞职，这几乎创下了国内大公司总经理级别下课的最快记录，比俺们中国足球的主教练下课的记录还快。如果不是已经到了水火不容的时刻，相信谢文、马云都不至于作出这样的决定。

1. 辞职对谁都不好。对谢文来说，虽然在中公网已经有过被解职的经历，但对于职业生涯毕竟不是一个好事情。对马云来说，谢文辞职或者干掉谢文，只能说明自己的眼光不好，毕竟前面还说二人是一拍即合。

2. 外力还是内力？我更相信是外力，原因如上，一个月时间，根本无法证明一个人的能力，而且两边都是"高层"，不至于如此，已经有消息说是谢文得不到杨致远的支持，跟他闹翻了。难道是 3 个性情中人坐在一起，话不投机？

3. 马云的人格魅力正在退化。马云在很多人眼中都是英雄级人物，我看到《连线传奇》上面写着"中国互联网之父马云强烈推荐"，感到有点 BT，而我非 IT 的朋友可能因为这句话而希望看这本书。从上次雅虎和周鸿祎口水仗开始，到流氓软件方面的态度上，马云的人格魅力都慢慢在失色。

4. 马云非常尴尬，无论谢文是何种原因辞职，马云、雅虎中国、谢文都会感到尴尬，除了上面说的看人不准、遇人不淑之外，肯定会有不少评论说马云在雅虎全球中的地位问题，马云究竟对雅虎中国有多少的控制权？从上次改搜索框到改回雅虎全球的风格，到这次谢文辞职事件，马云的地位究竟如何呢？马云就等着被质疑吧。

最近都说 myspace 要进中国，传言罗川要去做中国 CEO，这里不负责任传一下，说不定谢文是找到了更好的下家了呢。

——管理专家　景文公

马云的管理问题

阿里巴巴在 2003—2005 年度，先后传出了很多关于中高层管理团队出走的负面消息，不过这些消息并没有被媒体报道，原因是出走的人员因为保密性条款的约束才没有开口，所以外界一直不知道阿里巴巴真实的管理情况。其实，在我原来曾工作的公司，就先后有数位阿里巴巴原来的中层经理。之所以离开，不外是严酷的考核机制、内部人事斗争、很难获得领导认同和提升等原因。

在管理队伍快速膨胀时，如何解决好管理的层次、不同业务团队考核体制和收入差异、管理成本控制、沟通的有效性、内部人事争斗等问题，其实马云并没有太多管理经验，大多数是在阿里巴巴磨砺出来的。

马云面临着最大的问题除了市场和资本问题以外，还有管理问题。而管理，是马云最缺乏的。马云每次说话，基本上就是马云的宣泄和自吹自擂。我们得承认马云是一个有思想的人，是有着远大抱负的人，是胸中装得下世界的人。可是，马云的故事可能讲上100年也讲不完，马云的传奇用100本书写出来，每一本都会成为畅销书。马云在一次又一次宣扬自己的思想和成就的时候，好像越来越陶醉了。而这种陶醉，令我为其担忧，令我为其害怕。一个陶醉在自己神话里的人，会不断强化自己的个人意识，其心理状态最终会存活在自己给自己打造的光环中，哪怕这个光环是虚无缥缈的。

——管理专家　鲁隐公

马云如果失败缘于性格

如果说在二马之间选择一个人作为最终成功者的话，我会选择马化腾，而不会是马云。

腾讯的庞大活跃用户群体、低成本营销、对于同一用户群体推出不同产品和服务等战略，更符合企业战略扩张的实际。而马云可能会花上10倍、100倍的资金和精力才能和马化腾对抗。

如果马云失败了，将会是马云性格中、思想中存在的某些因素导致的失败，也将会是风险投资商导致的失败。马云将被自己打倒。

——心理学专家　刘德良

马云喜欢口水

探究那一场突如其来的跨国口水战，是一件蛮有趣的事。它碰巧发生在奇虎第二轮融资即将完成前夕，并以杨致远给私交甚笃的红杉资本的迈克尔·莫里斯打电话的方式，试图在奇虎宣布融资之前，搅黄它。

不过这一次，马云似乎失算了。奇虎不但得到了比首轮 2000 万美元更多的投资，而且赢得了 Highland 和 Redpoint 两家知名 VC 的青睐，Highland 合伙人 DanNova 加入了奇虎董事会。从结果上说，马云不但未能阻止投资，反而让这轮投资看上去更有诱惑力。

周鸿祎显然有点过分自信了，他说："我并不相信老杨在美国阻止风投投资我，资本市场是追求投资回报的，不会因为一个人的一句话就放弃好的项目。"奇虎是不是好项目，很难说。但一个让雅虎和阿里巴巴感到紧张的项目，应该至少不是个坏项目。试想，如果一个项目能让杨致远感到紧张，并试图扼杀之，风险投资舍得拒绝吗？还有比让雅虎紧张更好的投资机会吗？

不知道马云和周鸿祎是否还记得，在 4 年前阿里巴巴主办的第三届西湖论剑上，周鸿祎曾发出过"竞争对手是我们的磨刀石"这一宏论。4 年来，马云和周鸿祎各自用竞争对手磨亮了自己的刀，沐浴着口水茁壮成长，他们都是玩弄"中国特色"的顶尖高手。

这次高手之间过招，马云失手当了周鸿祎的磨刀石，不能不让马云感到无比郁闷。马云显然高估了道德风险对 VC 的压力，却低估了投资回报的强大诱惑。VC 本来就是挑战风险、把握机会的，马云未能让风险看上去更吓人，却不幸让机会看上去更诱人。周鸿祎忙不迭地宣布融资成功，其中的得意洋洋，不难体会。

——经济学学者　洪　波

时机不成熟就匆忙炒名气

阿里巴巴的核心价值是商业信息分类，但是没有解决互联网商业信息中的最大问题——信用，它的所有信息均免费发布，而且是由企业自行发布，无任何信用约束手段，这样的信息量虽然大，但是价值低；思想先进，但是设计粗糙，包括检索方案和网站结构，处处给人以见习生的感觉，不知道投资人听了故事后再看网站，还会不会慷慨解囊；时机不成熟就匆忙炒名气，获得名气的同时也把自己树成了靶子，这就像一个小孩发现一座金山，不赶紧跑去占领了反倒大喊那儿有座金山，这个小孩能得到那座金山才怪！

——资深记者 李冠是

名气是把双刃剑

阿里巴巴太有名了，有名得以至于所有的对手都在模仿它，学习它，只要有任何的闪失都不会被对手放过。现在，在专利制度不能有效实施前，任何一个比阿里巴巴有钱有名气的网站出来也做一个信息分类平台，也利用它的经营思想、框架设计，以及技术支持、市场推广，都会对它构成强有力的威胁。名气是把双刃剑，能伤人也能伤自己。吸引眼球固然需要名气，但是成为焦点的代价往往是把自己的缺点暴露给对手，所以名气要有强大的实力做后盾才行。

——策划师 廖生木

马云适合在演艺圈

近三年马云很热，像极了一个演艺圈的明星，时而激情表演，时而故意退隐，时而又在即将淡出公众视线时"偶然"而又"及时"地出点绯闻。演艺明星红三年尚且不易，何况商界明星？而在瞬息万变的 IT 界更不容易！

我很欣赏阿里巴巴的模式，但不欣赏马云的连篇妄语。经常听到中国企业家口口声声说要做百年老店（马云也说过阿里巴巴要做 102 年），但却很少有中国的企业家有良好的心态去踏踏实实地努力，更多的中国民企死在了盲目扩张这条老路上。

离马云原定"离开阿里巴巴"的时间已过了四年，已经"退休"两年的马云却不得不为这家他口中"不健康的公司"继续辛苦地到处找钱烧。我在与许多阿里巴巴员工聊天时，他们都提到同一句话，那就是"马云是个了不起的人物，可惜马云带领阿里巴巴犹如一头狮子带领一群羊在前进"。阿里巴巴的员工即使离职后也都不肯谈阿里巴巴到底发生了什么让他们离开心爱的企业和敬佩的马云，但他们肯定地说："阿里巴巴的问题很深。"

阿里巴巴一方面大力倡导着"诚信"，但是马云说的话又有几句是真的呢？在中国有个现象就是"缺什么，喊什么"，阿里巴巴就是面临诚信危机，会员给予阿里巴巴极大的压力，所以阿里巴巴成天挂在嘴上的就是"诚信"二字。

马云记住那句名言："出来混，迟早都要还的。"

——网友 风 妖

不断膨胀的马云

马云在不断膨胀中走向失败。

建设了淘宝、获赠了 YAHOO 中国、开发了支付宝、推出了 BTOC 业务的马云团队，即将成为中国互联网界最庞大的团队。毫无疑问，业务增多、团队规模增加看来好像是企业家的成就。可是，管理团队规模的迅速庞大，对于马云来说，不仅仅是一种炫耀的资本，也是一个沉重的包袱。

马云上中学时，屡被数学拖后腿，英语却出奇的好。正因为这个，马云经历了三次高考，才考上了一个专科，马云当年的偏科与今天的阿里巴巴何其相似。

——马云的同学

马云说

我在公司里的作用就像水泥

如何让每一个人的才华真正地发挥作用，我们这就像拉车，如果有的人往这儿拉，有的人往那儿拉，互相之间自己把自己先乱掉了。当你有一个傻瓜时，很傻的，你很会很痛苦；你有 50 个傻瓜是最幸福的，吃饭、睡觉、上厕所排着队去的；你有一个聪明人时很带劲，你有 50 个聪明人实际上是最痛苦的，谁都不服谁。我在公司里的作用就像水泥，把许多优秀的人才粘合起来，使他们力气往一个地方使。

30% 的人永远不可能相信你

30% 的人永远不可能相信你。不要让你的同事为你干活，而让我们的同事为我们的目标干活，共同努力，团结在一个共同的目标下面，就要比团结在你一个企业家底下容易得多。所以首先要说服大家认同共同的理想，而不是让大家来为你干活。

我认为，员工第一，客户第二。没有他们，就没有这个网站。也只有他们开心了，我们的客户才会开心。而客户们那些鼓励的言语、鼓励的话，又会让他们像发疯一样去工作，这也使得我们的网站不断地发展。

抓多了，什么都会丢掉

看见 10 只兔子，你到底抓哪一只？有些人一会儿抓这只兔子，一会儿抓那只兔子，最后可能一只也抓不住。CEO 的主要任务不是寻找机会而是对机会说 NO。机会太多，只能抓一个。我只能抓一只兔子，抓多了，什么都会丢掉。

我只能选择对两个人残酷

我们公司是每半年一次评估，评下来，虽然你的工作很努力，也很出色，但你就是最后一个，非常对不起，你就得离开。在两个人和两百人之间，我只能选择对两个人残酷。

你再厉害，只能跑一棒

互联网是四乘一百米接力赛，你再厉害，只能跑一棒，应该把机会给年轻人。在前一百米的冲刺中，谁都不是对手，是因为跑的三千米的长跑。你跑着跑着，跑了四五百米后才能拉开距离的。

有些公司的房子很好看，但风一吹就倒了

我们花了两年的时间打地基，我们要盖什么样的楼，图纸没有公布过，但有些人已经在评论我们的房子怎么不好。有些公司的房子很好看，但地基不稳，一有大风就倒了。

一个人在黑暗中走路是寂寞的

所以作为创业者我永远讲创业者是寂寞的,尤其在中国来讲创业者是非常寂寞的,但是参加《赢在中国》之后,我觉得创业者是快乐的,一个人在黑暗中走路是寂寞的,那么多人手拉着手走的时候那是快乐、那是勇往直前。创业者没有先、没有后、没有大、没有小,每一个人都是在同一起跑线上,你们每个人身上的不放弃的精神都鼓励了我,我会跟大家一起创业,阿里巴巴所有的公司都会支持创业者、帮助更多的创业者成功。

发不出工资是领导者的耻辱

作为一个领导者不要让你的员工为了你而工作,应该是为了共同的目标或者使命,或者是一个理想去工作,绝对不要因为领导者的人格魅力而工作。四个月不发工资不是魅力,是领导者的耻辱,你每次要判断怎样让员工永远有工资发。聪明是智慧者的天敌,傻瓜用嘴讲话,聪明的人用脑袋讲话,智慧的人用心讲话。所以永远记住,不要把自己当成最聪明的,最聪明的人相信总有别人比自己更聪明。

诚信不能拿来销售

所有的初创型企业都面临先生存后发展的问题,有的企业希望一上手迅速做大做强,企业要想活下来的话,第一个想法是做好,不是做大。我们是做电子商务的企业,是服务型的行业,服务是全世界最贵的产品,最佳的服务就是不要服务,最好的服务就是不需要服务,完善好一个良好的体系最重要。从中国来说,服务是最昂贵的产品,服务也是将来的一个趋势。但是服务型企业的最终目的一定是要让你的客户不需要服务,这样企业才能做好。诚信不是一种销售，不是一种高深空洞的理念，是实实在在的言出必行，点点滴滴的细节，诚信不能拿来销售，不能拿来做概念。

创业不要找明星团队

创业时期不要找明星团队，不要把一些成功者聚在一起，尤其是那种35岁、40岁已经有钱了，成功了的人，已经成功过又在一起创业很难，创业初期要寻找那些没有成功，渴望成功，团结的团队。等到事业达到一定程度的时候，再请一些人才。创业要找最合适的人，不一定要找最成功的人。女性创业是一个挑战，女性创业最大的挑战和突破在于用人，用人最大的突破在于信任人。

世界上最不可靠的东西就是关系

我没有关系，也没有钱，我是一点点起来，我相信关系特别不可靠，做生意不能凭关系，做生意不能凭小聪明，做生意最重要的是你明白客户需要什么，实实在在创造价值，坚持下去。这世界最不可靠的东西就是关系。

阿里巴巴集团的结果一定是失败的

阿里巴巴集团的结果一定是失败的，别说什么阿里巴巴，全世界任何的组织从诞生的第一天开始就走向死亡，结果一定是失败的，我的任务是活得更长一点。我知道结果是失败，但是没有想过失败以后干吗。

创业者首先要有一个梦想

我觉得创业者首先要有一个梦想，这很重要，你没有梦的话，为做而做，别人让你做是做不好的，第一要坚强，第二要有毅力，没有毅力做不好，从我自己的经验，我每次创业的时候，有一个美好设想的过程，但是往往你走到那儿它不一定美好。你要告诉自己，自己走的路上面每天碰上的事情特别多。我 1995 年创办黄页，然后又开始创业做阿里巴巴，我觉得自己反正已经倒霉，这个不成，那个也不成，反正再做十年倒霉也无所谓了，毅力很重要。

人结果都是去火葬场

所谓的毅力就是你期望的最好是失败，你不要寄希望于自己成功，这个可能跟大家想法都不一样，我觉得对我来讲从第一天创业到现在为止，我经常提醒自己这句话，就是我创业为了经历，而不是为了结果，人结果都是差不多，都是去一个地方，就是火葬场。

光梦想没有用

如果你要创业的话，一定要有优秀的团队，没有优秀的团队，光靠你一个人单枪匹马不行，边上的人替你打工也不行，边上的人要跟你而去，一样疯狂，一样努力，光梦想没有用，还要一件一件做出来。

四个人是看着他死的

自己觉得一百个人创业，九十五个人死掉，死掉的时候，声音没有听见就掉进悬崖峭壁，还有四个人是看着他死的，一声惨叫掉下来，还有一个人也不知怎么的还活着，说不定还要掉下来。

经营企业中会使用一些武术招数去处理问题

从初中开始看武侠小说，常常模仿武侠小说中的故事在家练习，家中的墙壁曾被打出一个洞，腿也因为练功而受伤。高考 3 次之所以会失败，是因为自己在疯狂地看金庸、梁羽生的小说和电影《少林寺》。武侠小说虽然影响了我考大学，但是没有影响我做人。很多成功的男人都应该会喜欢武侠，喜欢浪漫主义精神。事实上，我在经营企业的过程中，也会使用一些武术招数去处理问题。

做企业其实也是在走江湖

侠客首先是个普通人，行侠仗义才最重要。其中，"义"是其价值观。做企业其实也是在走江湖，就像令狐冲他们要成为英雄其实也是要经历种种苦难的。吃过苦中苦，方为人上人。

如果完美无缺就连改正的机会都没有了

每一件兵器都代表着一种性格，因此，也就有自己的长处和缺点。一个人太完美了也不行，有些小缺点的人还有机会改正，但如果完美无缺就连改正的机会都没有了。

仇恨只会让你失败

中国互联网刚刚起步，开始起步的时候不要回头看，前一百米他踢你一脚，最后五六圈下来他还在你旁边，你要注意，但是你不要恨他，学习让你眼光开阔，仇恨只会让你失败，如果你仇恨的话，你第一招已经失败了。

千万不要把竞争看得太重

首先要有大的心，但是做事一定要从一点一滴做起，千万不要把竞争看得太重，我们有高层跟我说你的竞争者是谁，竞争者的情况怎么样，我说我不知道，他说不可能，我说我就是没有竞争者，这么多年我到现在还是没有竞争者，无竞争者伟大。

我不向互联网公司学习

再过三五年，两三年，我自然会看看，这哥们还在，你就要小心一点，面对竞争时你首先要选择一个跨行业的竞争，如果你在同行业内竞争，你可能越学越少，我们阿里巴巴向谁学，我们要学 GE，为什么 GE 能走这么久，原来是价值观，我们学微软，为什么他们能够成功。跨行业去学就是不一样，所以我不向互联网公司学习。

我们坚信明天更加残酷

我觉得最大的经验就是千万不要放弃，要永往直前，而且不断地创新和突破，突破自己，直到找到一个方向为止，而且我觉得还有更重要的一点，我们今天面对将来的信心是来自于我们前五年的残酷经验，我们坚信明天更加残酷。

有一样东西永远不会改变

我们坚信一点，新经济也好，旧经济也好，有一样东西，永远不会改变，就是为客户提供实实在在的服务。如果没有有价值的服务，网站是不可能持续发展的。

互联网上失败一定是自己造成的

互联网上失败一定是自己造成的，要不就是脑子发热，要不就是脑子不热，太冷了。

网上发财概率并不是很大

今天要在网上发财，概率并不是很大，但今天的网络，可以为大家省下很多成本。

网络公司必须犯错误

我觉得网络公司一定会犯错误，而且必须犯错误，网络公司最大的错误就是停在原地不动，最大的错误就是不犯错误。关键在于总结我们反思各种各样的错误，为明天跑得更好，错误还得犯，关键是不要犯同样的错误。

你失败了就只能怪自己

任何企业家不会等到环境好了以后再做工作，企业家是在现在的环境，改善这个环境，光投诉、光抱怨有什么用呢？今天，失败只能怪你自己，要么大家都失败，现在有人成功了，而你失败了，就只能怪自己。就是一句话，哪怕你运气不好，也是你不对。

老是手拉着手要完蛋

中国电子商务的人必须要站起来走路，而不是老是手拉手，老是手拉着手要完蛋。我们跟市场的关系是手够得着，我们与用户的关系，是要他们自己站起来走。帮助需要帮助的人，他才会感谢你的帮助。

你等你喝饱，再跑？

我们讲过一个例子，你现在在跑马拉松，路边有很多牛奶、汽水。你可以边喝跑；你等你喝饱，再跑；还是喝一口只要能跑下去就跑下去？

免费不等于劣质

我可以告诉他，阿里巴巴现有服务免费的，将来也永远不会收费。将来我们推出新的服务，我们会收费，你觉得不好，就别付费，就这么简单。我们有一个原则，免费不等于劣质。我们的服务要做到比收费的网站还要好。

只要是萝卜，总能长成大萝卜的

就像他今天是种萝卜的，才刚种下去，你们就要让我把苗拔起来，看是否长出萝卜，看萝卜长得多大。只要是萝卜，总能长成大萝卜的。

锣都敲得好，把戏还能不好

我们知道当时可以敲几声锣，就可以围那么多人的时候，锣都敲得好，把戏还能不好？敲锣都敲出花来了。

很多人喜欢把金矿牢牢守住

我是说阿里巴巴发现了金矿，那我们绝对不自己去挖，我们希望别人去挖，他挖了金矿给我一块就可以了。很多人喜欢把金矿牢牢守住。我们去帮助别人发财，别人发财我们才能发财。因为我们所需并不多。

很多人失败就是因为太有钱了

阿里巴巴能够走到今天有一个重要因素就是我们没有钱，很多人失败就是因为太有钱了。以前我们没钱时，每花一分钱我们都认认真真考虑，现在我们有钱了还是像没钱时一样花钱，因为我今天花的钱是风险资本的钱，我们必须为他们负责任，我知道花别人的钱要比花自己的钱更加痛苦，所以我们要一点一滴地把事情做好，这是最重要的。

一个好的企业靠输血是活不久的

我深信不疑我们的模式会赚钱的，亚马逊是世界上最长的河，8848 是世界上最高的山，阿里巴巴是世界上最富有的宝藏。一个好的企业靠输血是活不久的，关键是自己造血。

我们该赚钱因为我们提供工具

电子商务最大的受益者应该是商人，我们该赚钱，因为我们提供工具，但让我们做工具的人发了大财，而使用工具的人还糊里糊涂，这是不正常的。

你必须跑得像兔子一样快，又要像乌龟一样耐跑

互联网是影响人类未来生活 30 年的 3000 米长跑，你必须跑得像兔子一样快，又要像乌龟一样耐跑。

我想得像傻瓜一样

我为什么能活下来？第一是由于我没有钱，第二是我对 INTERNET 一点不懂，第三是我想得像傻瓜一样。

只有明天是我们的竞争对手

发令枪一响，你是没时间看你的对手是怎么跑的。只有明天是我们的竞争对手。

互联网像一杯啤酒

互联网像一杯啤酒，有沫的时候最好喝。

没听说过捕鲸致富的

听说过捕龙虾致富的，没听说过捕鲸致富的。

我们不能企求于灵感

我们不能企求于灵感。灵感说来就来，就像段誉的六脉神剑一样。阿

里巴巴的六脉神剑就是阿里巴巴的价值观：诚信、敬业、激情、拥抱变化、团队合作、客户第一。

只要永不放弃，我们还有机会

我永远相信只要永不放弃，我们还是有机会的。最后，我们还是坚信一点，这世界上只要有梦想，只要不断努力，只要不断学习，不管你长得如何，不管是这样，还是那样。

绝对大部分是死在明天晚上

今天很残酷，明天更残酷，后天很美好，但绝对大部分是死在明天晚上，所以每个人不要放弃今天。

生意人、商人、企业家

在我看来有三种人，生意人：创造钱；商人：有所为，有所不为；企业家：为社会承担责任。企业家应该为社会创造环境。企业家必须要有创新的精神。

毕业就是忘了所学的东西

三年以前我送一个同事去读 MBA，我跟他说，如果毕业以后你忘了所学的东西，那你已经毕业了。如果你天天还想着所学的东西，那你就还没有毕业。学习 MBA 的知识，但要跳出 MBA 的局限。

任何困难都必须你自己去面对

对所有创业者来说，永远告诉自己一句话：从创业的第一天起，你每天要面对的是困难和失败，而不是成功。我最困难的时候还没有到，但有一天一定会到。困难不是不能躲避，不能让别人替你去扛。九年创业的经验告诉我，任何困难都必须你自己去面对。创业者就是面对困难。

一个 CEO 看到的不应该是机会

一个公司在两种情况下最容易犯错误，第一是有太多的钱的时候，第二是面对太多的机会，一个 CEO 看到的不应该是机会，因为机会无处不在，一个 CEO 更应该看到灾难，并把灾难扼杀在摇篮里。

张宝全——在两根钢丝
上想跳什么舞？

我看张宝全

张宝全说

在两根钢丝上想跳什么舞？

一个男人在两根钢丝上如何旋转？

作家、书法家、地产商人、北京今典集团董事长、EVD 影碟机旗手、中国五星级豪华影院发起人、北京工商联住宅房地产商会会长等等，这一个个令人炫目的头衔，都落在了一个名叫张宝全的人头上。

然而，作为作家，他的书并不怎么畅销；作为书法家，在书法界的名气似乎也不响；作为地产商人，也就开发了那么几个楼盘，卖得好与不好只有他自己知道；作为 EVD 影碟机的旗手，在最后的关头，还是将手到擒来的 EVD 联盟主席一职拱手让给了黄光裕，张氏倒是有了联盟秘书长一职。每一次，这个精力十足的男人都想成就一番伟业，但总是在最后的关头没能把握住火候，让煮熟的鸭子一再飞掉，在海南炒房时如此，做海运企业也是如此，现在做 EVD 还是如此。

这一次，张宝全又抛出了一个"宏伟大计"，要在全国建立一个超豪华的影院帝国，据说总数最终可达 10 万家左右的规模。但是，业界普遍认为，这个计划将与张氏以往许许多多的"宏图大略"一样，又是一次"雷声大雨点小"的表演秀。

一直以来，今典集团董事长张宝全就在 EVD 与电影这两根钢丝上旋转。

早年进入北京电影学院导演系，师从著名导演谢飞，并于 1992 年毕业。据说，张在毕业之后即失业，既没有人来投资让他拍电影，他也没有找到合适他的剧本，一怒之下，张宝全就放弃了导演这个行当，南下海南，成了一名炒房者。这样做的好处就是，为张氏日后进入北京地产界积累了宝贵而难得的经验。

无论是作家也好，还是书法家也罢，真正让张宝全着实在媒体面前"火"了一把的是关于中国 EVD 产业的利益与标准之争。

相比于其他标准，中国的 EVD 产业可谓命运多舛，从它问世的那一天起，就处在内忧外患之中。

先说外患，日本两大巨头索尼和东芝各率领一个 DVD 阵营，并各自拿出了自己的标准体系。具体是：索尼为龙头的企业代表蓝光 DVD，东芝则代表 HD－DVD，在两强争执不下时，中国不失时机地推出了自己的 DVD 标准即后来闹得沸沸扬扬的 EVD。

其实三个标准各有优劣。蓝光 DVD 售价昂贵，每台约 8000—10000 人民币，优点是容量大，可储 4 部高清 DVD 影片；HD－DVD 次之，可储 2 部，价格在 4000—6000 之间；EVD 只能储 1 部，价格 700 元。三种标准可谓各有短长，但对于这个"标准主导产业"的时代来说，谁掌握了标准就意味着谁将控制巨大的财富。

所以，无论是索尼的蓝光 DVD，还是东芝主导的 HD－DVD，以及中国推出的 EVD，都想成为未来的标准，正是因为背后蕴藏了巨大的利益所在。

作为索尼与东芝来说，两个标准都有自己巨大的财力作为后盾，反观中国的 EVD 标准，从它诞生之日起就如一团雾水。最初拥有该标准的是北京阜国数字技术有限公司（以下简称阜国数字），其总裁是郝杰，但由于财力所限，阜国数字无法将 EVD 推上与索尼、东芝同台竞技的历史舞台，这就是业界一直渲染的"蓝光之争"。

这个时候，轮到张宝全上场了。

结盟与反目的背后是什么？

2004 年 7 月的某一天，在一位朋友的牵线搭桥下，张宝全与 EVD 标准拥有者和研发者——阜国数字总裁郝杰会面了。

据说，这个会面只用了短短的 10 分钟，郝杰就将张宝全说服。

很快，双方同意合作，并签署了相关文件。接着，双方进入了紧锣密鼓的前期运作，计划投资 2 亿元注册并成立今典环球数字技术公司（简称今典环球），张宝全拥有新公司 80% 股份，阜国数字拥有剩余的 20% 股份。合约还注明了张氏获得 EVD 格式在光盘内容制作和数字影院、VCD 点播"唯一方面的不可撤销的授权"。

这样，张宝全就被郝杰拉入了 EVD 阵营，也成了日后两人反目的起点。

其实，张宝全也有自己的如意算盘：EVD 有自己的三重加密方式，在防盗版方面有着无可比拟的优势，从理论上计算，用计算机解开密码的可能性是存在的，但时间会在 100 年以上，甚至更长。正是这种完美的加密防盗优势，让张宝全觉得"把我 2000 年想基于网络技术来做数字电影的所有问题全部解决了"。

张氏仿佛看到了无穷的商机正向自己扑来。

就在今典环球成立后不久，张宝全发现阜国数字将 EVD 又授权给了盛世龙田，从而导致可以从网上下载 EVD 电影，这对想独自占有 EVD 的张宝全来说，无疑是无法接受的，双方从此交恶。

一边是企业利益的博弈，一边是国家标准的较量。

2005 年 2 月 23 日，经过努力与斡旋，中国信息产业部终于颁布了《高密度激光视盘系统技术规范》（即 EVD），并宣布它将成为中国电子行业推荐标准，张宝全的努力得到了回报。

此时，EVD 的前途也似乎一片光明。

标准的颁布意味着财富的重新分配，同时，也加深了两人潜在的矛盾与利益博弈。

摊牌的时候终于到了。

郝杰携 EVD 标准与英国 NME 公司合作的消息一经媒体披露，张宝全毫不示弱，并借助自己与媒体的良好关系立即炮轰阜国数字，甚至宣称"阜国数字作为 EVD 标准和商标的所有者，如此作为无疑是将国家标准卖给了英国人"。

先声夺人，这是张宝全一贯的作风。

张氏随即派人调查英国 NME 公司，甚至向媒体发了一封"关于 NME 公司真相"的电子邮件，以此来打击郝杰和阜国数字，双方由此矛盾进一步公开化。接着，盛怒之下的张宝全又抛出了"炸弹"，向媒体公布了自己与阜国数字进行合作的合同细节。对此，郝杰则回应说"张宝全没有权力过问阜国数字和 EVD 的事情"。

最后，张宝全停发了郝杰等人的工资，并且向法院提起诉讼，要求查封清点阜国数字的账目。一个月之后，张宝全赴美参展，郝杰则被刑事拘留。

一段美好的合作以悲情的方式结束，令业界唏嘘不已。

作为郝杰来说，因为 EVD 一事，联盟未成，最终险些让自己深陷囹圄，的确是一件得不偿失的事。

目的真的达到了吗？

2006 年 10 月底，对于新任 EVD 产业联盟筹委会秘书长张宝全来说，是他荣膺新职后最忙乎的几天。

用张宝全自己的话说："这两天我先后走访了创维、TCL 等 15 家碟机企业，到 12 月 6 日我们的产业联盟在北京正式成立时，创维等企业都将推出自己的 EVD2 代产品。"

无论如何，在 EVD 一战中，张宝全还是取得了预期的胜利。

据资料显示，张宝全的今典集团以 5220 万元的代价，拿下了阜国数字 87% 的股权。EVD 专利所有权虽然归阜国数字，但是使用权却落在了今典集团手上，如今的今典既是内容集成商，也是技术提供商。媒体资深人士许岱威对此评论说："无论是巧取还是豪夺，有些人的目的总算是达到了。"

但是，这场旷日持久的股权之争，不仅消耗了张宝全的大量精力，也一度让整个 EVD 产业陷入了困顿和迷茫，虽然张宝全最终拿下了阜国数字并拥有了 EVD 的使用权，但整个过程被业界看得一清二楚，加上张氏风风火火的行事风格，许多人对 EVD 产业甚至产生了怀疑。

在这期间，由于市场方向不明，以及 EVD 本身诸如内容提供商、碟机企业、中间渠道商等都在观望之中，无奈之下的张宝全，只好回过头，将主要精力回归到 EVD 数字影院上来。一段时期之后，张氏又发现，EVD 数字影院也不是那么容易做的，需要更庞大的资金来支撑他的"数字影院"梦想，一番折腾之后，张宝全再一次调头，重新捡起了沉寂了许多日子的 EVD 产业。

这一次，促使张宝全调头的力量来自日本。

2006 年 10 月 9 日，日本东京 DVD 论坛发布了针对中国（大陆）地区的 HD – DVD 初步格式规范。

随后，清华大学光盘国家工程研究中心表示，基于 HD – DVD 标准研究的调制解调码也将完成，所有的技术指标测试均已达标，中国企业可以按此标准生产中国版的 HD – DVD 高清影碟机。在此之前，长虹、夏新等企业均明确表示，将在 2007 年正式推出自己的 HD – DVD 高清影碟机。

一石激起千重浪。

长虹、夏新的表态，无异于让张宝全的 EVD 如意算盘落了个"竹篮打水——一场空"。

如果 HD – DVD 标准真的被中国所有碟机生产企业所采纳，那么，张宝全多年来的明争暗斗就如一场闹剧，新的 HD – DVD 标准一经面市，就会挟诸多优势将 EVD 挤出市场，这一点，张宝全比谁都明白。在此背景下，张宝全只有火线招兵，寻找更强有力的支持者。

这样，2006 年 10 月 15 日的 EVD 产业联盟会议应运而出，国美黄光裕一跃登上联盟主席宝座，在张宝全看来，这实在是一个无奈之举。谁让自己人微言轻，没有黄光裕的影响力大呢？

还好，鉴于张宝全前期的奔走与努力，筹委会给了他一个"秘书长"头衔。

但是，对于这场暗藏诸多利益博弈的 E 盟，从一开始就不被人们所看好，甚至有人说，这只是有关 EVD 的又一场表演秀。

不管怎样，该走的过场还得走下去。

2006 年 10 月 31 日，张宝全与 EVD 产业联盟副秘书长、上海晶晨董事长钟培峰一起来到深圳，游说当地企业。

上午，张氏与创维集团副总裁杨东文会晤；下午，会同钟培峰在深航大厦召开推介会，据说参会的创维、TCL、万利达、海尔、奇声、清华同方等 13 家碟机企业均对 EVD2 代表示支持。

11 月 1 日，张宝全与 TCL 集团高层就 EVD2 代上市细节一一研讨。此外，此前投靠 HD – DVD 阵营的长虹、夏新又开始回心转意——均表态支持 EVD2 代产品。

情况似乎又在向张宝全以及 E 盟方面倾斜。

然而，好景不久，12 月 5 日苏宁电器家电事业部总经理李斌就抛出了重磅炸弹："EVD2 代是一个标准的假高清产品。"

麻烦才仅仅开始？

尽管张宝全没有正面回答 EVD2 代的真假问题，但从此可以看出，多灾多难的 EVD 现在只是麻烦的真正开始。

记者随即对李斌进行了采访，李斌明确表示，他们（苏宁）不会支持这种假高清产品，但会支持真正拥有 1920×1080 的高清影碟机。

业内人士分析，如果在 EVD 真假问题上得不到统一，有可能在国内就会产生两个 DVD 阵营，一个是支持 EVD2 代的假高清联盟，一个真正的高清影碟联盟。如果国美主导前者，有可能苏宁主导后者，但是，关于此李斌没有正面回答。

撇开真假之争不说，目前 EVD 最大的赢利困扰还在于内容。这些内容商主要包括 CCTV 电视制作总公司、中影、中凯等，为了让这些内容商加入 E 盟，张宝全可谓用尽了心思。

据来自 E 盟方面的消息，2007 年，EVD 碟片专卖网将正式开通并形成连锁，网上可提供至少 300 部高清影片，并全部拥有版权。与此同时，首批 EVD 碟片专卖店也将出现在国美电器全国门店内。此后不久，精彩无限 FAB 音像连锁的全国 200 家门店也将陆续设立 EVD 碟片专卖。

这一次，张宝全将黄光裕拉入 EVD 阵营，增加了胜算的筹码。

张宝全向媒体表示，EVD 联盟将利用上述专卖店设立"高清影片加油站"，同时各家电厂家的经销点也可加入此列。消费者可以用 U 盘、移动硬盘等，以每部 5—8 元左右的价格现场拷贝高清电影，然后插在平板电视上欣赏。

这是一个很庞大的群体。创维集团副总裁杨东文接受采访时说："仅创维一家，在全国就拥有 1 万余家经销点。哪怕有 1/5 的经销点建立 EVD 高清加油站，也意味着全国将一下子增加了 2000 家 EVD 网点。如此庞大的网点，对 EVD 内容商和硬件商而言，都具有很大的吸引力。"

这正是张宝全所期望的"钱"景。

张氏甚至认为，搞"加油站"比卖正版 DVD 更赚钱："目前市场上有 250 万台 EVD 机，高清电视 500 万台，一张碟片只要 10% 的人购买，卖出 30 万张，每张获利 3 元，就是 100 万元。反观好莱坞碟片市场，一张正版碟片的利润还不到 10 万元，由于盗版和网上下载，正版 DVD 的市场份额从 10% 下降到了目前的 7%，也就是 7 万元上下。

"如果每个城市的小区内都建一个 EVD 加油站，每套设备卖 3000—5000 元；每下载一部电影要收 5—8 元；再在全国建 10 万家数字影院，每套设备卖 40 万元；每家数字影院同时卖 EVD 硬件和软件，又多了 10 万家 EVD 专卖店，麦当劳和肯德基全球的门店加在一起还没有它的一半多。"这正是张宝全梦想的财富途径。

难怪乎，张宝全不惜一切代价地将阜国数字控制在自己的手中，在这里似乎找到了精确的答案。

为什么要孤注一掷呢？

尽管这个冬天 E 盟闹得满城风雨，但业内普通认为，中国的 EVD 产业在过去两年内已经丧失了最好的发展时机。现在，若不迅速奋起直追，迅速统一战线，这种旷日持久的内讧很可能最终让中国的 EVD 产业流产。

清华大学光盘国家工程研究中心副主任陆达说："HD－DVD 无论在光盘容量上，还是编解码技术上，都比 EVD 标准高出很多，从长远来看，红光阵营的 EVD 是没有前途的。"

明知红光阵营的 EVD 没有前途，但为什么还要孤注一掷呢？那就是赌徒心态占了上风。一方面是赌国家有关部门对红色阵营的 EVD 倾力支持，另一方面是赌在蓝光时代真正到来之前大捞一把，两种心态的结果，成了今日 EVD 骑虎难下的局面。张宝全在拉拢国内企业的同时，还将矛头对准了索尼引导的蓝光阵营，以及东芝引导的 HD－DVD 阵营，他坚持认为："那些（指'蓝光'阵营）碟片投入成本高，3—5 年内难以赢利。"

对此，索尼进行了反击："索尼的高清战略是全领域的，从蓝光 DVD 到 PS3，从平板电视到高清摄像机，虽然目前价格偏高，但我们拥有技术和专利的优势，一定会后来居上。"

看来，内忧外患将张宝全困在了这个前途不明的 EVD 产业上了。

2006年12月1日，张宝全向媒体透露："EVD联盟企业将于2008年后相继停产DVD碟机，届时EVD将彻底取代DVD。"此言一经爆料，再一次引起了业界的轩然大波。

记者随即与新科、长虹、海尔、夏新等碟机生产大户进行了求证，四家企业都予以了否认，普遍认为，"一下子停产DVD不符合企业利益，企业将会根据市场需求同时生产DVD和EVD。"长虹数码科技公司总经理寇化梦说得更加直接："这只是一厢情愿罢了。"

作为中国另一家大卖场——苏宁电器家电事业部总经理李斌接受采访时说："前一段时间，就有人认为液晶将替代传统CRT彩电，各大厂商将要停产CRT彩电，最后证实只是一个谣传，而且这种说法只会扰乱市场环境。"

2006年12月6日，E盟会议在北京召开，这一次改成了"2008年EVD在中国基本替代DVD"，一字之差，概念大不相同。此次会议还有一个有趣的现象，作为E盟主席的黄光裕并未出席此次会议，全国20多个碟机厂家也只来了两个代表，这说明E盟内部依然矛盾深深，并不是张宝全所想像的如此简单。

曾经的是否一切历历在目？

现在，回过头来看这位成功商人的足迹。

1988年，一名31岁的年轻人考进了北京电影学院导演系，据说是笔试第一，成为谢飞的学生。4年过去，毕业即失业，年轻的导演不得不改行谋生。首先在科委系统下面的一家公司里谋职，但好景不长，公司出现了资金危机，解体了，张宝全又成了无业者。

当时正值小平同志南巡讲话不久，个体户、创业潮方兴未艾，"头脑灵活"的张宝全，利用在科委系统那家公司结下的关系网，与工商银行下属一企业联系搞开发，从此，平步青云。

　　那时代，中国的海南犹如一块风水宝地，奇迹频出，财富的神话不停地在这里上演，张宝全自然不甘人后，带着巨额的资金来到了海南。当然，钱是银行的，张只是来"练手艺"的。

　　当时的情况是，先期进入海南的炒房者，都已经是腰缠万贯，而像张宝全这样的后来者们，只有拣剩下的"馒头"，倒买倒卖的投机战术成了当时唯一的选择。

　　"我是1992年8月份注册完公司的，进入海南的时候已经很晚了。我们没有资金也不可能一来就大干快上，为了减小风险，只能搞短平快的转手买卖。"张宝全事后承认。这种左手倒右手的手法，学起来很快，因为张宝全身后的公司大有背景。只要张宝全找到了买家，然后利用银行的资金，再去找上游的土地，虽然赚不太多，但还是能混日子，关键是风险小。

　　也许这种日子随着海南地产泡沫的到来，已经变得越来越艰难了。

　　这时，张宝全见大量的粮食和货物进出海南，觉得有机可乘，赶紧成立了一家海运公司，买了一些二手船舶，据说"很顺利"。但与同时在海南发展的冯仑、潘石屹等人相比，张宝全似乎更"花"，前者专注于地产，而张宝全却在几个行业之间徘徊，这注定了张在任何一个方面都没有冯、潘二人专注。

　　事实上，后来的结果也证实了这一点。

　　1993年国家对金融系统进行整顿，海南房地产泡沫随之破灭。张宝全只有将手中的项目打包处理，至于亏损了多少，没有人知道。但据业内人士分析，当时从海南撤退的公司，除了早先赚到了钱的除外，后来进入的公司没有一家是不亏损的。

　　正所谓"福无双至，祸不单行"。

　　1993年下半年过后，随着金融业的全国整顿，张宝全的海运公司也大受影响，但考虑到当时撤退，成本太高，只好一边打理海运公司，一边回撤北京，等找准了时机之后，再将海运公司卖掉。

中央在对银行系统清理整理的同时，也对各下属的实业公司进行了撤并，此时，摆在张宝全面前的只有两条路，要么全身而出，要么回购银行手中的股份，张宝全选择了后者，出资回购了银行手里的股份，一跃成为公司的大股东，从此，正式步入商海，将早年自己的导演事业与电影梦想抛之脑后。

回到北京后的张宝全，捡起了房地产老本行，但是，公司的开发资质问题此时又成了一个新问题。

1995 年的北京房地产市场如同一块块自留地，地方保护主义很严重，凡是北京以外注册的房地产公司，都被看成"外地公司"，要开发房地产，必须和"本地公司"联合。而那时北京有征地权的"本地公司"只有 10 家，基本上都是房管局、建委的下属企业；有开发权的企业不多。

张宝全当时看中了西直门电影学院旁的一块地，想在那里开发，就与当时北京一家规模较大的房地产公司合作，具体方式是"张宝全的公司挂靠在它下面，给 10% 的干股作为回报"。开始倒还顺利，等到张宝全筹备了一段时间，对方又开始反悔，主要是对张宝全不信任，原因不言而喻，对于从未开发过楼盘的张宝全来说，弄砸了拍拍屁股可以走人，债务却要房地产公司来承担。

无奈之际，该公司一位副总闹离职，并成立了一家新公司，且有开发权，双方一拍即合，张立即将报告捧上，并盖上对方公司的公章以对方的名义报了上去。

很快，立项报告批下来了。不过，项目落在了对方公司的名下。

张宝全兴冲冲地去拿批文，这时，对方摆出一副高高在上的姿态："我们已经完成了立项，欢迎你来跟我们合作……"

虽然张宝全最终拿回了自己的项目，但是这一次委身人下的教训让他记忆颇深。

不拍一部电影死不瞑目？

从一个电影人开始，到炒房者、海运代理、地产商人、EVD 产业，然后又回到影院帝国，张宝全心中的电影情节总是挥之不去。从纯艺术的角度来看，这无可厚非，但作为一个商人，这种朝三暮四或许注定张宝全永远只能在二流与一流之间徘徊。

早在 2000 年，张宝全还在开发空间蒙太奇大厦时。事业刚刚起步的他，手中有了一点票子，心中的电影梦想又蠢蠢欲动。当时正是网络泡沫大膨胀时代，张宝全开始打起了网络数字电影的主意，他要把空间蒙太奇大厦打造一个数字电影大厦，甚至连空间蒙太奇的承重标准都是按每平方米 1100 公斤来设计的，而不是普通写字楼的 220 公斤。

张宝全说："那时候我们光缆都铺了，设计了外墙屏壁，最花钱的就是对电的预留。因为机房控制中心必须要有自发电，断电恢复不能超过零点零几秒。"

但是，张宝全过热的头脑再一次被现实的凉水浇了个清醒。很快，他就发现网络数字院线在安全、发行、防盗版以及成本控制等环节，遭遇到越来越多的问题，甚至有些问题几乎是无法解决的。

唯一的结果就是，体面地给自己找个台阶下来。

现在，在房地产做得不尽人意，EVD 命途多舛时，张宝全又将目光放在了电影梦想了。

张宝全说："接手华纳的消息我不会评论，但是我们在上海市场会采取多种渠道推进我们的战略，我们也会考虑跟上影合作，也可以跟其他的合作伙伴合作，也可以考虑独资，也可以合资，总之评估下来我们觉得可行的项目，我们就会去实施。"

从作家、书法家、电影导演、炒房、做海运企业、卖楼盘、EVD 联盟等，再到做影院在线，这个自称尝试了中国所有职业的男人，似乎在每一个职业上都做得不是很成功，而且有一些甚至半途而废。但是，有一点，他似乎已经掌握了操作项目的精髓。就是，现在无论张宝全做什么，都会邀请一大批的媒体记者，先把风给放出去。无论天空里有没有鸟儿，先放一炮再说话。

从做地产的时候起，张氏就渴望做一个地产业的霸主；做 EVD 时，想统一全国的碟机企业，成为一个新标准的拥有者与受益人，进而成为这一产业的巨擎；投资影院在线，刚刚开始就要在全国做十万家豪华影院，这样的大话也许只有张宝全这样的人才能说出口。

经历了这么多的挫折之后，现在的张宝全还有一个新的梦想：就是要利用 EVD 的连锁优势，将全国的影院在线连接起来，再将上游的电影制作企业进行整合，最后形成一个从影片制作、发行、播放等一系列过程的庞大产业……

正如一位资深影评人所说："作为一名学过导演的人来说，如果有生之年不拍一部电影是死不瞑目的。"

或许，这就是张宝全的最终欲望。

（廖中华）

我看张宝全

张宝全的困局

铁打的营盘，流水的兵。一直坚守 EVD 的张宝全，就是这样的处境。

当初是合作伙伴的阜国郝杰，如今已经分道扬镳。2004 年 9 月，今典集团与 EVD 技术研发方——北京阜国数字公司共同投资成立今典环球公司，大股东张宝全任董事长，阜国总裁郝杰任总经理。好景不长。2005 年 12 月，阜国郝杰决定与英国公司 NME 换股，张宝全对 EVD 的监护权面临危机。2006 年 8 月初，张宝全状告阜国索赔 1152 万元，以对簿公堂的方式了结恩怨。

而现在退出的是刘丹。刘是 EVD 的延续产品——蒙太奇数字电影机的主要技术智囊团成员。

"从郝杰到刘丹的先后离开，您是否有种坚守的凄凉？会放弃吗？"面对记者的提问，张宝全简短回答："EVD 不会有问题的。因为蒙太奇电影已成功全面启动。"

——资深记者 贺 文

胜算几乎为零

联盟来头不小，但 EVD 在上海卖得怎么样？记者近日前往国美莘庄店探访。在 DVD 销售区，厦新、步步高、新科、万利达等联盟成员均有多台 DVD 机出样，而传说中的 EVD 却不见踪影。经过反复追问，一名营业员才拿出一张"新科"的广告单片，开始向记者推荐上面宣传的一款售价为 998 元的 EVD。他坦承平时几乎没有顾客来打听 EVD 的情况，所以整个国美莘庄店只在碟片销售区放了一台 EVD。记者随后又来到永乐电器南方商城店，这里干脆连一台 EVD 机也没有，营业员称印象中好像卖过 EVD，但生意很清淡，现在连样机都没有了。

如果连"全力支持"的国美都如此冷淡 EVD，那么，中立的市场人士看淡 EVD 前景也就不足为奇了。"EVD 和 DVD 斗，胜算几乎为零！"一位不愿透露姓名的资深市场人士告诉记者。他的理由很简单，DVD 产业目前正处在由"红光"向"蓝光"升级的临界点，和传统 DVD 一样使用红光技术的 EVD 并非技术上的脱胎换骨，充其量只是一种局部改善。红光光盘容量偏小是技术上难以克服的先天不足，随着今后高清数字电视的普及，现有红光 DVD 无法满足容量需求，DVD 向蓝光升级是大势所趋。

一位市场人士向记者表示，未来 DVD 会如何升级，牵涉到国内所有 DVD 用户的选择。为了推广自己的产品，向缺少辨别能力的消费者灌输种种似是而非的概念，这种做法"很不厚道"。

事实上，EVD 联盟《北京宣言》一经公布，就有不少消费者对所谓"两年内 EVD 彻底取代 DVD"的说法表示质疑。一位网民在论坛留言上写道，国内一些厂商对概念炒作已到"食髓知味"的程度，但凡推出新产品，如果是使用了一些新技术，通常就要"猛踩"几脚市场已有的主流产品。从方便面的"油炸"和"非油炸"之争、食用油是否使用冷榨工艺、鲜奶的冷冻链，到新车型是否经过防撞试验等等，每次微小的技术升级，都会成为"抹黑"对手的资本。如此"不设底线"的商业炒作，最终结果只能是消费者、厂商、市场三方，没有一个是赢家。

——资深记者 朱 伟

人有多大胆，地有多大产

"EVD 在 2008 年取代 DVD"这就像当年"人有多大胆，地有多大产"的豪言壮语。不过，令笔者钦佩的是，当这种"豪言壮语"与一种民族责任感会合时，让我们感受到一种超越技术和产品之外的意义。

当这种豪言壮语再次在市场上传播，其实到时候 EVD 能不能逼退 DVD 人们也不会追究 EVD 的责任，这本来就是技术进步推动的一场消费升级运动，只是当这种升级变成一种"谋杀"，再好的技术也要经受市场的考验。更何况一场席卷全球的蓝光技术升级浪潮已经扑面而来。

且不说红光与蓝光谁的技术更先进，相信经过这么多年的 DVD 厂商做的科普运动，消费者的眼睛已经雪亮了，在一场商业化的"豪言壮语"面前自会有明智的选择。

不过，对"EVD 在 2008 年取代 DVD"这就像一个哲学上的假命题。如同说，EVD 是红光的，DVD 也是红光的，所以 EVD 将取代 DVD。而实质上这只是一次产品的升级。而将红光与蓝光生生扯在一起，更背离了科技创新为人类服务的本意。

其实到时候，EVD 不取代 DVD，DVD 也将会在市场上退出。这是技术进步使然。

之所以这么说，一是随着蓝光技术在更高世代影碟机上的应用，红光 DVD 必然退出市场，这种退出是为了给更高世代的蓝光技术的产品消费让出市场空间，这也是真正意义上的技术升级。

二是在全球化的背景下，一项技术推广除去立足于本土市场外，其生命力更是在全球化市场上获得更强势成长的空间。以 DVD 来说，红光时代，我们的企业一直靠向日本和欧美企业缴纳专利费，获得自己生存的空间，以获取微薄的利润。对于国内 DVD 制造企业"生存危机论"并非始自今日，早在 20 世纪 90 年代末期就已振聋发聩。但在国内产业界并未建立真正的具有前瞻性的技术创新机制。在全球蓝光潮流下，以 EVD 来独立担当振兴民族产业重任，届时将会再次重演当年 SVCD 的一幕。

——传播学专家 球五金

不能用噱头伪装自己的强大

EVD 替代 DVD，仅仅是在偷换概念。即使是联盟自身的成员，也深谙 DVD 难以代替。换句话来说，EVD 必须向下兼容 DVD，而向下兼容则意味着永远逃不开 DVD 专利，除非真的有一天，EVD 强大到征服了各大内容提供商，国际上承认 EVD 和蓝光、HD–DVD 一样，成为国际标准，不排除这一天出现的可能性，但在 2008 年，所谓的 EVD 替代 DVD，不如说是在 DVD 的基础上，增加了一个 EVD 的解码芯片，让消费者多了一种选择而已。

对行业有积极向上意义的新事物出台，作为媒体是不应该泼冷水的，但是，家电行业这种炒作之风蔓延到采用民族主义时，不得不提醒 EVD 联盟成员，市场永远最具有决定权，而在没有做到真正强大之时，进行一些概念的炒作，只会贻笑大方。作为后起者，更重要的是，我们承认和国际巨头有落差的同时，能有奋起直追的勇气，而不能推出一些混淆的噱头伪装自己的强大。

——传播学专家 黄汉英

发展前景心存疑虑

在中国的各行各业中，如果论"概念炒作"的水平，向来以家电业执牛耳。目前正在热炒之中的 EVD，算是一个中国家电制造企业突破 DVD 专利枷锁的"憧憬事物"。但现在看来，这个"概念"并未得到所有影碟机生产企业的认同。究其根源，企业对 EVD 的发展前景还心存疑虑。

EVD 的图像效果比起 DVD 来说的确好了一些，不过，也仅仅是"一些"而已，毕竟，仍然采用了普通 DVD 物理格式的光盘。就好像好几年前国人热衷的超级 VCD，虽然播放质量略胜于 VCD，但是都采用的是普通的 CD 光盘。与 DVD 光盘存储介质相比没有任何变化，在视频编解码技术上都采用 MPEG－2 这种不适合高清电影的低压缩效率方案。

明知 EVD 有可能像当年的超级 VCD 那样沦落为过渡性产品，但是还有 20 家碟机厂家在生产，原因很简单：生产厂家企图通过影碟机的升级换代来提高产品利润，毕竟，200 多元一台 DVD 影碟机的市场前景只是死路一条，如今有了 EVD 这样的新概念，产品即使不能"脱胎换骨"，但是可以冒险一搏，猛赚一把。

——营销专家　梁振鹏

下一步需要重点考虑的问题

阻力首先来自 EVD 联盟内部，如何说服碟机厂家显得更为关键；另外，产业链的打通也需要时间。由于市场需要，所以 EVD 向下兼容 DVD，但这就再次触及到了 DVD 专利问题；而更大的考验还来自 EVD 不断进步中的对手：蓝光 DVD、HD－DVD。整个国内高清碟机的方向仍然未定，前景仍然不明朗，但业界和市场都认同蓝光 DVD 和国际通用的 HD－DVD 才是下一代高清 DVD 的发展方向。

关于 EVD 高清加油站，音像业内公认的是，谁要想解决中国影碟市场的盗版问题，就必须解决价格、渠道的问题。传统音像出版体系满足不了年轻消费群体的消费习惯和偏好是其停滞不前的重要原因，而且目前已有的下载方式成本太高。一部高清电影动辄 10GB 以上，ADSL 用户用 BT 日夜不停地下载，至少也要两天三夜。而"加油站"虽然加快了下载速度，但也有人指出，如何妥善协调各方利益将是下一步需要重点考虑的问题，否则"加油站"这只金鸡非但生不出金蛋，还有可能弄成个赔本生意。

——营销专家　周思详

消费者有权用脚投票

国内企业每生产销售一台 DVD，所交的专利费达到 12 至 15 美元，占成本的三分之一左右，一年下来支出达 100 多亿元。面对高额专利费，许多碟机企业利润微薄，只得停产或转为贴牌，深圳宝安就曾发生过一个月内倒闭 30 家碟机企业的现象。

大多数 EVD 联盟企业的观望情绪还很重，一旦日本蓝光阵营在国际上火起来，以出口为主的企业必将转向，脆弱的联盟很可能分崩离析。其次，EVD 标准还不为国际组织所承认，会影响 EVD 走向国际市场。同时，EVD 光盘容量有待提高，不及蓝光 DVD 和 HD－DVD 容量的一半，有时存储一部高清电影可能需要两张盘，这将增加消费者负担，影响市场推广。此外，EVD 盘片内容短缺，缺少掌握内容资源的好莱坞几大片商的支持，而且与市面上热卖的 DVD 碟片相比，价格仍偏高，普通市民消费意愿弱。

此前，超级 VCD、HVD 等新概念产品昙花一现，其代价就是消费者为不成熟的产品和技术买单。如果 EVD 这个产品不能练好内功，消费者不可能为"中国自主知识产权"这件外衣掏钱，有权用脚投票，选择其他同类产品。因此，EVD 产业还有一段很长的路要走，需要整个产业链齐心发力。

——资深记者　刘伟文

答案是否定的

第一，EVD 产业联盟是否坚固？这个问题之所以成为问题，完全是基于前车之鉴。在国内市场，从 EVD 原始联盟的成立，HVD、HDV 联盟的成立，到国际 DVD 联盟，到现在的 BD 联盟和 HD－DVD 联盟的发展过程中，都曾出现过联盟成员的"跳槽"现象。

尽管现在 EVD 产业联盟有了多家参与者，囊括了制造、渠道、技术、内容几乎所有跟 EVD 这个词相关的企业类型，但"人越多意味着声越杂"，这难保在 2008 年之前不发生点另类声响。何况未参盟者已经有了别样的声音，比如苏宁就高调宣称，不打算销售 EVD2 代。希望中国的碟机行业能有自己的声音，能够避免再受国际巨头的压迫，而这也需要联盟成员的共同努力。

第二，EVD 产品的开发，向下兼容 DVD，那么对于兼容 DVD 的部分是否能逃过专利费的束缚呢？答案是否定的。

尽管中国电子音像工业协会两年前就与 3C 公司——日本索尼、先锋和荷兰飞利浦公司，就中国 DVD 播放机专利权争端的谈判达成协议，对于在国内销售的 DVD 播放机，可暂时不需要支付专利使用费。这只是说明 EVD 在国内销售没有专利屏障，但是要想走出国门还是面临了跟 DVD 同样的命运，也要被征收差不多一台 26 美元的 DVD 专利费。

——资深记者 许岱巍

不足以承载太多的希望

EVD 已经多次"高调亮相，低调收场"，这次拉黄光裕作大旗，能否拯救 EVD 于水火？答案几乎是肯定的：一个联盟会议，不足以承载太多的希望。

预测未来是困难的，但是，并不意味着我们无话可说。事实上，综观 EVD 的前世今生，我们仍然可以从中找出部分答案。

从 2002 年发明至今，EVD 已经走过了 4 个年头。但是，在中国，知道并购买 EVD 的消费者，仍然寥寥无几。应该说，这不是偶然的。

比 VCD、DVD 都好，走向普及的脚步却比 VCD、DVD 都慢，EVD 的尴尬到底是什么造成的？

我想，用"七分天灾，三分人祸"来形容最恰当不过。所谓"天灾"：

产品本身的种种不足，是造成产品难孚众望的原因。EVD 发展过程中，始终有 HDV 和 HVD 两个梦魇缠身，看起来好像是后二者在刻意给它制造麻烦，实际上因为 EVD 和 HDV、HVD 相比，确实并不具有真正意义上的技术优势。因此，在中国，高清碟机的发展一向是"三头蛇"的格局。所谓"人祸"：EVD 阵营的种种内讧及喧嚣，让消费者始终看不到产品，看到的只是自乱阵脚。

——产业观察家　刘步尘

张宝全说

一流的商人卖标准

三流的商人卖产品，二流的商人卖技术，一流的商人卖标准。而我拿到的，就是 EVD 的高清晰数字视听产品的标准，国家即将把 EVD 的指标作为行业标准，那么掌握这个技术专利的我们就等于占领了整个市场，无论是碟机、碟片，甚至以后的 EVD 院线，都是相关的产业。也许 5 年之后，EVD 就是集团最主要的业务。

用自己的特长来挣钱是最快的

用什么样的办法挣钱是最快的？用自己的特长来挣钱是最快的。当一个企业在生存时已基本没有什么障碍和困难时，如果说不能够在新一轮经济过程中感受到做的乐趣，把自己的智慧变成财富，它也只能是存在的状态。

解决中国放映终端衰落的问题

我选择进入 EVD，不仅仅是因为 EVD 是下一代高清碟机的标准，而是这个技术能适合中国的市场，解决中国放映终端衰落的问题。

我们是用一种对自己未来是一种毁灭性的代价来发展眼下的GDP

中国一年制造业产值的总和相当于美国电影产业的总和。中国人获得这个总和的代价是什么？美国人卖掉这么多电影的代价是什么？中国如果在现代化的发展过程当中不改变现在的硬性投资消费过于强大，而软性投资消费不能够被加强的话，实际上我们是用一种损害性、甚至说对自己未来是一种毁灭性的代价来发展眼下的GDP、或者所谓的经济增长。

怎么使电影重新回归大众

中国政府在对文化产业的发展，包括电影产业的发展上，如何恢复中国电影放映市场，改变眼下这种状况，包括怎么使电影重新回归大众，使电影票价能够下来。我认为应该把数字电影作为解决这个问题的重要战略。

时代华夏蒙太奇数字影院是标准化的产品

在十个城市做十个苹果社区，使十个城市的人满足居住需求，这种需求不一定有好的结果。地产产品是非常地域化的产品，在北京好的产品移植到武汉并不一定好，这种供应或者这种制造不一定是最有效的。而时代华夏蒙太奇数字影院是可以做到的，它是标准化的产品。

EVD对我而言成为一种使命

EVD对我而言，不是生意，而是成为一种使命，很可能带来一个新的商业模式和新的市场，我现在成为这个市场和模式的营造者，而不是简单的产品生产者。

时间对 EVD 最重要，这个时间决定你市场化的步伐，市场化的步伐决定你在中国市场具不具有发言权，也决定你这个技术能否捍卫住中国这块高清 EVD 产业。

浪漫会把一个商人葬送

商人如果只说浪漫的话，那就不可能称之为商人，浪漫会把一个商人葬送。商人做一件事情首先考虑风险，所谓的风险就是经营意识，不是你要挣多少钱，而是你可能会遇到多少风险、多少问题。如果只是浪漫的话，一看这个事情太好了，能挣很多钱，但是没想到把这个钱挣到手要经过什么样的困难，而是经常幻想怎么花这笔还没有挣到的钱，但这只是浪漫想像，而不是现实。

我是天生的商人

当我从艺术转向商业领域时，我本身的天生商人特质再加上特别好的机遇，时代给的机遇，以及个人的努力，这些巧合成就了今天的自己。如果说今天我再重新出来创业，我相信再过 20 年，我也很难达到前面 10 年所创造的成绩。

中国的电影是无人看守的钻石矿

很多人都认为中国的电影是钻石矿，我认为中国的电影是无人看守的钻石矿。虽然大家都知道这个矿，但是没有开采的工具，没有人开采的话这个资源就荒芜了。而一旦荒芜的资源被开采却没被利用，这就造成了恶性循环。

我当然要干高兴又熟悉的事情

如果有一天我做不了房地产，中国 98% 的人都做不了。

我做文化，是因为文化是我的优势也是我的兴趣。信息文化是支柱产业，而且我有自身优势，我当然要干高兴又熟悉的事情。其实我从 2000 年就开始研究数字电影，但是一直没有把握。今年夏天，当我了解到 EVD 的时候，我发现，它几乎解决了所有数字电影所没能解决的问题，而且解决得更好。

附：

简　单

张宝全

简单是一种境界
少就是多，有就是无
好和坏之间其实没有什么界限

简单是一种世界观
天人合一，九九归一
往哪里去是因为你从哪里来

简单是一种状态
日出而作，日落而息
不以物喜，不以己悲
心不动风就不可能真的存在

简单是一种语言

复杂而繁琐

朴实而平淡

自然自在才是生命最初的摇篮

马化腾——鹅儿会飞到
哪里去？

鹅儿会飞到哪里去？

马化腾能"拼死吃河豚"吗？

2007 年，中国街头巷尾、酒肆茶楼有个很时尚的流行笑话。

那笑话说，有人到网上征婚，在某大型征婚网站上点击"电脑速配"，该栏目要求征婚人填写"择偶要求"，征婚人所填写的是："个子适中，绅士风度，喜白衬衣黑礼服之正装，气度高雅，举止斯文，仪表端庄，喜爱整洁，南方人。"

电脑随即弹出征婚结果（耗时 0.1 秒）：企鹅。后还有一问：（您要找的是马化腾吗？）

一笑。

说到此处，我们该说说被女孩儿们称作"小马哥"的大众情人马化腾了。

看上去还稚气未脱的，像个才上大三的学生的马化腾，（也许他的肩上还该背上个双肩背的书包？）你就会明白，中国的互联网有多么年轻。互联网真的是年轻人的事。可如此稚嫩的互联网，这真是中国互联网之福吗？

也许你会犯糊涂，他就是身价超过 80 亿元的马化腾？没弄错吧？连将军肚都没有，谁信呀。他要去哪儿开会，得把身份证像钥匙链似的挂在脖子上。不然，门卫准不让他进去，哪怕他拿着请柬，自称他就是天底下独一无二的马化腾。还气呼呼地喊：我不是马化腾，谁是马化腾？

调侃过了，说正事儿。

马化腾，"QQ之父"，腾讯公司创始人兼CEO。

马化腾，1971年10月生于广东潮阳，1993年毕业于深圳大学计算机专业，供职于润迅公司做软件工程师；1998年创办QQ腾讯。2000年6月，QQ腾讯实现赢利。2004年6月，腾讯（0700.HK）成功在香港上市，共融资14.4亿港元。

2005年，马化腾位列《胡润百富榜》第82名，胡润IT富豪榜第7名。2006年，马化腾身价在80亿元人民币左右。

这段文字读起来简约，像在读中国短篇百字小说之王《聊斋》，可能获得这几百个字的中国人有几个？掰着手指头数吧。

可细数马化腾的"QQ腾讯"，辉煌的背后掩盖着浮华。真让人担心，马化腾的帝国大厦，该不会是建筑在一座地下被掏空了的煤矿断层上面吧？马化腾的帝国大厦下面会不会是一条干涸了的、改道了的、满是流沙的古河道？谁知道哪一天这座摩天大厦的地基会下沉塌陷？会显现"以暴利始者必以暴利亡"的咒谶，以致噩梦成真？

不信，你细究"QQ腾讯"的几根擎天大柱，看看哪根柱子的根基是坚实的，而哪根柱子的根基又是悬空的。

先说作为门户网站的"QQ腾讯"，它凭什么跟"新浪"、"搜狐"、"网易"比？这时你就会发现，流量的确很重要，可它不是唯一的。

到2007年，作为民间媒介的"新浪"、"搜狐"、"网易"，其主页面每天的流量都超过了1亿大关，其访问量已足以与任何官方网站，包括官方网站大联盟分庭抗礼，它早已在中国的超级媒体之林成了参天大树，其根也深，其叶也茂，要撼动它，谈何容易？

这一点，马化腾也心明如镜。为此，马化腾没少花心思，马化腾也忧心如焚。

只要听听腾讯网副总裁孙忠怀的这段话，你就会明白，笔者所说不妄。

孙忠怀说："尽管'新浪'流量第二，不过它才是公认的第一大门户，广告商认它。相对于陈彤（新浪的总编辑），我的差距不小。'新浪'的编辑们七八年积累下来的精耕细作的能力，是现在'qq.com'急需提升的。"

能承认并勇于面对这一现实，孙忠怀能说出这段话是很不容易的。不要以为广告商们的眼里只有数字，他们还看这些数字的质量。一个脱光了衣服在街上裸奔的人，是能得到很高的关注率的，可那样的关注率一文不值。它与正月十五在街上演出的社火秧歌，不可同日而语。

如果腾讯"qq.com"改变不了这一形势对比，腾讯"qq.com"的盛极而衰，是早晚的事。

不要以为只有腾讯"qq.com"才对自己的主页面地位忧心忡忡。

为此，"网易"的丁磊走马灯似的先后用了四任总编辑。在丁磊那里，你可以知道，一个总编辑值多少钱。在丁磊那里，一个总编辑比白岩松还值钱。在丁磊那里当总编，对新闻的嗅觉得比德国黑背那样的大狼狗还灵才行。生存的竞争从来没有如此残酷。

岂止是"网易"呢，在"新浪"、"搜狐"，又何尝不是如此？

在中国互联网的门户网站当总编辑，那才叫总编辑。既体现了总编辑的才干，又体现了总编辑的物有所值。对于真有才干的总编辑，对于能让自己经营的页面，其流量如钱塘江的大潮袭来，铺天盖地，一浪高过一浪，又不出轨、不坏事、不涉黄的总编辑，中国互联网的CEO们是肯花大价钱的，那大价钱让白岩松都想挪窝儿。

腾讯"qq.com"主页面地位劣势地位明明白白，这是马化腾帝国大厦的心腹大患。改变主页面地位劣势地位似乎很难很难，不过也不尽然。如果马化腾真能下决心，放手一搏，拼死吃河豚，也许几天，也许几周，"qq.com"主页面便能一飞冲天，中国的媒体并非没有这样的先例，可很难很难。

再说"搜索引擎"。腾讯QQ的"搜索引擎"很一般，或说很平庸。

它的"搜索引擎"谈不上什么竞争力。有它没它一个样。

时至今日，尽管中国互联网的各大门户网站都有搜索引擎在运行，可仍不能动摇"百度"的霸主地位。那么"百度"真的很强大很完美吗？远非如此。不过是山中无老虎而已，也许，是因为搜索引擎不赚钱，中国互联网的各大门户网站对搜索引擎的开发都那么漫不经心。

可搜索引擎真的不赚钱吗？

看看美国的"Google"2006 年 11 月在纳斯达克的股价直奔 500 美元，成为纳斯达克第一贵族股，你便会知道，说搜索引擎不赚钱，有多么短视，多么荒唐。说这话的，不是白内障，便是青光眼。

我们是多么期盼中国互联网出现威力更加强大的搜索引擎，它是互联网大海里的一张网哪。

盘点如今中国互联网，很多人的心中都在想着同一个问题，这个面如冠玉、举止飘忽，来去匆匆的马化腾，难道真有一统网络江湖的野心？笑柔柔、情怯怯的"企鹅"，有何魔力成为微软式的垄断机器？

听听这句略带调侃的赞美语，听听这句"微软式的垄断机器"，你会不会觉得有些发悚？你会不会觉得，马化腾帝国大厦的地基在声声作响？

看一看马化腾的帝国大厦，似乎很辉煌，很壮观。可细数数这座帝国大厦有功能的房间，你会发现，它其实就是座小二层的写字间，对这样的结果，你该如何评说？可如果它真的就是座小二层的写字间，那倒好了。可问题是，它又是座一百多层的、天天在烧钱的帝国大厦，你又该怎么办？

马化腾又该如何收拾这个局面？

一场五个人的战争谁能赢？

21 世纪的第五年，中国的互联网上一场五个人的战争，拉开了沉沉的金丝绒大幕：《五国演义》。

　　这五个人是"Tom在线"的王雷雷、"网易"丁磊、"雅虎"的中国总裁周鸿祎、"QQ之父"马化腾、还有"新浪"的王志东，这是一场和平时期的战争，一场美妙无比的战争。

　　可我们还是不要如此说吧，免得"反战大同盟"找事儿，打上门来。

　　我们还是用中国人喜欢的方式说事儿：中国互联网上的这场五个人的战争，看上去更像五人一桌的麻将。不过打得大了点儿（老天爷，别把"反战大同盟"哄走了，又把公安局给招来了，一笑）。

　　坐在这桌麻将桌前的五个人都在想着一件事，一圈下来，是平分秋色，还是赢家通吃？第一个被"踢死"的倒霉蛋，又该是谁？

　　五个人，各有各的心计，各有各的目标。

　　平分秋色的结果基本为零，谁都不想白忙活一场。要是平分秋色，咱们干吗来了？吃饱撑的？可五归一的"赢家通吃"，此种几率虽说在理论上存在，可从力量的对比上看，其概率同样基本为零。

　　偷偷地来一场苏秦张仪、合纵连横，下绊子、使黑腿、出老千，收拾一个是一个？太卑鄙，盗亦有道，中国互联网的大亨们不屑此招儿。再说，凭什么如此鸡鸣狗盗，作梁上君子？真的家里没有隔夜的米了？至于吗？

　　既然如此，那么只剩下了一种可能，重新洗牌，梁山英雄重排座，谁是天罡星，谁是地煞星，那就得看本事了。

　　对，这才是"光明正大"。

　　这桌麻将玩得真够大的。

　　五个人都想在中国互联网门户格局中三分天下居其一，眼睛都在盯着"网易"的丁磊、"新浪"的王志东和"搜狐"张朝阳的钱包，不盯他盯谁？"雅虎"、"QQ"、"Tom在线"都在想着同一件事：怎么能将流量领先的"新浪"、"搜狐"和"网易"取而代之。

　　谈何容易哟。

　　"Tom在线"的王雷雷在2002年大举投入，发狠要进"门户前三"。

被"Tom 在线"步步紧逼、剑剑追喉的"网易"，也在对"新浪"、"搜狐"紧追不舍。

2003 年末开始，"雅虎"的中国总裁周鸿祎声称，要为号称"全球第一门户"的"雅虎"在中国夺回"应有的位置"。"雅虎"已被逼得发出了中华民族最后的吼声。再不如此，"雅虎"就要变成病猫了。

可即便如此，"雅虎"也没能挽回它的颓势。时至今日，三足鼎立也好，四分天下也罢，都没有"雅虎"的什么事儿。"雅虎"的中国根，扎得不深。

"腾讯"的马化腾重重地将"qq. com"这张牌砸在了桌面上，马化腾说："我们会进入门户前三，前三中有一家会是'新浪'，另一家我不知道是谁。"这话说得够"狂"的。别说马化腾斯文尔雅，该"狂"的时候也得"狂"。不如此，那也不是马化腾。

可 2007 年，回过头来再咀嚼这句话，让人觉得，这话是该这么说，没错儿，是这斤两。

而比这还早三年，　"联想"和"AOL"成立合资公司，为把"fm365. com"烧成"中国 AOL"，下了 1 亿美金的注。

1 亿美金哪，谁能赌得这么大？可 1 亿美金在中国互联网上的这桌麻将上，虽说也还是张大牌，不过也大不到哪儿去，不过是咱家过年的麻将桌上的"小 50"。

可问题是，下这么大的赌注，也没赌赢。真让人怀疑，是"fm365. com"生不逢时，还是"虽有卧龙，惜无天时"，谋事在人，成事在天，人算不如天算？

杨元庆也好，周鸿祎也罢。在中国互联网，都是响当当的人物。都是中国互联网天空的巨星。

"Tom 在线"虽然是后辈，但 2001 年才发力，2005 年利润就超过了"新浪"、营业收入超"搜狐"70%。这表明后发制人王雷雷也不是"人"。

在中国互联网上的《封神榜》上，丁磊更是正神一尊。这个"技术精英"加"天才商人"，掌管的是中国互联网业利润最丰的公司。

只有马化腾，云来雾去，在深圳玩深沉。

这桌 2005 年支起摊子的麻将，一直打到了 2006 年，虽说谁也没给踢死，也没能赢家通吃。

2006 年年底，中国互联网的这桌五人麻将散了，大家各自摸各自的钱包，虽说月儿弯弯照九州，几家欢乐几家愁，可"新浪"、"搜狐"、"网易"三分天下的形势依旧，强者恒强的形势没有大的改变。

中国互联网五剑客的这桌五人麻将，2007 年还会接着打。

这桌麻将不能散，有这桌麻将在，中国互联网的棋牌室才会笑语朗朗，风起云涌，英雄辈出，潮起潮落，人来人去。大茶壶里的三江水来了去，去了来，常来常新。小泥壶里的龙井茶也才能陈的去，新的来，香气四溢。

您说，是也不是？

我们凭什么喜欢 QQ？

最初，当 QQ 刚刚问世，中国人对它的认识很单纯，觉得它就是个很可爱的聊天用的小软件，挺好玩儿，挺好用的。除了中学生，有它不多，没它不少。聊天室谁家没有，跟咖啡屋啤酒吧茶秀似的，满街道都是，凭什么单去 QQ？

可人们很快就觉得，不成，要聊天、要视屏，没 QQ 不行。笔聊不过瘾，要有声儿，要有图像，要面对面地聊，就得它，非它不成，离不了它了，就它好用，产生依赖症了。后来又发现，这玩意儿升级换代好快，不仅是聊天视屏面对面，还有异乎寻常的、强大的传输文件，或专业点儿说，叫"即时通讯"的功能。

这"即时通讯"的功能强大到无人能比，"企鹅"比"伊妹儿"乖巧多了，来也匆匆，去也轻轻。一封"伊妹儿"得花上 60 秒才能发出，或才能完成接收的图片，QQ 企鹅 3 秒钟就能搞定，安全正点的程度还高到无可比拟。

灰姑娘变成公主了，小"企鹅"穿上水晶鞋了。

2007 年，不只是中国互联网，连全中国，至少有 6 亿人都认识了打着红围脖的企鹅 QQ。这玩意儿还真了不得。可 QQ 如果让人记住的总是这点儿好处，是祸是福？

谁偷走了我的 QQ 号？

其实让马化腾烦心的事儿还真不少。QQ 的问题成堆，最让他头疼的事儿怕要数 QQ 盗号。

如此大面积地发生 QQ 号被盗，这让人对 QQ 的技术安全发生怀疑。而且 QQ 号的被盗已严重到了如此程度，2006 年年底，一个五位数的 QQ 号（号越短越好记，所以成了稀缺资源），在网上已被叫卖到了 1000 元。而五位数的 QQ 号，已经被盗用得剩不下几个了。现在，连 8 位数的 QQ 号都发生了大面积被盗。也就是说，QQ 号的被盗数量以千万计。

马化腾还能把这不当回事吗？

在网上，有团伙通过木马程序盗号，有专人生产"木马"，有专人"放牧"，盗号团伙都是孖号，通过程序一次可以处理几万个号码，发完广告后退出，用户根本发现不了自己的号码被盗了。

对此，马化腾说，他的对策主要是两个：一是法律手段，此前深圳南山区法院就以"妨碍通讯罪"判过一起盗号案；二是建立 QQ 号码信用体系，一旦用户的信用特征明确，就可以从系统端来判断号码有没有被盗，"这项工作我们正在进行中，快完成了"。

可事情没这么简单。有多少人会因此而闹上法庭？更多的人选择的是放弃，而这恰恰是马化腾最不愿意看到的。

马化腾减持腾讯股票发出的是什么讯号？

2005 年 7 月，身为"腾讯"大股东的马化腾，减持 1000 万股腾讯股票，占其持有股票总数的 4.13%，以当时市场价每股 6.2 港元计算，共套现约 6200 万元。

市场对马化腾的减持行为反应强烈，在减持事项披露后，腾讯股价连跌 3 天，还有分析认为，这可能是腾讯业绩下滑的征兆。

从财富管理的角度出发，朝好处想，马化腾减持股票可能是一种正常的资产配置行为，将账面收益落袋为安，有助于保护其资产，避免将风险集中于公司股票。可如果以为大家都会这么想，那就太天真了。几乎 99% 的人对此举的解释是：马化腾要开溜。

这就是腾讯股价连续 3 天收阴的原因。

对此，有人匆匆出面解释说，就"腾讯"自 2004 年 6 月 16 日上市以来的股价走势看，连续 5 天的下跌出现过 1 次，连续 4 天的下跌出现过 6 次，连续 3 天的下跌出现过 10 次，因此，股价连续 3 天波动，应属正常。

解释接着说，马化腾减持之后，"腾讯"的业绩在高速增长，收入、净利润在 2005 年第三季度分别为 3.6 亿元、0.77 亿元，到 2006 年第一季度，已经增长到 6.45 亿元、2.49 亿元，显示马化腾的抛售并不存在公司层面的问题，实际是大股东正常的资产配置行为。

可问题是，该解释可靠吗？谁又能保证，马化腾不是在明修栈道，暗渡陈仓，在"减兵增灶"？

马化腾是不是在"减兵增灶"？

对马化腾"减兵增灶"的怀疑，并非空穴来风。

2006 年 3 月 31 日，"腾讯"发布其《2005 年年报》后仅一周，"腾讯"以全体邮件的方式，向员工发布了"薪酬调整和引入5%末位淘汰机制"的方案。

如果说，"腾讯"的收益大幅增长，"腾讯"又怎么可能出台这样的调薪方案？

方案为：薪酬调整之后，此前按季度派发给员工的季度奖，改在每年年末发放。如果员工年中离职，季度奖金将被取消；年末奖金发放结构为"双薪＋年终奖＋原来的季度奖＋考核奖"，其总和的60%年末发放；如果员工年后即离开公司，余下年后发放的40%将被取消。此外，公司各部门严格执行5%末位淘汰机制。

该方案在腾讯公司的员工中，如石破天惊，引起一场轩然大波。翌日，天涯网上一个标题为《腾讯大幅降薪裁员》的帖子，迅速在腾讯公司的员工中如风传开。

他们是这样评价新方案的：

"现在公司的待遇已经大不如前了。"自称是从"华为"跳槽至"腾讯"的发帖者表示，"公司新的薪酬改革方案，取消了季度奖，每季度少了几个K（千元），而且去年进公司的，已经没有股票期权可以分，半年调薪的幅度不高，名额也少，每年还要淘汰5%。"

这个帖子显然点燃了公司内部对该薪酬改革方案的不解和怨愤。

与此同时，"腾讯"还遭遇了来自外力的夹击。不少"腾讯"的中层员工，都接到过这样的打到办公室的电话："我是××猎头公司，受客户委托邀你加盟，我知道你现在说话不方便，我这边会说条件，你只要回答'是'或者'不是'。"

"我们部门上个季度被MSN挖了很多人，公司很生气。""腾讯"无线业务系统一位人士说，MSN开出的价码通常是"腾讯"现有工资的1.5倍。

据"腾讯"员工透露，季度奖在"腾讯"员工当期收入中占了20%的比例。因此，尽管2005年第四季度以来，"腾讯"已经以"组织激活"

为口号，对接下来的系统组织结构、考核标准、薪酬制度等调整做了前期铺垫，但突如其来的薪酬变动，还是在员工中引起了骚动与不安。

员工们私下普遍认为，季度奖金年后发放的新规定用意很明显，"对打算离职的员工影响很大，而选择在过年前后离职的员工，将会损失40%的奖金"。

一位腾讯中层员工表示，当前弥漫在公司上空的这股怨气，一方面来源于本次季度奖调整，另一方面，也掺杂着部分员工对去年第四季度公司组织结构大调整后，对人力资源考核标准变动的不满情绪。

在不少腾讯内部人士看来，对于马化腾，真正的难题或许并不是对付那些正在满天飞舞的"大降薪、大裁员"流言，而是通过改善组织架构和激励机制，来解决由于业务快速扩张所带来的人员骤然膨胀，同时又面临被竞争对手挖角的难题。

2005年，腾讯员工由年初的1100人，激增至年底的2500人，翻了一倍多。而据腾讯内部知情人士透露，目前这种大力扩招的趋势仍在继续，马上就要突破3000人了。

腾讯研发管理部负责人在公司内刊上不无忧虑地指出，他来公司三年，公司人数一直是三位数的增长，见证了公司从小型公司向中型公司的转变。可再往下呢？腾讯是一直走人员高速扩充之路，还是走提高人均效率产能、夯实中型公司基础之路呢？

与腾讯的人员急速膨胀相对应，其在业务上也是全面开花。从2005年开始，腾讯宣扬要进军"三大门户"，并大刀阔斧挺进网络游戏、以"拍拍网"为主的电子商务、锁定与雅虎一争高下的搜索业务等领域。

从业绩来看，腾讯在2005年似乎是丰收的一年。但是，在业务上全面开花的"腾讯"，能把大而全的业务继续做好做深吗？

"在不断加人的情况下，我们每人平均创造的收入是不断下降的。"2005年1月，"腾讯"有关人士在其内部刊物中指出，"我们不断成长，不断招人，如此一来我们在管理意识上有些放松"。

腾讯人力扩张面临两大烦恼：一方面防止优秀员工流失，另一方面，如何激活整体竞争力？这是一个庞大的管理难题。

还靠期权吗？这一招似乎已不那么灵。在"腾讯"，已经有不少拥有期权的员工，都已经离开了，说明期权并没有起决定作用，而2004年以后新加入"腾讯"的员工，能得到期权机会的就更少。

别把这事儿不当事儿。真正的危机，能让"腾讯"一败涂地的危机，不在宫闱之外。任何外部的危机，只有通过内部的危机才能以大爆炸的方式被释放。

《红楼梦》第七十四回，"惑奸谗抄检大观园"中，探春说："百足之虫，死而不僵"，必须先从家里自杀自灭起来，才能一败涂地呢。

千万别让探春此说一语成谶。

一场接一场的官司背后是什么？

和"微软"一样，和比尔·盖茨一样，马化腾也官司缠身。而且不要小看了这件事，不要以为要做生意便得打官司，这是企业间的寻常事。做生意便得打官司的确不稀奇，但得看这官司是什么样的官司。

一场反垄断官司的败诉，能让比尔·盖茨苦心经营的"微软"帝国大半河山沦陷。一场没完没了的反垄断官司，能让比尔·盖茨少活十年。

一场接一场的官司，是企业倒闭前的凶兆。

2006年10月，先是"腾讯"将"掌中无限"告上了法庭，称"掌中无限"提供的基于手机运行的无线即时通讯软件PICA，擅自捆绑QQ的服务，与QQ、MSN实现互联互通，侵犯了"腾讯"的计算机软件著作权和财产权，构成"不正当竞争"。

"腾讯"在诉状中说："这侵犯了我们的财产所有权，也破坏了腾讯为保护QQ服务器软件著作权而设置的技术措施，侵犯了腾讯的软件著作权。"

"腾讯"起诉"掌中无限"后，"掌中无限"就地发起反击，"腾讯"又被"掌中无限"推上法庭。

北京掌中无限信息技术有限公司以"涉嫌垄断和不正当竞争"为案由，向深圳市中级人民法院正式提起诉讼，请求法院判令腾讯停止垄断及不正当竞争行为，限期公开其阻碍互联互通的QQ即时通讯系统通讯协议，并索赔200万元。深圳市中级人民法院已经受理了此案。

有媒体评论说：这将是"即时通讯"领域反垄断第一案。

此案与美国"微软"从2002年便开打，到2007年还在继续的"涉嫌垄断和不正当竞争"案异曲同工，简直就是美国"微软"案的中国版。

"掌中无限"在他们的网站公告栏上，发出了起诉"腾讯"的公开声明，称："'腾讯'拒绝互联互通的行为，违反《电信条例》及《反不正当竞争法》，构成垄断和不正当竞争。"

"腾讯"公关部负责人对媒体表示，目前未收到法院通知，在不了解具体情况的基础上不作评论。但同时表示，所有擅自破解QQ协议的行为，实际上是侵犯知识产权的行为，是混淆"互联互通"和"侵犯知识产权"之间的概念。

这是一个万众瞩目的重大案件。

中国法律环境与美国的法律环境差异巨大，在美国，《反垄断法》享有至高无上的《经济宪法》的地位，而中国，至今还没有《反垄断法》出现。我们还不能确切地知道《反垄断法》何时颁布实施。

可这并不意味着2007年的中国，在制裁以技术独占垄断来阻隔互联网的互联互通上，无法可依。

这个案子的判决，无疑将直接影响国内"即时通讯"的走向。如果"腾讯"胜诉，今后即时通讯工具势必各自为战，形成一个个"通讯孤岛"；反之，如果"掌中无限"胜诉，今后"即时通讯"就可以获得一次快速发展。

关于"垄断"的问题，"掌中无限"认为，根据艾瑞调查报告，腾讯公司在即时通讯市场拥有 74.8% 的市场占有率，在市场中处于绝对垄断的市场支配地位。"腾讯"在 QQ 中使用私有通讯协议，且不对外公布其协议的内容，设置了和其他即时通讯服务商互通的技术障碍，违反了《电信条例》和《反不正当竞争法》的相关规定。

"掌中无限"表示，广大 QQ 用户在选择其他即时通讯业务经营者的服务时，面临和原来已有的大量 QQ 好友无法互通的两难境地，限制了用户选择其他经营者的服务。在互联互通的问题上，大部分即时通讯工具一直在进行"互联互通"尝试。

如果我们以此案的第三者地位审视此案，你会支持谁？你会站在马化腾的身边吗？

而马化腾的苦脑还不只是这场官司，还有更大的风险在前边路口守株待兔地、耐心地等着马化腾。

IM"全球互通"会不会是马化腾"腾讯 QQ"帝国的《终结者》？

2005 年 10 月 12 日，"微软"和"雅虎"宣布达成合作协议，"MSN"和"雅虎通"计划从 2006 年第二季度起，在全球实现互通，这包括中国市场。

"微软"和"雅虎"互通之后，将形成全球最大的 IM 社区，共同占领超过 44% 的全球市场份额，全球将近一半的 IM 用户第一次实现互通，从而改变整个 IM 市场格局。这将超越并夺走目前"美国在线"的"老大"地位。

"MSN"、"雅虎通"和"美国在线"是全球三大 IM 工具，合计拥有数亿用户。

很明显，在美国，"微软"和"雅虎"互通，是西蜀"东联孙权，北抗曹操"之战略行动，是对另一个 IM 巨头"美国在线"的 AmericanMessenger 以及新兴的 Googletalk 的孤立战。在中国，同样，"微软"和"雅虎"互通，结成联盟，是针对最大 IM 巨头"腾讯 QQ"的严重挑战。

美国三大 IM 工具在中国市场的实力，除 MSN 有所发展外，远没有本土 IM 巨头"腾讯 QQ"强大。

如果以前有人对"腾讯 QQ"惊呼，"狼来了!"不过是殷纣王为博妲己美人一笑，而点燃的烽火狼烟。那么这一次，狼真的来了。而且是黑压压的一大群饿狼。如此一大群饿狼，连老虎都会望风而逃。

非常有意思的是，MSN 中国区总裁罗川称"我们愿意和更多的 IM 互通"，这其中当然包括"腾讯 QQ"、"网易泡泡"等本地 IM。

这其实是在招降。

"腾讯 QQ"作出的反应是，"我们会积极探索，谨慎考虑"。"腾讯 QQ"说，目前在中国实现此类互通有一定的技术管理难题。而且"MSN"和"雅虎通"互通也不能改变目前中国市场的格局。

这话里有骨头。

马化腾说："我觉得很难做到所有的即时通讯工具都互联互通，因为要整合很多的东西，很难做。尽管互联互通是一个趋势，但是很难走下去。这其中涉及很多技术、安全、资费等问题，各家的标准都不一样，互通后反而会显得很乱，安全也难以控制。"

马化腾的话说得很委婉，也很明白，马化腾不会就范，马化腾拒绝招降，天下是天下人的天下，凭什么就该"微软"一统天下？你坐得，我马化腾就坐不得？帝王将相，宁有种乎？

马化腾一边炮轰"微软"MSN 与 WINDOWS 捆绑，一边明确反对即时通讯软件之间的互联互通，继续封闭 QQ 的 API 和通讯协议。

对于"腾讯 QQ"而言，其大多数的收入，是建立在 QQ 即时通讯上完成的。"腾讯 QQ"是 IM 市场的既得利益者，不愿意为此做出改变，维护现有市场格局是腾讯的最优选择。

可马化腾却要看清，天下大势，合久必分，分久必合。现在，谁都挡不住"分久必合"的"天下大势"。IM 的全球互通时代的资源整合已经来临，任何加大沟通成本的措施、产品都将为市场所淘汰，为用户无情抛弃。

马化腾全球 IM 工具群雄并起，IM 工具之间各自割据、各自为战，用户只能同时开通多个 IM 工具才能进行交叉沟通，不但占据过多的系统资源，使用也非常不便，对于广大用户来说是莫大的痛苦。互联互通必将成为整个 IM 市场的大势所趋，就像中国网通与中国移动、中国联通之间的网路通信、短信互通一样。

因此，"雅虎通"和"MSN"实现互联互通，对于全球即时通讯产业来说，是一个历史性的转折点。

IM 市场有一个重要的特征，即用户越多人气便越旺，对新用户也具备更大的吸引力，规模弱小者则往往会越来越弱。"雅虎通"和"MSN"实现互联互通，加强了这种强势。可以预计，会有更多的 IM 工具之间实现互联互通。

雅虎通和 MSN 掀起巨大的波澜，注定是 IM 行业的搅局者。"腾讯QQ"已经面临一个巨大的选择，在"大势所趋"面前，腾讯还会继续坚持走"闭关锁国"之路吗？小企鹅还能安稳地坐在国内即时通讯市场的老大位置上吗？

如果选择互联，"腾讯"会损失自己的一大批客户资源，并削弱"老大"地位。如果选择不互联，情况将更加糟糕。逆潮流而动的唯一结果，就是腾讯与这个市场的发展方向越来越远，路会越来越窄，"腾讯"帝国的被蚕食、被吞并，都是命中注定的。

于是，这样一个严酷的问题，便不容回避地摆在了马化腾的面前：IM"全球互通"会不会是马化腾"腾讯QQ"帝国的《终结者》？

很可能，此题无解。

"泰坦尼克号" 还是 "哥德堡号"？

这场官司有理由让人们对马化腾的"腾讯"发出这样的疑问："腾讯"是"泰坦尼克号"还是"哥德堡号"？

面对这一疑问的还有比尔·盖茨和他的"微软"。

在情感上，我们希望马化腾举剑欢呼，倒在血泊中的是"掌中无限"，可在理智上，我们希望"掌中无限"举剑欢呼，倒在血泊中的是马化腾。而且，"掌中无限"获胜的概率更大。

其实，无论倒下的是马化腾，还是"掌中无限"，都不是世界的末日。

这就像无论是"泰坦尼克号"还是"哥德堡号"，虽然都遭遇了灭顶之灾，长眠在海底无边无际、似乎永无尽头的黑暗之中。所不同的是，1745年沉没在海底的"哥德堡号"，两百多年后的2006年，重新打造的、更加壮美的"哥德堡号"和瑞典国王古斯塔夫十六世偕王后一起，再一次抵达中国，掀起了一场席卷全球的"哥德堡号"热浪。

这是一次凤凰涅槃式的重生。

不过，无论是"泰坦尼克号"还是"哥德堡号"，对于马化腾来说，都是一场灭顶之灾。这个过程太痛苦太漫长。即使再次浮出水面，也没有马化腾的什么事儿了，互联网可不是那么喜欢怀旧的主儿。

要知道，老年人生活在过去的辉煌，可年轻人生活在未来的憧憬。

不过对于日正中天的马化腾来说，他完全有能力驾驭着"腾讯QQ"，避开北冰洋上的冰山，前提是，他的眼睛必须时时刻刻地盯着船上的陀螺仪。毕竟，马化腾是属企鹅的。

（魏雅华）

我看马化腾

群狼围攻偷袭，"马大帅"孤军奋战

有人扬言要将马化腾五马分尸，也有人扬言要暴打马化腾，并煞有介事地列出十大理由。这说起来可笑，但是还是有点意思的。

现在，马化腾同志除了要正面应对有备而来的盛大，腾讯还要提防网易、新浪甚至 TOM 等服务商的骚扰，以及 MSN 雇佣军的偷袭，颇有点孤军奋战的悲凉。

说起来，腾讯在某些地方跟盛大很像，都是迅速做大，都曾是网吧的"杀手级应用"，都以 20 岁上下的人为主要用户群，都从互联网的非主流进入主流。但这两家公司又非常不同，盛大从第一天决定做网络游戏，就认准了这条路，腾讯在即时通讯服务上却走得有点漫不经心。盛大从来不认为自己的成功是侥幸，腾讯则不能不感谢机遇的垂青。盛大一直牢牢地控制在创业者手中，而腾讯在已经没有生存压力的时候，还把大量的股份卖掉。其结果，在选择战略战术的时候，腾讯就缺少了很多盛大那样的笃定。

互联网行业的特点之一就是，风光总是暂时的，没有谁敢稳坐钓鱼台。大者恒大只是大者的自我抚慰，大者被后来者挑落马下的传奇故事，一直在不停地上演着，否则就不会有 ICQ 的失意、AOL 的没落，也不会有 Google 的荣耀和淘宝的窃喜。

——资深记者 李江华

马化腾面临封杀

中移动在 2007 年开年短短的一个多月内陆续出台多种新政，对多种业务封杀，中移动不但封杀 SP，甚至还截杀 SP 后路，这无疑更加暴露出中移动的垄断野心。在面对不断出台新政导致下滑的业绩，建立免费 WAP 网站成为 SP 转型中的一大热门，但是中移动很快又开始整治免费 WAP。

按照如今整治免费 WAP 的形势看，这些 WAP 网站的日子也不好过，正如诺盛电信分析师所言：独立于中国移动之外的免费 WAP 网站前途难测，无线互联网免费模式很难摆脱中移动的管制。

从停止与 SP 的合作到推出自己的 IM 软件，从干涉 QQ 资费到提高与 SP 的分成比例，甚至到整治免费 WAP 网站，中移动一切都显得那么低调，但是却又那么"雷厉风行"，全然不顾及大家给中移动扣上"垄断"的帽子，看来中移动此次是铁了心要"大展拳脚"了，在中移动的"铁拳"之下，IM 软件飞信能否如愿得到大力发展呢？各大 SP 又将走向何方？或许只有等待时间的检验，我们拭目以待！

—— 资深记者　鹤小何

QQ 究竟喜欢哪一个

正如近两年明显表现出来的，QQ 的用户群其实正态分布在一个区间内：他们通常年纪不大，以娱乐为使用 QQ 的首要目的。这些用户，也许随着年龄和身边人群的变化，会转移到其他即时通讯软件上，比如 MSNmessenger 和 Google Talk。这个意义上，腾讯的问题类似于一家儿童用品公司：小孩子总要长大，重要的是新生代是否依然选择你？

2000 年以前，对于新浪、搜狐们来说，即时通讯软件是副产品，不会用尽全力去投入，所以在这个领域它们打不过腾讯。当它们真正意识到重要性，重新积累此领域的经验，QQ 的先发优势已经形成。而现在，腾讯染指其他领域，它如何保证自己不出机制，或者说意识上的问题，错失重要市场？

——品牌管理专家　张　亮

我很同情马化腾

1999 年，QQ 初生的时候，当时叫做 OICQ，取 Oh, Iseekyou. 之音，同时也沾沾即时通讯界当时的霸主 ICQ 的光，图标也是一只瘦瘦的企鹅。随着时间的推移，ICQ 注册商标了。美国在线不干了。开始满世界打官司了，"老子叫了 ICQ，谁也别想叫 XICQ 了。"于是马化腾急了，OICQ 也变成了今天的 QQ。再后来，Linux 的企鹅也开始红了，马化腾又急了，于是瘦企鹅就变成了胖企鹅了。似乎也预示着我们的 QQ 开始敛财了。那企鹅眨巴眨巴的眼睛似乎会说话，就俩字儿——"忽悠"。

铺天盖地的广告来了，色情、暴力、一大串敛财的手法，QQ 秀、会员，迄今这么多敛财手法中我认为天下至毒、至恶、至无耻，以至于一想到此手法就像掏枪点射的我认为觉得是 QQ 秀，买了衣服，几个月后被回收了，你可以想像一下你花钱买的并正穿在身上的衣服，突然有一天跳出个售货员，然后对你说："对不起我们公司要回收这套衣服，你到期了，要想继续穿啊，请续费，抓起电话拨打冲值电话啊。"然后瞬间让你只剩一个裤衩。寒冬腊月啊，你就像根人棍一样立在那里。面具也被人脱了，一脸的傻样。这个叫什么买啊？你就叫出租服装算了。太毒了。

广告泛滥的另一危害就是犯罪。色情事业在我国明令禁止，而 QQ 反倒成了滋生色情的温床，不知道多少人在上面寻找了一夜情就是俗称的 onenightstand。也不知道多少无知少年和所谓网友见面寻找爱情反而丢失了自己的学业、金钱、贞操甚至是性命？

现在又进军游戏界了，以满是日文和韩文的 QQ 幻想来愉悦观众，号称完全国产……这种噱头好比一天 PUB 里面突然出来一个人妖，说是美国的，结果一翻内裤——made in Thailand。或者告诉你，这是一台原产的意大利法拉利，结果你一查，MMD，意大利设计，中国零件，台湾芯片，日本轮胎，德国制造……

QQ 程序也越做越大，完全安装居然要差不多 100 兆。整个 windows95 才多大？对普通用户来说能做多大的事情？QQ 多大？对一个普通用户来说又能干什么？越来越臃肿的软件，稳定性却并未提升多少，无限制地放出新版本，把几千万或者上亿的用户作为免费测试员使用……

如果一个即时通讯软件主要功能已经不是通讯而变成了时装秀时，我觉得，其是否还有存在的价值。也许，社会真的是多元化的，软件呢？不知道腾讯还能扛起这面中国即时通讯大旗多久？不过我无所谓，QQ 我会继续用下去，哪一天马化腾说"我不干了，老子要收费了"。或者"老子钱够了，不想赚了"。那我还有 Skype，还有 MSN……实在都没有了，我还有电话，电话没有了，这个世界差不多改用心电感应了，那个时候所有的即时通讯都见鬼了。

——财经记者　心中无鱼

马化腾该打

QQ 会员"圈钱"：腾讯 QQ 推出 VIP 会员以后，刚开始的时候是 5 元/月，现在是 10 元/月。但是，自从申请了 VIP 以后，和普通会员相比，除了能够建几个 QQ 群之外，没有其他"中意"功能。问题是，假如，中国有 100 万个会员，那么腾讯一个月的会员收入就突破 1000 万，这仅仅是一个假如，相信腾讯的会员数肯定超过 100 万了。

拍卖 QQ 靓号：到现在为止，我还不明白腾讯的 QQ 靓号靓在何处，是因为号码只有 5 位、6 位、7 位，还是？我真搞不懂，腾讯的 QQ 靓号居然还能卖得动，一个月 20 元的收费不说，也不比一个普通号好到哪里去。

成立网上虚拟商店（QQ 秀）：腾讯推出网上虚拟商店，命名为 QQ 秀。此招的确管用，马上吸引了众多 QQ 迷的抢购，一时之间，大家相互攀比，把 QQ 秀当成了自己梳妆打扮的一个"试验基地"。同时，QQ 币也到处热卖，虽然才一元一个 Q 币，但这笔经济账也相当可观。按照每人 10 元计算的话，腾讯在 QQ 秀上的收入一年不会低于 1 亿元。最令人寒心的是，时隔 1 年之久，以前箱里的衣服包括身上穿的衣服，都统统过时，片刻之间，美好的场景、漂亮的衣服，全消失无踪。

开网上赌城，公然聚赌：热爱斗地主的人都肯定爱上网斗地主，而网上人气最旺的莫过于腾讯 QQ 和联众世界，当然联众都是免费娱乐，而 QQ 确实带给小"赌鬼"以虚拟的赌场，拿游戏币作为赌注，虽然一个 Q 币能够换 10000 个游戏币，似乎腾讯的初衷是：满足小"赌鬼"参与大赌注的"快感"。所以 1000 游戏币为底的赌场更是热闹非凡，有些时候，10000 游戏币在一局斗地主就输得精光。赌性是随着自己的赌博日益培养起来的，如果不加以控制，时间久之，就是一个恶赌鬼。

Q 币缘何不翼而飞：一直有人在丢 Q 币，真奇怪，满满的 QQ 荷包为何会不翼而飞呢？其实说白了这是一种变相的盗窃，马化腾以及他的集团是在犯罪。

星星月亮出来了，太阳何时升起：网上早有人对腾讯的"等级"设置很不满意，这无形中，又利用了中国人的攀比心理。等级对于网民来说，有何用？就算你有两个太阳，又能说明什么。唯一能够说明的就是，你上网时间多，没事的时候挂 QQ，浪费国家的能源。

QQ 游戏为何让人肆意发布黄色网站广告和骗奖信息：玩过 QQ 游戏的人或多或少都有看到，当你在斗地主或玩其他小游戏时，游戏框的右边对话框老是蹦出一系列恶心兮兮的言语让你去点击它的黄色网站或者中奖信息，虽然现在网络广告的手段发达了，变态网站也能在这种模式下发布广告了，QQ 为何就不加以控制，难道很好看吗？

还有个笑话，本人在玩跳棋游戏时，居然有个 10000 的号给我发了中奖信息，说我在玩游戏时被他们抽中，将获得一台笔记本电脑，不过要先把运费和税款打给他们。哈哈，这种骗局是见多了，但是 10000 这个号当时应该是腾讯自己才有的吧？之后打电话给腾讯客服举报，也没给我个合理的说法。至少得严办元凶吧，不然难道不怕影响腾讯声誉吗？

没钱就不能养 Q 宠：最早领养 QQ 宠物时好像就花了 10 元 Q 币，开始还好，自 Q 币被盗后还给我剩了几块钱，还能养得起我的宠物，等 Q 宝宝成人了，还能自己打工挣钱养活自己。谁知道，腾讯去年开始连 QQ 打工还要限制，本来每天 8 小时的工作量，还是能接受的，可突然打个工还先得学个初中高级的各门课程，没学完，Q 宠就先饿死、脏死了。反正，腾讯还是变了法地圈钱，不让 Q 宠饿死也行，那你就花钱买吃的、清洁的，不要让它打工。它那么狠，我也干脆把心一横，干脆饿死 Q 宠，以后再不给腾讯投一分钱！

没给苹果用户提供个 QQ 运行软件：QQ 仅仅是针对 windows 用户的，苹果系统上的 IQQ 除了能聊天，什么功能都没有了，包括基本的文件传输等，而且还老掉线。反正苹果的 MSN 还能用，用不了 QQ，那就只能用 MSN 了。

苹果双系统 XP 装 QQ，键盘就死：你说腾讯不推出苹果版 QQ 也就算了，好不容易苹果推出了双系统，苹果在 XP 下装别的都没事，一装 QQ 就死键盘了，这可真是。

但愿腾讯 QQ 和马化腾能够意识到问题的紧迫性，现在 MSN 已经大举入侵，但是你还不慌不忙地只顾着圈钱，小心渐失民心。

——咨询师 正凡

谁给了腾讯这种权力？

腾讯发布了一个公告，大概的内容就是由于某些 QQ 注册用户在使用过程中发生和存在着"不安全"因素，例如涉黑、涉黄和涉嫌欺诈等，所以腾讯将对存在这些嫌疑的 QQ 号进行技术限制，说白了就是暂停你的使用权，等你激活后方可使用。

从腾讯的公告上看起来一切很美，毕竟是打着维护网络及 QQ 安全的大旗对"不安全因素"进行限制和封堵，扯着保护亿万 QQ 用户正当权益的旗号对那些"不法分子"进行监控，而且看起来腾讯这次又是在玩真的，于是引来一片关注。然而事情的发展真的如你所愿吗？终于在今天腾讯的这一激活机制启动了，不过结果并不妙，因为很多"QQ 良民"的号也给"误杀"了！没办法，只能去腾讯的激活主页激活。

事情就这么简单的一个过程，而且腾讯这次又拿出了为了亿万注册用户的权益着想的旗号，而且依据依然是："为了保障 QQ 用户的利益，配合中央宣传部……文化部等八部门查处利用网络发布经营信息、私自架设服务器、外挂软件程序等等的专项行动，腾讯公司将进一步打击恶意挂机网站、钓鱼网站、利用广告机（即群发器）群发广告等非法行为。"

于公于私都本应该为腾讯这次的举动叫好，毕竟 QQ 的烦人害人信息太多了，但当你了解了这个"禁限"和激活再用的过程，相信你会觉得腾讯只不过又玩了次文字和程序游戏，因为这种作秀的措施看起来更像是腾讯某种商业行为出台前的预演。

首先来说，腾讯的这个对"不良 QQ"的冻结机制并不能改变和禁止任何现状，不管利用 QQ 发送病毒程序、广告、黄色信息和欺诈短信，还是使用 QQ 牟取其他非法利益的，因为这个冻结机制只不过是暂时限制一下，随后可以很容易的通过"激活"换回 QQ 的使用权，所以说这种限制不会从根本上得到那些冠冕堂皇的效果。不过客观地说，这反而会让一些人把一些违法和扰人的东西做得更加隐蔽，从这一点上看，不知道腾讯到底是在帮谁。

就现实而言，通过 QQ 发布的各种非法与垃圾信息并没有减少，而是一天多似一天。相对的腾讯也曾经出台过数个自主的控管措施，如群主实名制等，但到今天大家不难发现反而是越管越乱和越发手段越高明，这说明了什么？只能说明腾讯在追求利益至上的信念指引下，可以玩转任何东西，哪怕是不惜牺牲自己的信誉。

回到这次的 QQ 激活事件上，我们不难发现腾讯的标准依然是模糊的，因为这两天冻结的 QQ 是不分好坏，只要是小企鹅随手划拉上的都冻结了，当然提示结果一样的，那就是"您的号码可能存在不安全因素"，怎么不安全了？没说！这个理由非常可笑和讽刺，什么叫"可能存在不安全因素"？按照小企鹅的禁限理由，这些 QQ 号码应该都是"违规""违法"的，怎么最终变成"不安全了"？再者，如此"不安全"的 QQ，通过找回激活就变得安全了？可笑！

面对这种眉毛胡子一把抓且不分好坏统统封杀的做法，腾讯的权力是不是太大了？作为用户方来说，尤其是对那些规矩使用 QQ 的人们来说，腾讯的这种做法是不是一种侵权呢？既然我和你签订了使用协议，不违规也不违法的情形下也遭你禁限，造成的损失谁来补？毕竟连一句道歉都没有！

——法律学者　张无影

QQ 里面为什么那么多黄色的内容

上高中的表妹常常跟我说，现在 QQ 上的变态新闻和黄色图片怎么越来越多？平时用 QQ 聊天的时候，朋友发的消息里总会忽然夹杂"激情电影"、"视频下载"之类莫名其妙的消息，或者说在哪里有留言啦，点哪里就送 Q 币之类的，大多数消息点了就会中病毒或者跳出来下载框转到一些色情网站。

这种事我也遇见过。我不知道这些人是怎么混进我们的私人聊天地点，只知道 QQ 我用了很多年，这种现象从来没有断绝过。如果说以前网络环境混乱，黄赌毒传播泛滥我们无可奈何。在治理越来越勤、普遍网络"八荣八耻"的今天，这些为何没有好转反而愈发公开和猖獗？不是净化环境吗，这些由谁来净化？

最近，马化腾认为他的"在线生活"战略初步成功，产品、构架、噱头哪个都不缺，甚至号称"中文网站整体排名直逼百度和新浪"，我想请问，这些都是怎么做到的？越来越好的成绩走过的不是红地毯而是黄色大道，那么所谓的绿色的网络在哪里？越来越多的人喜欢玩颜色的游戏，谁是这场颜色秀的幕后设计师？谁又迷失在这些表面繁荣的颜色里？在马化腾与腾讯网上下庆祝的同时，又有多少网民陷入了一种忧虑。

——网友　段皇爷

马化腾说

腾讯公司在网游方面最大的优势

最大优势是社区有很高涨的社区平台，第二，我们有非常强的研发团队，腾讯从自己的即时通讯到其他的产品都是以自主研发为主，我们这种风格在网游中也非常强烈，我们不仅因为这款游戏有贡献而重视，而且更看重对未来下一年、明年的发展有没有起到作用，我们每做投入的时候都希望达到这两种效果，一个是做好产品，另外也是培养团队，为今后的自主研发打好基础，其他公司可能只为了做这个事情来考虑，而我们更考虑长远、未来平台的发展。

往哪里走都有可能

互联网市场太新太快，往哪里走都有很多的可能。如果由自己来主导可能没有办法证明所选择的就是对的，几个月内都有很多新东西冒出来，凭什么判断哪个是热点？有竞争对手了，人就开始有了斗志；看看别人哪些做得好，哪些做得不好，如果别人杀过来，应该怎么办？是硬顶，还是去别的地方迂回作战？

对手疯狂的围剿催促腾讯由守转攻，成就了最后的"全民公敌"。如果说真的没有压力，我就不思进取，耗死了。

很忌讳一上来就烧钱圈地的方式

拥有庞大用户群的平台多了，像游戏、邮箱、门户。为什么扩张成功的却很少？腾讯每一步扩张有两个准则：第一，产品要过硬。第二，讲究进入的时机，做事的方法。

我很忌讳一上来就烧钱圈地的方式。慢慢摸索逐步见效，可以控制好成本；而如果支出太大却在短期见不到成绩，"资本市场上会有压力，内部会不好交代"。长远而言，逻辑也一样。"我们希望是稳，长期健康成长，不一定冲得太高，慢慢走。"

不是你想做就能做

很多人都想做，但不是你想做就能做。一个虚拟的世界里，几万人同时互动，存在无限种可能。比如服务器技术，怎么保证速度，怎么做到顺畅，怎么承载那么多人，需要很多研究、积累。

相关多元化的问题，就是这个"度"怎么把握

相关多元化的问题，就是这个"度"怎么把握，我们曾把我们 QQ 品牌授权给广东一家公司来发展线下的产品，包括服装和各种各样的商品，用 QQ 和企鹅的商标来进行授权，而且他们发展得非常好，这也是第一个这样的 CASE，就是从线上到线下进行传播，并且是可持续赢利的尝试。但是对腾讯来说是线上的 LIVE 的其他人对这方面并没有很多的经验，所以我们在这方面始终保持授权合作来发展，而不是自己去进入，这也是有所为有所不为的厚则。

玩也是生产力

经商应该不分南北，不论叫"潮商"也好，还是"深商"也好，最重要的一点是都要扎实做事。

QQ 游戏"玩也是生产力"，这里所谓的玩，是想知道这个东西为什么好，用户为什么会喜欢它，是用一种研究的心态去尝试。我每天大部分时间都在网上，我上网只有一个目的，就是在网上的犄角旮旯里发掘新的商机。

不同观点的人就是我的老师

人有不同观点很正常。我从一个技术人员实现了到商人的转变，没有老师领我去做，不同观点的人就是我的老师。企业发展靠的是一个整体团队，要组合成最强战斗力的团队。

靠的是在探索路上善于接招

经商最重要的应该具备什么呢？是正直、合作、创新。腾讯的成功是一连串偶然机会的集合，靠的是在探索路上善于接招。

对什么事情后悔

如果问我对什么事情后悔的话？那就是每当我和员工分享 QQ 用户通过 QQ 认识并结婚而特地寄来的喜糖时，我就为自己当年因为缺钱想卖掉 QQ 而后悔！

有压力也是一件好事

一直以来，微软就在做 MSN 的推进工作。越多竞争对手的进入，也说明了业界对互联网行业的看好。当然，微软的进入，不仅仅对腾讯，对其他互联网公司都会有压力，不过，有压力也是一件好事。

附：

我们在颠覆传统

马化腾

十年前，互联网从中国电信能够介入拨号，那是一个阳春白雪的时代。

十年后，中国的互联网环境有了很大的变化，从一开始的少数人使用到现在的大众和普及。当初的网络应用只是一个少量的点缀，是技术人员才能使用的专利，而现在只要你愿意，三岁的孩子都可以使用互联网。

对传统的颠覆

在发展的过程中，实际上得益于几个因素，首先是基础架构的改善，从拨号到宽带，以及未来无线的互联网，以及三网合一，就是计算机网络、通讯网络、电视网络融合的趋势带动下，我们可以看到未来的互联网应用空间是更加大的。同时可以看到，互联网环境从当初很简单的门户资讯、电子邮件，发展到现在已经非常丰富了。

从我的角度来看，实际是通过各种各样的运用构造出了一个全新在线的生活社区。对我们来说，互联网不是一个单独的行业，而是一个庞大的产业群体。

现在的互联网可以在任何时间、地点，用任何终端、任何接入方式来满足人们的各种需求，这也许就是在线生活的内容之一。此外，还可以满足人们在信息获取、通讯沟通、休息娱乐、商务这四个方面的需求。而在传统的模式下，我们是通过报纸、书籍、电视广播来获得资讯，是一种割裂、被动、呆板的信息获取方式；在线生活则改变了这一切，通过搜索引擎、新闻门户、互动的网络电视、网络电台的方式，能够非常便捷地获得海量的信息，还可以在分享信息的时候进行互动，这与传统有着极大的不同，甚至可以说是对传统的一种颠覆。

三种模式

互联网有三种模式，或者说三种赚钱方式。

第一是媒体的方式，就是对普通的用户和使用者是完全免费的，只对企业和商家收费。这和传统的媒体概念一致，但也有一个很不一样的地方，就是通过网络的平台，网络媒体与传统所不同就是多了搜索，搜索是一种传统的方式无法达到的，这是一个亮点。

第二是增值服务，这种商业模型是向消费者收取费用的，也许不是所有使用服务的用户必须收费，但可能有一部分增值服务需要付费。通信、网络电话、电子邮件、即时通信的增值服务、网络游戏、彩铃、彩信等等，这都属于增值类的通信服务。

第三种类型就是交易类，就是人们通过提供一个平台撮合买家、卖家，能够让他们高效地达成交易，然后通过这样的服务来收取中介费。

这三种模式，都改变世界，也将深刻地影响未来。

未来趋势

中国互联网用户群现在是1.1亿，也有说法是1.5亿，这是不同的统

计数字，但在未来非常有可能达到 4 亿用户的水平。据查，70% 的网民在
30 岁以下，同时学校每年产生两千万到三千万的毕业生，这就是未来潜在
的网民生力军，不同年龄段的网民其在线需求是有差异的，这样，就给了
我们更多的空间来思考如何满足不同区段的用户需求，未来将要求更加细
致、更加专业化的网络服务。

这也许是网络发展的未来趋势。

李彦宏——钢丝绳上跳
一曲狐步舞？

我看李彦宏

李彦宏说

钢丝绳上跳一曲狐步舞？

北大帅哥流年怎么这样不利？

李彦宏，这个被称为新好男人代表的北大帅哥，这位传奇的创业者，这位曾经的文学青年，现在，当然也是新闻人物了。

从裁员风波，到加班员工被害，到与天极网的争端，音乐下载版权诉讼，再到副总裁梁冬被调任，再到刘建国离职的消息，一连串的问题，随着刘建国离职消息的公布，让百度在过去的一年再度被诸多媒体和人们追问。

2006 年 7 月 10 日下午，百度企业软件事业部（ES 部）的办公室里。在短短几分钟的宣布之后，40 名员工，在 4 个小时之内被遣散干净。被裁掉的员工表示，事先毫不知情。

就在业界瞩目的"百度世界"来临前夕，百度爆出裁撤 ES 部门的消息。这也是百度成立以来的首次裁员。

该事件至今没有平息，部分被裁员工心绪难平，联合聘请律师向百度提起讼诉。

在此前，ES 部门员工还在讨论之后的工作，短短十几分钟后，自己就被公司裁掉，多数员工从心理上都无法接受这一事实。对于 ES 部门的人而言，此时已经是下午 2 点 30 分，距被要求离开公司的时限仅不足 3 小时。

对此次裁员，百度有关负责人的解释是，这是正常的战略收缩。百度华南区公关经理张学涛表示：软件事业部是在公司诞生之初赢利模式还不清楚的情况下成立的，负责研发和经营企业信息管理解决方案类软件的部门，现在已与百度主要提供的搜索引擎服务不相吻合。据知情人士透露，百度曾计划在7月9日之前将ES部门出售，但并没有成功，于是在7月10日实施闪电裁员。

"人走茶凉，心寒啊！"这是一名被裁百度员工MSN上的感叹，他在接受记者采访时表示，如果企业遇到困难需要辞退部分员工，至少应该提前通知，就这样来个"突然袭击"让人心寒。眼下，部分被裁员工正在自发组织起来，联合请律师起诉百度。

内部如此，外部有天极网与百度之间的争端也使得这位英俊的"新晋商"尴尬颇多。

有一段时间，在百度上搜索涉及"天极下载"的结果，多处直接指向百度新近收购的另一家关联网站天空下载网站，而该网站所从事的下载软件业务在内容、用户体验方式、商业运营方式等诸多方面均与天极下载频道相同或类似，所针对的客户群也完全相同，双方在此业务上具有直接的竞争关系。

天极网方面表示，百度肆意操纵搜索结果，将天极下载的搜索结果显示为百度旗下的天空软件站的链接，使网民在不知情的情况下被迫放弃使用天极下载，严重损害了天极网的利益和声誉，涉嫌不正当竞争。天极网起诉百度，就是想通过法律手段与这种"互联网丑闻"斗争。据了解，天极网的诉讼要求包括百度修改错误、公开道歉并给予天极网经济赔偿等。除百度之外，百度旗下的天空软件站也被天极网列为第二被告。

天极网起诉，音乐下载版权官司的结果也是接踵而来。北京市海淀区法院对上海步升音乐文化传播有限公司诉百度侵犯音乐著作权一案作出一审判决，被告百度公司败诉。百度随即提起上诉，并对判决提出了多项异议。在这场官司中败北之后，百度搜索服务的前景堪忧，因为该公司有

29%的网络流量来自于 MP3 搜索服务。

搜索引擎对网上音乐文件进行搜索，提供给用户更加快捷的下载方式，这在很多人看来，即使不是主谋，也肯定是帮凶，总之无法逃脱干系。不过，百度 CEO 李彦宏对判决却大呼冤枉："我想人们已经忘记了搜索引擎和下载网站之间的区别。我们仅仅为用户提供访问链接。"

那百度被诉到底冤不冤呢？众说纷纭。但是这个结果对百度以及李彦宏来说，它预示的不仅仅是一场官司，而是涉及到搜索如何生存的问题。

问题不可谓不大。

钢丝上的狐步舞如何跳？

实际上，百度的成功并非出自技术，而是搜索巨鲸 google 因为非市场原因迟迟无法正式进入中国留下的市场空白所致。

现在，这种局面已经被打破了。无限风光的背后，摆在百度面前的却是一场艰难的跋涉。如一段优美的狐步舞，虽然赏心悦目，却惊心动魄，因为这是一段踏在钢丝绳上的舞蹈。

如果把 google 喻为搜索领域里一条大白鲨的话，那么百度则是一尾成色上等的金色鲤鱼。现在，摆在两条鱼之间的却是一场时间的赛跑。金色鲤鱼要尽快地游出困境，摆脱大白鲨的追逐，而大白鲨则要在鲤鱼跳龙门之前将它吃掉。

中国有句古话"一山不容两虎"，这算是对百度、google 目前境地的最好诠释。

早在百度上市之前，就传闻 google 这条巨鲸盯上了百度，要将百度收入麾下。但是，精明的李彦宏在权衡之后拒绝了这个香饵，他要独自把百度打造成中文搜索领域里的 google。

2005 年 7 月 13 日，百度向美国证监会（SEC）递交了招股说明书，以期在美国 NASDAQ 市场挂牌上市。根据招股说明书披露的内容，百度计划发行价值 8000 万美元的 A 类普通股股票, 而不是此前确定的 2 亿美元。对于这种调整, 百度没有作出解释。但是, 很明显, 百度降低融资额和公开募股比例, 意在防范 google 等公司在证券市场上可能发起的收购行为。此次百度的首次公开招股承销商是高盛、瑞士信贷第一波士顿和 PiperJaffray, 在纳斯达克的交易代码为 "BIDU"。李氏作如此的选择, 表现出对未来的信心和对管理层的高度认可。

就在百度紧锣密鼓地进行上市前路演的时候, 百度来了一位不速之客, 他就是 google 的 CEO 埃里克·舒密特先生, 舒密特先生的到来增加了百度上市的戏剧性, 业界一度猜测这次 google 可能对收购百度动了真格。但是, 已经为冲刺纳斯达克单飞准备了数年之久的百度, 最终毅然决然地选择独自踏上纳市征途。

这就注定了, 在未来中文搜索引擎上百度与 google 之间的拼杀。

一次造访引出来的 "牛卡"?

为了应对某些公司或机构的恶意收购, 李彦宏设置了两道关口: 第一道, 将此前确定的 25% 的股票、融资额为 2 亿美金的计划削减, 在最后关头, 百度只决定拿出 10% 的股票在纳斯达克进行交易。这样做有两个原因, 一是李彦宏对自己的公司信心十足, 对百度上市冲高的前景极为看好, 因而在首轮融资规模方面宁可采取稍微保守一点的姿态, 并期待在高位上进行第二次和第三次的上市融资, 这样将会更有利于百度未来的发展; 二是李氏现在有较充裕的资金储备, 并不缺钱, 加上百度原始投资人看好其发展前景, 因而不愿在公开市场抛售已持有的股票。基于这两方面的原因, 最后百度的上市股票只占总额的 10%。第二道是 "牛卡" 计划。百度在其招股说明书中明确表示: 百度上市后的股票分为 A 类和 B 类, 在美国股市新发行股票为 A 类股, 而所有原始股为 B 类股。每 1 股 B 类股票的表决权相当于 10 股 A 类股票的表决权。这就决定了拥有 B 股的表决权

10 倍于 A 股。在此双层股票结构之下，一旦 google 或其他人收购百度的原始股，该股份将立即从 B 类股转为 A 类股。这意味着，即便 google 收购了绝大部分原始股，也无法在董事会拥有足够的表决权，这就是百度的"牛卡"计划。

"牛卡"是一把双刃剑，一方面抑制了市面上的恶意收购，另一方面由于小股东无法实现同股同权，这一措施也会在一定程度上降低公司本身的吸引力。

尽管事后百度解释说：这两项举措并不完全是为了抑制 google 的收购，把上市发行的股票数量调低，主要是因为觉得上市的发行价格比较低，所以不愿意在上市时提供太多的股份。从另一个角度来讲，百度上市最主要的作用其实不是融资，百度 2003 年就赢利了，现金流也非常健康，再多一两亿美元没有太大的帮助。上市对百度来说，最重要的作用是品牌上的提升。

但是，谁都清楚，正是舒密特先生秘密造访了百度之后，李彦宏才下决心启动"牛卡"计划的。

"大鳄"直接面对"白面书生"？

在百度与 google 之间，也有合作的时候。

在百度上市之前的私募中，google 在几经接触之后向百度注资 499 万美元，获得百度 2.6% 的股权。当时 google 虽然也做中文搜索，但是并没有进入中国市场，google 想借百度这块跳板获得中国市场的准入证，另一方面还想在"适当时机"拥有百度更多的股票。这个世界没有免费的午餐，李彦宏十分清楚。作为竞争对手的 google 来百度商谈合作，来的还是舒密特先生这样重量级的人物，李当然清楚 google 的目标是什么，开始时李彦宏很反感，但是考虑到百度将来还要在纳斯达克上市，考虑到百度的品牌效应等，有了 google 这样的竞争对手来投资，肯定会有很好的号召力，这些最终都在纳斯达克上市中得到了印证。

基于这几方面的考虑，百度最后决定给 google2.6% 的股份。所以，就是从这种合作中，都可以看出合作的双方都是抱着怎样的目的和心机。

对 google 来说，中国市场对 google 不仅仅是一个概念问题，更重要的是一个潜在的、庞大的可以带来利润的市场。当初 google 参股百度其实已经看到了这一点，只是对这个市场不好把握，造成了 google 的犹豫和失误。看看自己的许多同行都已经在中国市场落地开花，并结出累累硕果，google 岂能没有想法？

资本的本质就是"唯利是图"，这就决定了这种合作背后的玄机。

现在，这种平衡正在悄悄地被打破。

2005 年 5 月 11 日，"五一"长假后的第四天，google 取得了它梦寐已久的中国营业执照，并立即在上海设立办事处。中国的市场"钱"景太大了，1 亿的网络用户，3 亿多的移动电话用户，这些都是庞大的市场机会。google 看在眼里急在心里，所以舒密特先生多次拜访李彦宏，看中的正是李氏手中的资源。雅虎经过了拼搏之后，最终还是选择了 3721，ebay 把易趣娶了过去，为的同样是这个市场。MSN 历经多年，最终还是选择在中国市场落地。由于文化背景、民族特色以及政治等等方面的原因，注定了国外公司单纯地依靠自己的力量在中国市场立足是有困难的，这也是 google觊觎百度的重要原因。

在 google 内部，一直在犹豫是收购还是联合。对 google 而言，收购百度使其成为自己的一个中国子公司是最好不过了，但是百度已经上市，而且羽翼渐丰、今非昔比，代价太大，这是 google 所不愿看到的。如果联合，google 已经找不到联合的理由了。无论如何，google 已经错过了直接把百度纳入怀中的最好机会。

现在，唯一的选择就是直接面对百度竞争中国市场。

你可以给钱，但是不能要我的权？

李彦宏的成功不仅仅得益于他的聪明，还有他的精明，这表现在他的"融资不受控制"的策略上。说明白了，就是你可以给我钱，但你不能要我的权。

百度的第一轮投资者是 Integrity Partners，在尝得甜头之后，还为百度引来了第二轮融资的领投者德丰杰全球创业投资基金（DFJ）。

Integrity Partners 的创始人之一 Scott Welch，早年创建一家购物搜索引擎企业时曾得到过德丰杰的投资。2000 年 4 月，JohnH. N. Fisher 通过 Scott Welch 知道了百度，并很快对其产生了兴趣，随后 DFJ 随即对百度展开了审慎的调查。

此时，而另一家创业投资巨头 IDG 决心投资百度，因为他们在与李彦宏交谈的时候发现，眼前的这位年轻人没有自吹自己的"高明"，而是一直滔滔不绝地讲述怎么去找"比自己强"的技术和管理人员，这让 IDG 很感意外。此后，投资谈判过程相当顺利，2000 年 9 月，德丰杰就联合 IDG 向成立 9 个月的百度投资了 1000 万美元。德丰杰约占了总投资额的 75%，因而成为百度的单一最大股东，但其仍然只拥有百度的少数股权。这是李彦宏坚守的底线：你可以给我钱（成为大股东），但没有权（拥有少数股权）。

在不到 5 年的时间内，伴随着外源资本的进入，百度不断从幕后走向前台，并一步一步地逼近自己的目标。这个过程，按照李彦宏的说法就是：2002 年是技术年，百度搜索技术真正成熟，而由于技术是搜索服务提供商的立足之本，百度还将以年度收入的 10% 投入技术研发，以其 2003 年约为 2 亿元的收入计，其投入研发的年度费用达 2000 万元；2003 年是流量年，百度流量比上一年增加了 7 倍（2002 年和主流门户网站的搜索流量持平）；2004 年是品牌年，百度品牌得到网民的广泛认可。而 2005 年，李彦宏预计"是百度的收入年"。

事实上的确如此，百度上市之后一夜之间就造就了两百多名百万富翁，这在中国历史上是绝无仅有的。从这一点来说，李彦宏已经取得了成功。

"期权"双刃剑在对着谁?

百度成立之初，李彦宏引入了硅谷盛行的期权激励计划，目的是给员工打气。

李深知要想让百度成为搜索领域的长青树，必须得有一个核心凝聚力，要让每一个人都清楚：百度是大家的。在这样的背景下，百度"2000期权计划"出炉了。

"2000期权计划"的核心内容就是把百度的股票按工作时间的长短和职位的高低分配给大家。由于早期的百度创业艰难，资金也不雄厚，只好给大家降低工资，职位越高的人降得越多，VP（Vice President）这个级别降到一半，甚至一半以上。但这样又面临一个风险，怕人才流失。为了留下那些核心力量，最好的方法就是将百度的期权股票配送给大家，这样期权就成为弥补降薪的重要手段，这对曾经一度面临资金链断裂危险的百度来说，"2000期权计划"无疑起到了既留住了人才，又最大限度地降低企业成本的双重目的。

其次，股票期权是一个长期积累的方案，不是说给你之后你马上可以兑现。根据百度的规定，员工工作第一年不允许兑现，到过完第一年之后你可以一次性行使1/4，从第二年开始，每一个月都可以行使1/48。除了公司内部制定的四年的期限之外，纳斯达克股市也有规定，任何公司上市之后的半年期权是不能交易的，对百度的员工来说这也就意味着，即使元月1号你工作满一年了，甚至满4年了，最早也得6月1号才能兑现。尽管百度于2005年12月宣布提前解冻300万股普通股，从12月19日开始流通，但这仍然是极小的比例。

这意味着，此前获得期权必须在百度至少工作四年才能彻底兑现。而在员工不断兑现期权的同时，百度会根据员工的业绩表现，对符合条件的员工不断授予期权。为了不断兑现期权，员工就会持续不断地去努力工作。这样，和员工长久利益挂钩的期权，就成了留住员工的"金手铐"。

早期百度员工拿到股票的价格，也就是几块钱甚至几毛钱人民币，只是象征性地支付了一些费用，这和后来百度上市当天就冲高到 150 美元/股相比，可谓一夜暴富，投入产出相差以万倍计，真可谓一本万利。百度上市后，其前台接待也成了百万富翁，这在中国是绝无仅有的。

但这是一把双刃剑。根据百度的期权计划设定：员工进入百度时，期权计划即开始实施，期限为 4 年——在 4 年中逐步实现股权。如此一来，百度一旦上市，许多工作满 4 年的员工，即可完全行权而"变现"走人，过上百万富翁的幸福生活，也有可能到新的公司去寻求新的财富机会，也许还有一些人重新开创自己的事业等等，这些都是摆在李彦宏面前的新课题。

反竞价联盟为什么能组织起来？

"人怕出名猪怕壮"，这用在百度身上似乎有些不雅，然而事实的确如此。

就在百度上市之前，市场上就掀起了一片责难之声。关于竞价排名就是一个焦点，竞价排名服务让百度赚了不少钱，而且百度打算依靠它来赚更多的钱，这些钱直接来自于购买这项服务的网站们。网站掏钱让自己的搜索排名尽量靠前，曾经有人将百度的竞价排名形容为"吸毒"，只要购买过一次，以后就必须源源不断地往这个无底洞里扔钱，钱花得越多，排名越靠前，对这种排名服务也就越有依赖性，因为一旦停止服务就必定再也排不上名。市场上一度还出现了"反百度联盟"，起因似乎是一件小事。

2005 年 3 月 22 日，乐臣数码通过百度代理商——北京精合信达科技发展有限公司，参与了百度的收费竞价排名。按照百度搜索的竞价方式，用户可以花钱购买排名，将自己公司排名提高到前面位置。这样用户通过搜索引擎寻找相关的网站时，可以最先找到这些网站。但乐臣数码在签约后发现自己后台统计出的点击率经常会与百度方面的统计报表存在严重误差。在此情况下，乐臣数码开始觉得通过百度的服务并未达到预期值，其投入与产出完全"不成比例"，广告效果十分不理想。于是暂停百度的竞价排名服务，并在百度明确告知余额"不予退还"的情况下决定将百度告上法庭。

此事一经披露，公众开始怀疑百度竞价排名的流量计算有问题，但又苦于没有什么证据。普遍认为，竞价排名这种模式本身没有问题，问题在于流量应如何计算，为什么点击率是百度说了算？这就好比运动员和裁判员是同一个人。

"反竞价联盟"认为：竞价排名这种收费模式应该建立起更公正的计算方法，要不委托专业的第三方公司进行流量统计，要不与签约公司形成互通的后台体制，这样才能让消费者的钱真正花得明白。

虽然最终这件事得到了处理，但百度内部管理存在的漏洞还是暴露在公众之下，更扩散为网络用户对百度的信任。

李彦宏真正的危机来了？

虽然从市值上来看，百度与 google 相比存在着天壤之别，但这不是百度目前的问题所在。百度日后面临的真正危机在于技术、文化和管理。从表象来看，百度很像 google 的中国分公司。从产品线，到企业内部的管理方式，都很类似，但从本质上，百度更加偏向娱乐化，而技术创新能力比较弱，这就有一点本末倒置的味道，这在以技术为核心的搜索领域，百度犹如在钢丝绳上跳舞。

　　这又存在着一种可能，就像当年 google 取代的那一代搜索技术一样，当搜索引擎面临下一波重大升级的时候，百度将会被淘汰。何况，现在对手已经打上门来，google 已经正式进入中国，并不惜与微软对簿公堂的代价将李开复等人挖来，目的只有一个，就是与百度在中文搜索引擎上一决雌雄。一旦国外大的公司挟技术与资本的双重优势进入中国，百度的本土优势就会很快消失。

　　这只是一个时间问题。

愿上帝公平的背后是什么？

　　未来搜索引擎将会进入以行业为特征的新时代，而不是目前的大而全的广泛意义的搜索，也就是说，带有行业特点细分后的搜索引擎将会替代目前的综合式搜索引擎。

　　这样做，只有一个好处，就是节省了用户的大量时间。

　　巨网原是百度在广东地区的策略伙伴之一，后来因为种种原因与百度结下了"梁子"，最终，巨网不得不关闭，另起炉灶重新注册了一家名为"一呼百应"的搜索引擎公司，与百度展开竞争。

　　巨网成立后，通过两年多的工作开发了 3000 多家客户资源，其中有效客户资源 700 多家，是百度在广东地区的重要利润源之一。百度当时对巨网承诺：竞价排名业务是一项滚雪球式的业务，只要前期开发得当，有了第一次，就不愁第二次、第三次、第 N 次，这是一双红舞鞋，一旦你穿上了它，就得永不停留地跳下去，这就是赚钱的秘密。

　　巨网被这双"红舞鞋"的魔力所吸引，成为百度的广东地区代理商，为百度寻找穿"鞋"的人。

　　开始运作很艰难，没有人愿意穿这种"红舞鞋"，但由于巨网的敬业与勤奋，还是找到了一些敢吃"螃蟹"的家伙。就在巨网行将关门的时候，来了几笔大单，加上考虑到百度承诺在先，大家如一条船上的蚂蚱，只有同心协力才能把这个搜索业务做好。

在第一波业务开发之后，巨网就开始等待，等待着享受客户二次续费所带来的利润美餐。

但是，这一切愿望被打破了。

2004年7月2日，百度在无任何先兆的情况下，公布了广州、上海、北京三地首批地区核心代理的通知，巨网竟然没有名额，同时还关闭了巨网客户终端新客户开户的权力，但巨网与百度签定的合约要至2004年12月31日才到期。巨网负责人戴森立即打电话到北京百度总部，得到的答复是：广州地区在整顿，具体情况要问广州地区的渠道负责人罗某。

百度在广东地区的负责人罗某的答复是：今后巨网只能服务老客户了，至于要提交新客户，可以考虑宽限到7月8日。

这等于宣判了巨网的死期，刚刚展开的业务就这样夭折。

不久，一篇名为《关于取消广东巨网代理权限的通知》也出现在百度的官方网站上（http：//www. baidu. com/shifen/tongzhi/shifen_ jw. html）。不过耐人寻味的是，该通知页面无法通过其上一层链接（http：//www. baidu. com/products/allnew. html）来访问，这显示了百度当时处理问题的仓促和急躁。

百度的官方通知称：巨网从2002年11月成为百度代理商来，多次存在违规情况和违反百度公司的销售模式，如"采取按关键字的个数收费，帮客户挑选一些非常冷僻的关键字，每个关键字收费价格超出正常点击费用的十几倍，甚至几十倍，对百度竞价排名业务造成恶劣影响"。此外还有"采取多收费、少转账的做法随意截留客户预付金，一次收取的开户费用超过百度标准价格数倍"，以及"百度曾多次劝说巨网改正，但巨网至今仍然欠客户近50万元，其行为已经严重损害客户、百度和其他合作伙伴利益"等字眼，宣告双方蜜月期到此终止。

巨网则宣称：巨网是百度在广东地区签约的核心代理，合同未到期却遭抛弃，是百度的责任。而且，巨网认为引发这次冲突的是百度某高层史某。

事件回放到 2004 年 3 月，当时巨网签下了一个合同额 200 万元的百度竞价排名大单，客户按约支付首期 100 万元。由于是大客户，巨网在和百度公司某高层取得联系并得到确认后，同意先签下合同并代收货款，并承诺百度针对此单会给巨网另加 5% 的奖赏，即 5 万元的提成奖励。

可是，钱到了百度公司账上后，该高层却翻脸不承认了，并称：按百度和巨网的合约规定巨网第一季度的业绩要除去这 100 万元，后来巨网没有达标，加之 100 万没有完全转到终端系统消费，因此其承诺无效。

巨网据理争取，没想到的是此举惹怒了史某。

该高层当着巨网负责人戴森的面拍桌子："玩就玩，不玩就算了。"

戴森说："双方一直合作很愉快，巨网 70 多个员工就这样仅靠单一的百度业务发展，而今百度关闭了巨网的代理权限，百度如此作为是过河折桥，对巨网可是致命的啊。"

戴森在网页上列出了要求百度进行赔偿的要求，其索赔金额达 3864000 元。戴森称计算依据为按百度所说的靠客户二次续费赚钱的事实依据：

1. 百度 2004 第一季度所有竞价用户的月均消费额：460 元/家。

2. 百度与巨网合约规定的 50% 奖励返点。

3. 巨网在未来 2 年内靠老客户续费 50% 的奖励返点利润计算：700 家生效客户 × 460 元/家/月 × 12 个月/年 × 2 年 × 50% 奖励。

合计：3864000 元

但是，百度没有理会巨网的要求。

记者随即联系了华南另一家竞价排名代理商，该代理商在几经犹豫之后说："有些事情不好说，不管怎样，百度现在上市了，应该以上市公司的要求来规范自己。"另一家代理商则承认："百度有时做事不厚道。毕竟这么多代理商的客户最终仍是百度的客户，代理权收回以后百度也不用再给代理商返点。虽然百度的竞价排名技术含量较高，但是，在没有外部公司与之竞争的情况下，有夜郎自大之嫌。如果大家都投靠了百度的对手——另外一家搜索公司，那百度的苦日子就要来了。何况，没有这些代理商，就没有百度的今天。"

此外，在采访中，所有的代理商都对百度的合同提出了质疑，"设计巧妙，容易误入陷阱"，如果作为一家没有上市的公司，百度如此作为也许有它的理由，但是，今非昔比，百度已成为一家公众公司，其一举一动就关乎投资人的利益。在采访的最后，戴森说："事件已经过去了，但人人心中都有一杆秤，而且上苍是最公平的，愿上帝公平！"

到目前为止，百度对此事采取了缄默的态度。

联盟造反是否会革了百度的命？

代理商们表示，这次之所以大动干戈是因为百度等搜索巨头们只顾自己敛钱，而不惜损害渠道商的利益。他们给搜索引擎列出的罪状是：各种承诺不给兑现，价格、政策和服务随意更改和变动，导致合作伙伴（渠道商）前期在宣传、推广、售后、培训等方面的大量投入付之东流。

"简直是网络强盗，我们再不联合起来反抗，就成了任人宰割的羔羊了！"符德坤说。

符德坤是厦门书生网总裁。日前，由该网牵头的 637 家搜索代理渠道公司在北京宣布签约建立"一站式"服务的大联盟，并提出在一年内完成 1000 家联盟的计划，希望以此对抗强势的搜索运营商，争得话语权。

据联盟成员透露，目前已经有搜索运营商对敢于"结盟造反"的代理商采取制裁了，而代理商正在起诉市场排名靠前的一家搜索运营商，估计官司就会开打。但当记者致电百度公关部时，负责人表示根本不知道这样的消息，所以目前也不会对此采取相应的措施，其他搜索巨头也没有对此事件作出回应。

联盟成员介绍说，此次被逼上"梁山"的原因是搜索渠道商承担了过多普及电子商务市场的成本而生存困难,同时百度等搜索巨头开始采取直销的方式打压渠道商。

"客户要效果,运营商要利润,运营商有风险资金玩得起,可以制定霸王条款,可以无视客户感受,而渠道商却在夹缝中难以生存。"该联盟成员泰州森夏总经理叶群说。

据了解,这600多家公司多数为搜索的二级代理公司,基本上都代理过国内的主要搜索商。根据厦门书生提供的数据,在全国大概有12万家这样的中小代理公司。

"我们现在正和雅虎中国进行谈判,原因是我们认为他们违反了合同的约定,虽然现在还不知道结果,但我们一定会为自己的利益战斗到底。"河南易达总经理张易达说。

一般来说,渠道商可以从搜索运营商手里拿到60%的分成,而推广成本需要20%左右,而销售成本和给销售人员的提成又占到了20%,再除去公司运营的其他成本,真正落到代理商口袋里的钱不足10%。

"目前有95%的渠道商都在亏损,我认为,除了代理商之间正常的竞争之外,与行业的不规范、搜索商之间的恶性竞争有一定的关系。"中国互联网协会专家、厦门书生网副总裁符德坤说。

实际上,真正让中小代理商们冒着得罪运营商的风险"联盟起义"的原因是搜索商开始采取直销的方式,而不愿再跟渠道分成。

据联盟成员介绍,由于目前中国互联网市场并不成熟,因此需要二级代理商去开拓市场,说服企业了解互联网营销的价值,这需要投入大量的人力、物力,因此每一个市场的开拓都付诸了渠道商的心血,但这种成本的付出还没等得到回报,运营商就伸出"直销的黑手"直接把客户抢走了。

"直销的方式并没有错,但代理+直销就是抢钱了,这就相当于让渠道商跟裁判员踢球,结果只能是死路一条。"符德坤说。

符德坤认为,一个不注重维护渠道的厂商的处境是危险的,无异于

"杀鸡取卵"。

"从目前来看，如果搜索商希望在短期内能得到很好的利润，就需要选择代理商来帮忙，因为这可以大大降低管理成本，尽管直销所节省的渠道成本是相当可观的。"负责搜狐公司在线服务与技术的搜狐副总裁王建军表示。

目前，中国大概有2000多万家企业，如果搜索引擎公司因为自己的企业在市场上站稳了脚，就开始过河拆桥将众多渠道商的代理权收回，必引起众怒。

（廖中华　李江华）

我看李彦宏

百度太功利了

百度太功利了。熟悉百度的人都知道，百度在基于搜索上做出来的任何一个产品都可能是一个非常有创意的产品，都会给百度带来庞大的生命力，但是，从经营企业的角度而言，百度显然太功利了。

百度的品牌价值可以从三个方面来衡量：一是市值；二是未来价值；三是社会责任。市值是一个经营视角，这一点它无疑是出色的。未来价值是这个公司在未来的可期望值，社会责任则是一个企业能否做成一家受尊敬的公司的关键。

百度在迅速崛起之后，公司和员工的市场价值都实现了最大化。对员工来说，百度已经做得非常好了。但是，面对一连串的负面事件，百度所表现出来的反馈，是与其市值极不匹配的。这至少说明人们认为百度的品牌形象起码不应该是现在这个样子，它本来应该表现得更好。如果换作一个默默无闻的公司，人们不会过责，但百度不行。

对于李彦宏来说，他所经营的这家互联网公司在屏蔽了许多直接面对用户的机会的同时，也屏蔽了更多的关于公司形象的反馈。他所能了解到的百度的品牌，会是真实的吗？

论资产，联想并不是一个大公司。但是，在联想的年收入只有 230 亿人民币的时候，人们提到柳传志，就已经公认其为商业领袖。事实上，直到现在，联想的产品还没有摆脱美誉度危机。柳传志的成功一半来自于经营，一半来自于其超凡的个人魅力与社会责任，他为中国的民营企业提供了一套适合中国企业发展的模式。

类似的例子还有牛根生。

听马云讲企业的社会责任，我感觉到，马云跟李彦宏，虽然都是风云人物，但只是风云而已。

——资深记者　贾鹏雷

我为百度忧

百度越来越玩虚的了。本人有幸参加了百度上市答谢以及百度分公司成立大会，但实在难以忍受百度的无聊而中途退场了。中途退场本来是不礼貌的，但我觉得不礼貌的应该是百度。公司利用百度作为宣传平台已经花费了近十万元，自然是百度的大客户，但效果并没有百度说的那么神奇，来的缘故，确实是慕李彦宏的名声而来的。

开幕式和场面毋庸置疑是豪华的，但百度整个会议的宗旨和我们与会者格格不入，对于百度以及百度上市的了解，恐怕我们这些百度的客户尤其是老客户，我想应该是很了解的，我们不了解的是百度上市以及百度分公司成立后能够给我们带来什么，可惜在会上我们没有得到任何这方面的信息。有一个百度总公司的高层却用了大部分时间谈百度的搜索和竞价排名的用途和使用方法，这大大地侮辱了我们作为百度公司客户的智慧，也完全低估了百度及百度搜索在人们心中的影响力。

另外百度俨然把自己作为搜索引擎甚至是互联网的老大或者教父自居，好像搜索引擎就是百度，并取了一个自引以为傲的"百度一下"作为网民以后必用互联网用语，美其名曰："百度不是名词而是动词"，是不是有些孤芳自赏？

再者，李彦宏先生在谈到为什么要成立广州分公司的时候，非常不妥地强调代理商只为短期利益而没有长期发展眼光的问题，而忽视了广州新一代作为代理商在百度创业初期给百度的帮助和贡献，不忘老朋友还是我们中国人的传统吧。

很遗憾，我想了解的没有得到，诸如百度能够给我们带来什么，百度的企业文化的真正内涵是什么，我早退了（估计早退的有五分之一）。我想作为一流公司不应该策划这样的活动，如果中国一流公司的水平都是这样的话，我为百度担忧。

或许，一个已经取得辉煌成就的公司偶尔不知道自己是谁是不可避免的，但如果总是生活在以往的光环里，恐怕失败同样会垂青它，但愿我的担心是多余的。

——IT 专家 达 纳

竞价排名广告的价值会急剧下降

有一天，竞价排名广告的价值会急剧下降。正所谓"成也萧何，败也萧何"，媒体式的经营理念为搜索引擎带来了巨大价值，也将成为进一步束缚搜索引擎发挥价值潜力的束缚因素。

我们可能出于很多目的使用搜索引擎，但只有一种用户行为为搜索引擎服务商带来了真正的商业价值，即：商人搜索供应商的行为（通过点击竞价排名帮助用户实现了供应商推荐）。

在当前的经营理念和经营模式下，百度并没有对用户类型和用户需求进行有效细分，无论用户出于哪种需求提交搜索请求，搜索引擎反馈的结果都是"关键词广告＋其他搜索结果"的信息内容。

在众多用户行为和需求里，只有用户寻找供应商的需求为搜索引擎带来了商业价值。

然而，在我们检索到这些供应商里，他们的诚信状况如何？提供产品和服务的能力如何？如果进一步发生交易，支付的安全问题如何解决？这一系列电子商务问题如何解决？我们知道阿里巴巴等 B2B 厂商已经推出了 B2B 专业的搜索服务，如果这种服务能更进一步，实现跨平台、全互联网的搜索，显然对于商人搜索供应商来讲，这种搜索与电子商务应用的整合，会更具吸引力，因为基于搜索，他可以获得更多、更深入的服务！如果商人寻找供应商都去阿里巴巴的平台，百度的竞价排名广告的价值必然急剧下降。

——传播学专家　殷　勇

百度带不来企业需要的订单

百度更大的实际效果只是给企业网站带来人流量，并没有多少订单。而企业需要的是订单，并不要很多人认为的知名度，假如光能靠百度做出名气的话，早就有很多企业成为知名企业了，百度网的危机就是百度给客户带来的只是人流量，而实际效益相对很小，人流量当中的目标顾客很少，并且针对性不强，这个就是百度最大的危机了，也许这样的危机会在以后几年浮现。

同时百度和所有电子商务网站有一个缺点：那就是企业发布信息后，基本是完全公开化的，不像博客一样，可以限制信息的浏览者是什么人。信息发布者完全可以限制信息只能是服装贸易商或者贸易公司查看，而不是所有的人能看到的，这样可以大大提高信息的使用效率，同时可以减少企业会员之间彼此的时间成本，信息发布者只让企业的目标顾客查看信息，而不是所有人。虽然大多的电子商务网站会采用贸易信息自动配对的做法，但是自动配对是属于会员被动浏览信息，而不是主动浏览信息，所以其自动配对的贸易信息在宣传和被会员浏览后，效率不高。

——营销专家　田克山

百度会被更深入顾客的新网站所击败

随着搜索市场的激烈竞争，以及大型的电子商务网站采用虚拟货币以及关键词的搜索服务后，给搜索市场带来了莫大的冲击：第一，在网络里，赚得最多的钱是企业的钱，因为企业为了宣传和销售产品，不得不付出，所以企业搜索市场是最大的搜索市场；第二，电子商务网站的信息是公开化和半公开化的，相对百度等搜索网站来说，信息质量更高；第三，来电子商务网站的网民，大多是商人，针对性比百度网更强；第四，同时在进入电子商务网站的二级和三级页面的浏览者来说，其针对性更强了，正是由于其针对性更强，那么给企业带来的机会更大，给企业带来的目标顾客比百度多多了……提醒思考一个问题："百度、google、yahoo等专业引擎网站会不会被商务网站、旅游、服务等面向更深入顾客的网站所击败呢？"

——网友　兵法营销策划室

李彦宏说

金钱不是最重要的

如果把财富看得更广义一点的话，它应该意味着幸福才对。金钱不是最重要的，重要的是你是不是在做你喜欢做的事情，是不是有一个幸福的生活。在我看来，幸福是更重要的。很多人在温饱线上挣扎的时候不见得能够理解这种想法，但是一旦有一个相对稳定的生活时，仔细想想，这个是非常重要的。

维护纪律和权威不是目的而是一种手段

宽松的公司文化是适合百度的，而且极具感染力，可以很快感染新进百度的员工。维护纪律和权威不是目的而是一种手段，真正的目的是高效率、增强竞争力。外部环境变化不快，纪律严格、按部就班可能效率最高。但是百度所处的市场在迅速发生变化，每一个百度人都要有相应的自由度，对他所负责工作的变化随时作出调整。凝聚力不是基于规章制度，而是基于自发的冲动和创业激情。

我是一个非常专注的人

在人生选择道路上，每个人都时时刻刻面临着一些选择，我是一个非常专注的人，一旦认定方向就不会改变，直到把它做好，我相信搜索将对网络世界和我们的生活产生巨大影响。我的理想是"为人类提供更便捷的信息获取方式"，至今未变。

一旦认准的东西，就坚定不移

我和我太太从认识到结婚只有 6 个月的时间。我觉得要透过现象来看一件事情的本质。我这个人一旦认准的东西，就坚定不移，而且从来不后悔，干就干了。

一个人的心态非常重要

有时候心理因素可能比外界的因素有更大的影响，所以一个人的心态非常重要。很多人总是很不满足，说我为什么不如那个人好，我为什么挣的钱不如那个人多，这样的心态可能会导致自己越来越浮躁，也不会让自己觉得幸福。

这就好比开花店，你对自己的店子很有信心，便将钱拍在桌子上跟人打赌说我的花店是最好的，我敢赌这么多钱，这就是自信心。同样，在网络方面，愿意花钱的也基本上是那些对自己有信心、有实力的。

并不是说所有成功的人都有什么一样的性格特点和潜质

有些事情不应该是我去管的，其实等到公司变大了，自然有人替你去关注，但我有时就是忍不住。其实各种各样类型的人都是有可能成功的，并不是说所有成功的人都有什么一样的性格特点和潜质，我认为是比较随机的。我在找一些副总级别的人时，刻意地找一些跟我不一样的人。

对我来说把一件事情做成功是最重要的

每个人都有情感，别人骂你肯定不高兴，但我尽量不去想这些东西，因为对我来说把一件事情做成功是最重要的，做成功了你才会有成就感，你才会获得认可。我听过一个故事：某个村里有一位老太太，特别喜欢骂人，只要谁招惹了她，她就搬个板凳坐到你门口骂上半天。有一天，村里新搬来一个人，与这位老太太有了一点小摩擦，老太太就坐在他们家骂开了。这个人一点也不生气，不接她一句话，反而为老太太倒上一杯茶水。这个老太太越骂越没劲，搬着板凳就回家了，后来她再也没有兴趣骂这个人了。

我们坚信搜索仍然是中国增长最快的市场

我们不做用户端应用界面，不做网，不做网络游戏，尽管这些都能带来高额利润，百度也不会做电子邮件，不会做社会网络平台，不做购物搜索和即时通讯，因为我们坚信搜索仍然是中国增长最快的市场。

张朝阳——你的表定在
几点钟?

我看张朝阳
张朝阳说

你的表定在几点钟？

怎么就跌出水浒 108 将大名单？

每年一度胡润版的《中国百富榜》，都是新一届的中国经济界诸神的《封神榜》。在天下大势，分久必合，合久必分的中国，这个榜的每一次发布，都是中国经济界的一件盛事。

2006 年 12 月发布的胡润版的《中国百富榜》上，十分引人注目的是，中国三大门户网站之一的"搜狐"CEO 张朝阳，由 2005 年的第 86 名（原本排名便偏后），居然跌出了前 100 名，跌至第 185 名，跌出了水浒 108 将的大名单。

人们不禁会问：这到底是怎么了？张朝阳怎么了？中国三大门户之一，中国互联网三大航母之一的"搜狐"怎么了？究竟出了什么事？怎么会每况愈下？

也许，说到此处，我们还该先认识一下张朝阳。就像医生看病，先得填个病历，让我们对这个人有个全面的了解，以免头痛医头，脚痛医脚。只见树木，不见森林，这对我们很重要。

张朝阳是个什么样的人？

我们之所以如此关心张朝阳的来头，是因为在"搜狐"上，我们处处都可以看到，作为"搜狐"之父的张朝阳的个人风格。这一点都不奇怪，就像我们在赏读三足鼎立的魏、蜀、吴的《三国演义》中，处处都看到曹操、刘备、孙权的个人风格一样，再正常不过。

要研究"搜狐"，就不能不研究张朝阳。

张朝阳，1964年生于陕西西安，属龙，一副总是长不大的样子。1981年考入清华大学物理系，1986年考取"李政道奖学金"，赴美国留学，七年后，获麻省理工学院（MIT）物理学博士学位。

1993年任美国麻省理工学院亚太地区中国联络部负责人，1995年10月回国任ISI公司中国地区首席代表，1996年10月，创办爱特信公司（ITC）。1998年2月，推出搜狐（Sohu）网站。

张朝阳将"Sohu"作为"搜狐"的符号，让人很有嚼头。不过，很可能他所看中的是这几个英文字母的"形"，而不是因它组合而产生的"意"。它居然能把英文当作象形文字来使用，这一点，张朝阳中国味十足，他把中国字与英文嫁接得如此之妙，让人啧啧称奇。

张朝阳将"搜狐"作为自己网站的名称，让人觉得，张朝阳一定非常喜欢《聊斋志异》。

平心而论，"搜狐"真的是充满传奇味儿，既中国又古典，既现代又传统的好名字。尽管《聊斋志异》作为一部短篇小说集，有几百个好故事，可最具有代表性的故事是，天上掉下个柔情似水的美女，飘然入怀，云雨一番，再如风而去。最具有标志性的人物，是风情万种的狐狸精。

唉，张朝阳哪张朝阳。难怪《聊斋志异》又有个别名《搜狐记》。"搜狐"真的是由此而来吗？

张朝阳的新闻和大牌明星一样多，张朝阳也像大牌明星一样不怕绯闻。也像大牌明星一样，不怕人家说他好，也不怕人家说他坏，就怕人家不说他。他大胆的写真照片，出现在男性杂志上。也许，他喜欢人家说他很性感。人家说他很性感，他也许会对人家说声："谢谢。"在此处，他似乎不怎么像个实业家。

在美国的时候，他在银行里从没有存款，"月光族"一个。在这一点上，他很"美国"。买车，一定要是敞篷车，好招摇过市。开车路过商店时，他要来个急停调头，吓得跟在他身后的女孩儿，一嗓子尖叫，当然，最好晕倒在他怀中，好来个英雄救美，他就好这口。

他到商店里进去买一副墨镜戴上，再买条宽皮带，选一身真皮夹克。然后，对着镜子，看看像不像个西部牛仔。

他的谈话之中经常夹杂着英文单词，穿衣服一定要穿 POLO，还梳过一阵子马尾巴。最具有传奇色彩的，是他和他的滑板，他可以做出很多美国街头的前卫动作，就差在十字街头跳街舞了。

强吧，酷吧，爽吧，嫩吧?

张朝阳每一个方面都在告诉你，他是个从里到外都完全西化了的人。而且在创立"搜狐"之后，这些西方化的色彩，也极大地泼洒在他工作中一招一式上，张朝阳经常自觉不自觉地和美国方式进行比较，去发现问题。也许，这是他的长处，尤其是对如此前卫的互联网。

不幸的是，2006 年，张朝阳的这一点，似乎钝化了。

比如，"搜狐"是在美国注册的，它一直沿用着美国证监会、美国企业成熟的财务制度，也采取对董事会负责的方式。也许，正是因为如此，他的财务报表做得不像"中国特色"十足的那些财务报表，做得那么《水样年华》。所以，他的排名那么靠后。

他经常跟身边的人说，要学美国的"形"，用中国的"神"。所以，他回国之后，还保留着不少在美国时候的习惯，特别是饮食方面。比如，每天不变的面包咖啡的西式早餐，喜欢穿休闲运动装，喜欢溜冰、爬山、泡吧，还喜欢跳那么刺激过瘾的、舞伴的衣服穿得那么少的拉丁舞。

不过我得提醒您一句，张朝阳可不是什么花花公子。

提到美国，张朝阳总用一种又爱又恨的语调说："在美国的时候，我是很不满意的，因为在那里，外人始终融不进去;可是你若是站在外星人的角度来看地球，那美国实在是一个经济实力非常强大、发展非常快的国家。"

说得好哟。能说得如此入木三分，就是张朝阳了。

张朝阳的"中庸之道"："中庸"还是"平庸"？

"中庸"这个词是"搜狐"的老哥老姐们儿对张朝阳最传神的画像。您别说，还真像。我们甚至弄不清这接近中性的词儿是褒是贬，也许有褒有贬？甚至还有人戏称他是玩太极长大的。

可张朝阳的这种"中庸"的性格并非天生，相反，清华时代的他，一点儿都不"中庸"。

他自己回忆说："那时，似乎生活的一切就是和同学比赛，比谁学习的时间长，比谁的成绩好。要是拿不到第一名，就去砸开冰，跳进冰窟窿里去冬泳，或者每天绕着圆明园跑上几公里。"

大四的时候，张朝阳拿到了李政道奖学金，他兴奋得简直虚脱了，"马上松了下来，每天东游西荡，什么都无所谓了，甚至觉得当时死了也无所谓。"

读到此处，我们真的弄不清了，如今的张朝阳到底是长大了，成熟了，还是老化了，迟钝了？

当我们用此种目光来审视如今的"搜狐"，我们真弄不清，到底是"中庸"成就了"搜狐"，还是"中庸"毁了"搜狐"？

那么，"搜狐"到底出了什么事？

从报表中会发现些什么？

为了弄清这个问题，让我们来细细审读 2006 年 10 月 27 日发布的"搜狐"公司《第三季度财务报表》。也许，我们会从中发现些什么？

《财务报表》显示，搜狐公司在 2006 年第三季度总收入为 3540 万美元，比去年同期增长 29%，比上一季度增长 4%，高于公司预期；品牌广告收入达到创纪录的 2100 万美元，比去年同期增长 35%，比上一季度增长 9%，也高于公司预期。

在《财务报表》的遣词造句中，处处都可以感觉到张朝阳对自己的《财务报表》的欣赏和满足。不过，公众股股东们似乎也认同并接受这一评价。

让我们来看股市吧，股市受到《财务报表》的影响，10 月 25 日"搜狐"在美国纳斯达克股价开盘于 21.49 美元，收盘于 22.54 美元。股价上涨 6.32%，盘后交易中，"搜狐"股价再涨 4%，涨至 23.51 美元。

"搜狐"股票交易量也明显放大，接近平日的两倍。其中，10 月 25 日的交易量为 102.99 万股，26 日的交易量为 173.56 万股，比 24 日的 73.38 万股大幅增加。

这表明，投资人对搜狐公司的《财务报表》一致看好。

对于本季度《财务报表》，张朝阳说："2006 年第三季度又是一个挺好的季度。由于品牌广告收入达到创纪录的 2100 万美元，比去年同期增长 35%，搜狐公司总收入超过了 3540 万美元。"

读了这个报表，让我们长出了一口气，这样看来，搜狐公司整体的情况还算不错。之所以会出现排位的大滑坡，也许不是我的错，是这个世界变化得太快。

从《财务报表》的措辞看，张朝阳也罢，搜狐公司也好，对搜狐公司的经营状况是相当满意的，而恰恰这才是最危险的，这就像我们感觉到这个人的心理和生理状况，都处在亚健康状态，食欲不振，呼吸不畅，弱不禁风，四肢乏力，睡不着又醒不了，可到医院一查，各项指标都正常。

也许是用以对比的参照物出了问题？

也许，两个数字都对：搜狐公司的业绩在增长，可搜狐公司的排位在大幅滑坡。

搜狐公司的业绩在跟自己比，这件事本身便告诉我们，此种比较是一种弱者的"重在参与"的自慰情结，此种比较选错了参照物。

我们常遇到这样的问题，电脑老死机，运行的速度慢得让人不能忍受，可用大价钱买来的，最新版的正版防毒软件一查，却没有病毒。

有人警告我们说，防毒软件查不出的病毒，才是最可怕的病毒。

让我们接着查，若查不出来，怎么得了？也许这个问题才是最要命的。

我们为什么上"搜狐"？

对于"搜狐"来说，这似乎是个很让"搜狐"难堪的问题，甚至有点儿"哪壶不开提哪壶"，不给人面子的问题。可我们偏提这样的问题。

对于这个问题，艾瑞分析师邹蕾表示，在门户网站营业收入来源五大业务领域：内容、搜索、网游、无线增值、电子商务中，"搜狐"都不具领先优势。"搜狐"现在不管介入哪一领域，都面临强大的领先者，"搜狐"只是一个亦步亦趋的"跟跑者"。

这话说得很到位。

她认为，"大而全"的布局，造成了"搜狐"没有突出的业务，由此导致定位不明。随着游戏、搜索、即时通讯等专业化公司的不断成熟，"搜狐"原来的先发优势与品牌效应，正在随着"大而全"的策略在弱化。

让我们来听听中国互联网的巨头们，又是如何评价"搜狐"的。

"没有特色的门户是危险的。"TOM 在线 CEO 王雷雷表示，收入、规模和利润是衡量一个门户网站的硬指标。王雷雷说，有特色的门户才有前途，未来门户网站的格局一定会被突破。

"腾讯"CEO 马化腾指出，"搜狐"赖以支撑的业务是"内容"（即新闻——笔者注），其营业收入的一半以上，是靠"内容"建设所带来的网络广告取得的。但"搜狐"似乎厌倦了在"内容"建设方面追赶"新浪"，精力转向其他领域比较多。

但其他门户正向"内容"围攻。

"网易"在掌门人丁磊"加强新闻内容建设"的大旗下，2006 年 4 月份挖来了《环球企业家》执行主编李甬。

中华网也正不惜重金打造"内容"，大张旗鼓地进军体育、汽车。门户阵营中的"腾讯"和"TOM 在线"都在下决心弥补"内容"的短板。

除了直面这些网站的竞争，张朝阳的压力还在不断增大，2006 年似乎是"搜狐"的多事之秋，2 月份，"搜狐"在纳斯达克回购 6% 的股票，以挽回市场信心；3 月末，总裁古永正式离职；4 月份，网民们不断地发问质疑：上"搜狐"干什么？我们为什么要上"搜狐"？

不甘示弱的张朝阳的回复是，上"搜狐"应该什么都能干。

张朝阳一直在刻意打造一艘互联网门户航母，他称之为"矩阵网络结构"。"搜狐"为此收购了 5 家网站，包括最近的"图行天下"。张朝阳公开提出，"搜狐"要在全球范围内谋求"德智体"全面发展、五项全能的前提下有所突出，也就是"均衡发展、重点突破"。

对此，马化腾的点评是，均衡发展型战略是危险的，坚持突出核心业务，对门户网站来说很重要。

2007 年，门户网站五大功能中，中国数以亿计的网民的习惯是：新闻看"新浪"，游戏玩"盛大"，聊天有"QQ"，搜索找"百度"、"google"，电子商务上"eBay"、"淘宝"，独独没有"搜狐"的什么事儿。

这难道还不足以让"搜狐"警觉？

离开了"新闻"："搜狐"还能剩下些什么？

新闻（即"内容"）是门户网站立命安身之本。2006 年，"新浪"主页面每天的点击量超过了 1 亿人次，一家门户网站主页面的浏览量，便超过了中国所有的平面媒体发行量的总和。有了这样的浏览量，2006 年的中国，谁敢小看"新浪"？有了这样的浏览量，"新浪"便不愁广告商白花花的银子不争先恐后地朝"新浪"的口袋里流，"新浪"就能活得很滋润。

"新浪"也因此而成为中国三大门户网站之首。可见新闻之重要。

门户网站的所有争夺,其兵家必争之地是新闻。

可问题是,中国的门户网站,无论是"搜狐"还是"新浪"、"网易",都还只是一张《文摘报》,所以,中国的三大门户网站其每天的新闻,80%是重复的。这就是《文摘报》的宿命。只要《文摘报》的面孔不变,80%的重复率便不会变。

我们真的弄不清非常美国化的张朝阳,在这件事上,为什么如此不美国化。

其实,中国的三大门户网站都拥有了国家所授予的新闻采编权,可它们似乎忘记了这件事。包括"搜狐"在内。

让我们来看看这一时期全球纸质报纸与网上报纸的争斗战况:

21世纪,网上的"无纸报纸"在迅速崛起。

据英国广播公司BBC报道,全世界报纸网站的数量从1999年到现在,增加了一倍。同期网上"无纸报纸"的读者增长了350%。世界报业协会的调查显示,人们对网上报纸的需求量在大幅度增加。

显然,这一变化还没有如此之快地波及到中国。

全球最大的报纸消费国是中国,每日报纸发行总量超过8500万份,这似乎是个很大、很辉煌的数字,可仔细一分析,压根儿就不是那么回事儿。

中国以如此之大的人口基数,日发行量能上百万的报纸,便已屈指可数,更不要说上千万了。

报纸销量为全球第一的中国,人均报纸销量的排位约为全球的第六十到七十位之间。中国的报纸销量每千人不过65份,仅为日本人的1/10,尚不及世界第一的挪威9%。

这种状况为网络新闻、网络报纸的发展,留下了如同太平洋一样大的市场空间。

我们不知道张朝阳有没有注意到这件事,有没有注意到这件事背后所潜藏的巨大的商机,如果整日在为千方百计提高新闻的浏览量而绞尽脑汁的张朝阳，居然忽略了这件事，居然让竞争对手捷足先登，那么，第185名的位置，他也未必能保得住。

张朝阳睡得很香。

"搜狐"：你的闹钟定在几点钟？

新世纪以来，中国的网络在以一种异乎寻常的速度发展，中国正在以惊人的速度步入 E 时代，中国的互联网用户从 200 万户增加到 2000 万户，仅仅只花了两三年。前后不过两三年，中国的互联网用户竟然增加了 10 倍！在中国，有什么速度能与这个速度相比？

可从 2000 万户增加到 12000 万户，仅仅只花了一年。2006 年，中国网站总数达到了 62 万个。中国已经成为互联网用户位居世界第二，数量仅次于美国的国家。

可自诩很美国的张朝阳，似乎并没有清楚地意识到这一点，很美国的张朝阳这一次不美国，张朝阳似乎并没有清楚地意识到，这是一笔惊人的财富。

直到 2006 年，中国的网站对自身的认识，包括很美国的张朝阳，大都还停留在起始阶段的，对网络很低级的认识中。

他们认为，网络不过是一种载体、一种媒介，一种仅存在于信息流动过程中的载体。即，它既不是信息的原生地，也并非信息的终端用户。仅仅是信息的载体，仅仅存在于信息流动过程中。

于是，我们便看到了这样一种让人烦闷不安的结果：网络与媒体，谁抄谁？

每天，报纸的编辑们，打开电脑上网去流览新闻，碰到有兴趣的便"全选"、"复制"、"粘贴"（即一把"剪刀"，一瓶"糨糊"），抄下来，往报上一登完事。

（魏雅华）

我看张朝阳

没有了优势的搜狐

搜狐的竞争力体现在哪里？因为是在纳斯达克上市的门户网站吗？显然不是，与其他门户网站相比，搜狐没有任何竞争优势。

是其独特的商业模式吗？这肯定也不是，与新浪、网易、TOM 一样，搜狐没有任何独有的商业模式。

是其营收业绩与规模效益吗？这显然也是一个否定的答案。

搜狐的内容建设从来没有超越过新浪，当然很多时候，也许搜狐人会觉得自己的内容建设要远远超过新浪，但网民和访问者却并不是这么认同。上帝决定一切，不幸的是，网民恰好是这些网站的上帝。单纯从内容建设上看，搜狐现在可能马上会被网易所超越。腾讯 QQ 现在重新开始设计自己的新闻中心，并通过其强大的 QQ 体系来强制推行其新闻中心，其所抢占的人群不是新浪的目标人群，而是搜狐碗里的肉。

搜狐运营网络游戏的时间并不短，但在近两年搜狐的财务报表上，我们到底会看到有多少是网络游戏贡献的。论游戏的竞争力，搜狐比不上网易，当然，更追不上盛大。在网络游戏的竞争里，搜狐更像是一个新兵。

搜索是搜狐的看家之作，事实上，搜狐的搜索还余下什么？除了那句"足及生活每一天"的口号外，搜狐搜索还给我们留下什么？搜狐是最早推出搜索引擎的网站之一，但现在除了启蒙者的意义外，搜狐搜索还给我们留下什么样的记忆呢？搜狐应该承认，推出搜狗的同时，就意味着需要承认搜狐搜索的失败，不像雅虎推出一搜，那是一种竞争需要，而搜狐跟风，则彻底意味着当年搜索品牌的失败。也许，搜狗与 GOOGLE、百度、雅虎搜索还有一拼，但最后的黄金时间已经错过，搜狗能否成功，还需要更长的时间来检验。

搜狐最引以为傲的是其品牌的年轻化，吸引着互联网上最有活力与激情的人群，但这更像是广告语和外交辞令。现在的年轻化的代表是腾讯，腾讯 QQ 吸引了互联网上最有活力与最时尚的人群。就是后起之秀的 TOM 也在逐渐超越搜狐，这一点上从 TOM 广告的投放上我们就可以看到。新浪其实也面临这个问题，但新浪其实现在已经放弃年轻化这一概念，新浪的转型始于 2002 年，它吸引的是成熟人群，吸引的是具有判断力、购买力的互联网最佳人群。成熟的代价是需要舍弃某些青春的荷尔蒙，而搜狐却始终没有意识到。

移动增值业务是所有网站角逐和努力的重点，但搜狐从最初就落在新浪的后面。而到今天，搜狐正在被网易和 TOM 所超越，这不是预测，而是一个现实。

——管理专家　张万哲

搜狐一直跟在别人的屁股后面

搜狐的竞争力到底体现在哪儿？你可以说是内容、品牌、市场、游戏、搜索、营收的加权，是一个整体竞争力。可惜的是，这种整体的竞争力不属于搜狐。新浪除了其内容建设是国内最好的以外，其搜索、游戏都处于下风，但新浪有一个最好的就足够了。通过内容这个平台，新浪整合其他资源，而成为其核心竞争力。但搜狐有什么？搜狐有的新浪都有。搜狐不像网易，其社区建设始终要好于新浪，搜狐不像腾讯，腾讯 QQ 靠亿数的黏度极高的用户支撑自己的核心竞争力。更不像盛大，就是吃准了以网络游戏为龙头的大餐，而不断地深入下去。

在我看来，搜狐的竞争力危机就是其太像新浪了，而没有自己独特的产品与服务，没有自己赖以依靠的独门暗器。而且危险的是，搜狐现在逐渐被新浪甩在后面，差距越来越大。历史地看，除了搜索之后的战略发展，搜狐始终跟在新浪的后面，亦步亦趋。搜狐也曾经表白其具有很好的学习能力，但这种学习能力现在看起来是危险的。中国需要很多个门户，但更需要的是有自己特色的门户网站。可以看到的一个事实是，网络广告的投放越来越倾向于竞争力最强者，而不是搜狐这样的多年老二了。一个和新浪相仿的网站会有多大的竞争力？这是很难回答的一个问题，也许只有一个"人"能回答了，那就是市场这个大写的人了。

除了与老对手新浪的竞争外，搜狐必须要面对网易与 TOM、腾讯的强力挑战，某种程度上说，除了在声誉之外，无论是营收、品牌还是市值，网易与腾讯其实已经全面开始超越搜狐。也许这可能是一种暂时性的超越，但历史的经验告诉我们，同质化的老二如果没有超越老大，那可能连老二都做不成。江湖的残酷之处就是，只有老大才有资格支配资源与利益分配。

搜狐一直跟在别人的屁股后面，这是张朝阳的悲哀。

——资深记者　李哲家

张朝阳失去了当老大的气魄

一、从战略上来讲，张朝阳没有当老大的气魄了。一个当过老大的人，必定有属于自己的突出优势和利润增长点。新浪王志东是依靠门户战略当的老大，网易丁磊是依靠游戏当的老大，阿里巴巴马云则是依赖电子商务当的老大，马化腾依赖在线即时通讯当老大，百度李彦宏依靠搜索当老大！就连 TOM，也是依靠无限增值业务风光过。回头看看搜狐，从建立之初，依靠比较好的时机上市，此后一直就是采取模仿跟随战略，所以我说张朝阳缺乏当老大的战略设计。

从内部管理上来看，他没有当老大的霸气。仅仅从几位副总的独立创业，显然看出了搜狐管理上的问题。

1. 从搜狐收购的网站线上来看，整合缺乏力度。搜狐的流量不可谓不大，可惜我认为目前的发展并不容乐观。尽管有一些优势，但网站航母不整合，流量只能做加法，发展就有限。

2. 大部分收购来的网站发展不如从前，多品牌战略一定程度上限制了搜狐的发展。以前搜索地图经常用 go2map，我现在都不知道那个东西到哪儿去了？所以，收购是好事情，但一定要保持发展。不要以为收购来了，以前的用户都能保留。

3. 人才的问题也是最大的问题，缺乏左膀右臂。单打独斗适合中国幼教网这些小网站，对于搜狐这种大型网站平台来说，需要 8 到 10 个大将才可以。对我来说，单打独斗是不得已的选择，对于财大气粗的搜狐，费用肯定不是问题，但人才以及人才的使用，的确是张朝阳最大的问题。不是搜狐没人才，我觉得张朝阳要突破，最终要依赖人才管理和人才使用机制等问题的解决。

二、从网站创新来看，他没有当老大的思维。搜狐从来没有在哪个战略上创新过，所以，我觉得他能够当老大的机会很少。网络公司的管理、发展都要依靠创新。阿里巴巴马云做电子商务，马化腾做即时通讯，李彦宏做搜索，我相信他们能够在他们自己的领域做到最大，肯定是有自己独特的创新。做一个网站，尤其是后来者，如果没有创新机制，你是很难超越前面的对手，除非你使用下三滥的手段。

没有创新的思维习惯，你就很难有机会去当领头羊。其实思维习惯是决定性的。

不是说张朝阳当不了老大，如果他没有一个质的改变，他就很难有机会了。

——资深记者　高阳帝

搜狗很"咬"人

张朝阳耿耿于怀的是没有继续自己的搜索路，而当初搜狐也是以搜索切入市场的，只是为了上市，转而进行门户的扩张。张朝阳觉得自己的不坚定，让百度有了一个可乘之机。事实上，这仅仅是一个方面，在当时的市场，选择上市并没有错。错只错在当时的互联网经济泡沫化比较严重，而且迅速地破裂。

张朝阳觉得，"大家像野兽一样你争我夺"，这样其实没什么不好。如果在自己的地盘上都不能拼出一点血性的话，那还谈什么走出去呢？华为和联想为什么要宣扬狼性文化，无论是不是土狼，关键就是要有那种狼的执著和精神。

按照张朝阳的说法，如今是搜狐搜狗的关键年，目前，搜狐的搜狗还是在抢市场份额，而百度更大的愿望是如何利用搜索赚钱。这个差别是搜狐极度希望利用的一个关键，尤其是现在网易和腾讯也开始进入搜索市场，使竞争更加激烈。张朝阳对叫不叫门户已经不再关心了，这也从某种程度上对前不久搜狐被挤出三大门户阵地的一个回应，搜狐开始更注重捞取"实地"。

搜狐希望把尽可能多的眼球和用户访问行为吸引到搜狐所拥有的资产上面来，拼抢用户资源，构建平台战略。这和 google 以搜索为基本，不断地扩张可利用的资源是一样的道理。当然国内的腾讯也是这种战略，不过腾讯是以即时通讯软件为根本，不断地扩张着自己的势力范围，这样盘起来阵地之后再寻求更多的商业机会。搜狐无疑也想这样圈自己的地，无论是博客、搜索、社区还是其他都是朝这个方向在努力。张朝阳的搜狗很想"咬"人，事实上，这种"咬"人文化也是在宣扬一种传统的"兽"性文化，既然有竞争，就应该宣扬这种直接的面对面竞争，生存的根本就是这样无情，因此像野兽一样竞争未尝不可。

——网友　小马过河

作秀真的能化解危机吗？

如果说，是执著造就了他和搜狐曾经的荣耀，是执著让他扛过了一次又一次的危机，但是，如果执著成为一种"死扛到底"的偏执时，人们不禁想问：张朝阳，还能扛多久？搜狐成为他生命的一部分，为了搜狐他不惜一次次作秀。但是，作秀真的能化解危机吗？面对股票市场长期走低，张朝阳还能扛多久呢？

当遭遇种种危机时，"越狼狈越作秀"，张朝阳出现在时尚杂志的封面上，当他那40岁男性的胴体半裸着暴露给国人时，质疑声远远高过了赞许声。

张朝阳在想什么呢？尽管他强硬地表示"决不会卖掉搜狐"、"不要随着华尔街的指挥棒转"，甚至他放言"三年后搜狐的旗帜还将飘扬"，但是，单凭他的豪言壮语是否就能让搜狐走出危机呢？

——资深记者 杨永强

危机早就存在

危机是早就存在着的。早在搜狐上市之时，美国的分析师们就评价说"这个公司大同小异，没有特别显著的独特性和吸引人的地方"。核心技术的缺乏，使得这种"跟随策略"越来越被动："新浪有的搜狐都有，但规模一直做不过新浪"，网易却凭着《大话西游 II》等几款在线游戏的成功，大步奔向了网络游戏服务市场。搜狐开始尝到"没有特色"的苦涩滋味。

校友录、网络游戏、搜索引擎、手机上网、彩信、即时通讯……张朝阳似乎什么都不想放过。张要把搜狐变成互联网业的 GE。

"互联网业的 GE"，这个梦不可谓不美，但在业内人看来，什么"多元化"、"门户矩阵"，其概念炒作的意味大于其实质内容。

也许，"市场张朝阳"正努力转型为"技术张朝阳"？这种转型是否能够成功，"门户矩阵"是否真能带给搜狐以竞争力，这些仍然为外界所质疑，这或许是一种自欺欺人式的自我安慰或强作镇定，或许它只能表明张朝阳"努力抗争"的一种态度，表明了他希望再次"扛"过危机的勇气与决心。

——网友　普利斯新闻奖

张朝阳下课，搜狐危机就会解除

骨子里的张朝阳是一个兼具悲观主义与理想主义色彩的人，为了证明"我行"，为了打破自己内心的不安与恐惧，张有意无意地制造了"两个张朝阳：一个他是强悍的、年轻的、时尚的，而另一个他是内向的、木讷的；一个他是开放的、透明的，而另一个他是封闭的、不被外人所知的；一个他要追求"快乐与从容的生活"，另一个他天天生活在"诚惶诚恐"中……作秀，似乎已经成为他一种转移公众注意力、释放自我压力的"武器"，成为他一种"扛"的方式。虽然，"用心沟通与小心防患"曾经让张朝阳一次次化解了来自董事会的"换将压力"。曾经并列的三大"数字青年"丁磊退到幕后了，王志东被资本的力量"拿下了"，唯有张朝阳顶住"内忧外患"的压力，一直扛到了今天。但是，历史似乎总要重演，或者是"树欲静而风不止"，或者说，搜狐的危机从来就没有真正化解过。

只有张朝阳下课了，搜狐危机或许才会解除。

——网友　利达诗作

张朝阳说

关于搜狐

　　搜狐本着打造百年老店的理念，精心构建团队，使得我们能够保证2008年互联网项目具有非常强的执行力、战斗力。这是既光荣又重大的使命，任重道远。

　　最近几年搜狐的技术崛起确实到了收获的时候，我们整个运营系统的可靠性、技术团队的协调性、突发事件问题的快速反应机制，都给奥组委留下了深刻的印象。

　　互联网开始由一个寂静的互联网变成一个喧闹的互联网；主导型广播式的互联网变成一个个性表达的互联网；一个固定办公室、家庭的互联网，变成一个随时随地的互联网。

　　搜狐作为一个知名的企业，可以说是网络媒体，对社会有一定的感召力，所以我们应该参与一些活动，这些活动能够让世界变得更美好，让社会、让地球更美好。搜狐一直在做这样一些事情，比如我们对环境的保护，我本人、包括搜狐作为一个传媒对预防艾滋病的宣传都属于企业公民行为。

　　搜狗"美女与野兽登山队"既是慈善活动、公益活动，又是一次非常有趣的搜狐市场活动，目的还是为了吸引眼球。

关于内心的独白

跟我谈严肃话题，我的话特别多，我不喜欢扯废话。

我比较爱研究人的心理，经常驱散内心的"乌云"。

我做生意、做人都追求水的品质，以退为进，以静制动。

我天天做"脑体操"，世界上没有我理解不了、做不了的事。

我受不了中国人在外国人面前的自卑感，这种东西渗透到了血脉里。

我总在想，人为什么活着。我对生活采取从容的、无所谓的态度。

我成功成名，但我觉得我因此受到的关注多得不够合理。

我特别难以被人了解。我认识的女人肯定比男人多，我更了解女人。

关于"作秀"的辩解

像我这样大量地对外抛头露面，在广州和网友蹦迪，在天安门广场上玩滑板，许多人都不以为然，称我为"作秀高手"。

我不是个爱作秀的人。当时"搜狐"的资金很少，我们做不起广告，我只能选择这样的方式。

其实接触比较多的人对我都有一个印象：不是很善言辞，甚至有些木讷。但是为了公司的利益，为了节省费用，我没有其他选择。现在公司整体进入了规范化运作阶段，管理团队和技术实力都得到了很大的增强，前进的脚步非常踏实，我的精力也正更多地放在公司的运营发展上来。

再过五十年，等中国和美国一样发达了，想既做企业家又当明星，就没机会了！我从来不会去回避我该负的责任，但绝对不是中国传统的那种"鞠躬尽瘁"式，因为现在的我也更懂得健康地生活，我能感觉到自己的生活正变得顺畅起来。成熟不是变老，而是越来越轻松。

这种将工作和娱乐结合在一起的方式实在是很快乐，我近来的性格正在变得更加张扬，而随着搜狐回归时尚，类似这样的机会还有很多。

附：

互联网是个绞刑架

张朝阳

互联网变成60亿人共同的神经中枢系统，能造成人类的集体反应。无穷多的念头在上面跑，就像一个沸腾的脑海，形成意识、观念、趋势。

互联网对社会变迁的影响是深刻的。大趋势是信息民主化，互联网把获取信息的权利交给每个人，博客开始让每个人表达自己。对社会产生了语言暴力的问题、隐私的问题，信息社会的无阻力沟通，时间变量变得特别短。古代，你坐着马车一天到多少里以外捎个口信过来，现在几秒钟随便看个短信就行了。

互联网将来就是狮子大开口，是个绞刑架。一个个人被填进去，到最后才觉醒，很多东西都是历史进步和历史的牺牲品。相反，互联网的好处是反腐败和监督。把社会权威给降低了，个人权力得到极大的提升。真正的民主化，把权力交给个体。

语言暴力是因为互联网的传播性太强，而因为发帖子的可能是阿猫阿狗，找到他的成本是非常之大。理论上是可以找到他的，通过公安、IP地址，但是这个成本高。当成本高的时候，说话的人可以完全不负责任、造谣、写任何东西。传统媒体记者写的是署名文章，大不了可以到报社去找你，成本是有限的。但互联网上你根本找不到这个人，你完全可以造谣。人们过去的习惯是相信被打印出来的东西，所以即使你不认识他，但你读到这段文字就会信。过去的习惯在现在这种情况下就会有误导。而且高传播性导致这种情况下，对造谣的东西无穷放大，造成恶性事件，对当事人造成巨大的暴力，受害的第一批人就是明星和社会知名人物。用现在拍照手机，任何人在公共场合下，都可以拍摄。装着打电话就把你照下来，马上就可以发到网上，马上就可以传播。你这顿饭还没有吃完，你的图片和消息已经在网上了。现代社会，没有隐私的存在。你要学会，什么是可信的，什么是不可信的。我们已经到了虚拟城市的纵深地带，必须要知道虚拟城市的地形是怎么样的，什么地方是什么用处，什么地方是另外一种用处。而不能一味地对打印出来的东西都相信。

未来一段时期，互联网会有三个变化：第一，从寂静的互联网到喧闹的互联网，从文字的互联网到多媒体、音像的互联网。第二，从从众的媒体的互联网到个性化的互联网，从大家都到共同的地方去看，变成以个人为中心的阅读和表达习惯；第三，从固定的互联网到随时随地的互联网，带宽够了，笔记本和手机都作为上网的工具。

我不知道20年后，我会干什么。我想我会关注搜狐里面感兴趣的事情，能够让我以一种快乐的方式继续做。

声　明

　　由于本书部分文字来源于网络媒体，无法与其中个别作者取得联系或确认，请相关作者看到本书后，与我们联系，以便奉寄稿酬。

　　地址：北京市宣武区报国寺一号《中国商人》杂志社

　　邮箱：zhongguoshangren2007@126.com

图书在版编目（CIP）数据

他们将如何倒下/木萱子主编 . —北京：文化艺术出版社，
2007.3
ISBN 978 - 7 - 5039 - 3217 - 5

Ⅰ. 他… Ⅱ. 木… Ⅲ. 企业家—人物评论—中国—现代
Ⅳ. K825.38

中国版本图书馆 CIP 数据核字（2007）第 028521 号

他们将如何倒下

主　　编　木萱子
责任编辑　刘晋飞
责任校对　方玉菊
封面设计　大鹏工作室
出版发行　文化艺术出版社
地　　址　北京市朝阳区惠新北里甲 1 号　100029
网　　址　www.whyscbs.com
电子邮箱　whysbooks@263.net
电　　话　（010）64813345　64813346（总编室）
　　　　　（010）64813384　64813385（发行部）
经　　销　新华书店
印　　刷　振兴华印刷有限公司
版　　次　2007 年 4 月第 1 版
　　　　　2007 年 4 月第 1 次印刷
开　　本　720×960 毫米　1/16
印　　张　19.75
印　　数　1 - 10000 册
字　　数　280 千字
书　　号　ISBN 978 - 7 - 5039 - 3217 - 5/G·630
定　　价　35.00 元